本书受江苏省优势学科（新闻传播学）资助

光明社科文库
GUANGMING DAILY PRESS:
A SOCIAL SCIENCE SERIES

·历史与文化书系·

全面抗战前新闻事业研究

（1927—1937）

——以江浙、平津地区为中心

刘继忠 | 著

光明日报出版社

图书在版编目（CIP）数据

全面抗战前新闻事业研究：1927-1937：以江浙、平津地区为中心 / 刘继忠著 . -- 北京：光明日报出版社，2021. 12

ISBN 978-7-5194-6420-2

Ⅰ. ①全… Ⅱ. ①刘… Ⅲ. ①新闻事业史—研究—中国—1927-1937 Ⅳ. ①G219. 29

中国版本图书馆 CIP 数据核字（2021）第 276440 号

全面抗战前新闻事业研究（1927—1937）
——以江浙、平津地区为中心

QUANMIAN KANGZHANQIAN XINWEN SHIYE YANJIU（1927—1937）
——YIJIANGZHE、PINGJIN DIQU WEIZHONGXIN

著　　者：刘继忠	
责任编辑：杨　茹	责任校对：郭嘉欣
封面设计：中联华文	责任印制：曹　净

出版发行：光明日报出版社

地　　址：北京市西城区永安路 106 号，100050

电　　话：010 - 63169890（咨询），010 - 63131930（邮购）

传　　真：010 - 63131930

网　　址：http：// book. gmw. cn

E - mail：gmrbcbs@ gmw. cn

法律顾问：北京市兰台律师事务所龚柳方律师

印　　刷：三河市华东印刷有限公司

装　　订：三河市华东印刷有限公司

本书如有破损、缺页、装订错误，请与本社联系调换，电话：010-63131930

开　　本：170mm×240mm		
字　　数：260 千字	印　　张：16. 5	
版　　次：2022 年 8 月第 1 版	印　　次：2022 年 8 月第 1 次印刷	
书　　号：ISBN 978 - 7 - 5194 - 6420 - 2		
定　　价：95. 00 元		

目 录
CONTENTS

第一章　绪论 ……………………………………………………………… 1
　　第一节　书写缘由 ………………………………………………… 1
　　第二节　社会背景 ………………………………………………… 4
　　第三节　文献综述 ………………………………………………… 21

第二章　全面抗战前国民党的新闻政策 ……………………………… 26
　　第一节　国民党新闻政策的历史形成 …………………………… 26
　　第二节　国民党管理新闻宣传的党务机构 ……………………… 34
　　第三节　国民党新闻政策的历史特征 …………………………… 44

第三章　全面抗战前国民党的新闻媒体 ……………………………… 54
　　第一节　国民党传媒体系的"三大支柱" ……………………… 54
　　第二节　国民党传媒体系的历史形成 …………………………… 65
　　第三节　国民党传媒体系的显著特色 …………………………… 83

第四章　全面抗战前的民营传媒业 …………………………………… 95
　　第一节　上海民营传媒业的多元发展 …………………………… 95
　　第二节　北平、天津等北方都市的民营传媒业 ………………… 120
　　第三节　南京等南方的民营传媒业 ……………………………… 141

第五章 全面抗战前中国共产党、左翼的进步传媒 ················ **151**

第一节 全面抗战前中共中央的机关传媒 ················ 151

第二节 全面抗战前中共地方组织的传媒活动 ················ 171

第三节 全面抗战前左翼文化群体的传媒活动 ················ 189

第六章 国难危亡下新闻业转向抗日救亡 ················ **198**

第一节 国民党传媒的抗日救亡 ················ 199

第二节 中国共产党传媒的"抗日民族统一战线" ················ 207

第三节 民营传媒的抗日救亡 ················ 217

第四节 知名报人的抗日救亡 ················ 225

主要参考文献 ················ **237**

后记 ················ **253**

第一章　绪　论

第一节　书写缘由

全面抗战前十年（1927—1937）在中国现代史上是最难表述的十年，有"南京国民政府前期""第一次国内抗战时期""黄金十年""全面抗战前十年"等提法。不同提法意味着这十年是多层折叠的十年，犹如庐山可供后人横看成岭侧成峰。对中国国民党，是其"建国"与"隐忍"备战的"黄金十年"；对中国共产党，是反抗国民党残酷镇压、武装争取生存权的艰苦十年；对日本帝国主义，是企图"蚕食"中国的嚣张十年；对中国民族资本主义，是旧中国发展最好的"黄金十年"，中国资本主义获得了大发展，官僚资本却一家独大；对中国现代思想文化，是五四新文化运动启蒙后的"后五四"十年，五四后多元并存的各种"救国"主义转入"你死我活"的十年信仰斗争，尤以马克思列宁主义与三民主义的信仰斗争最为激烈，并最终在民族矛盾的压力下走向抗日民族统一战线；在世界范围内，这十年又是大战阴霾逐渐形成，东亚和世界格局剧烈变动并走向"第二次世界大战"的十年；对中国现代新闻事业，是国民党建立庞大新闻事业体制的十年，是中国共产党创建新型新闻事业的十年，是中国民营新闻事业达到历史顶峰并走向历史下坡道的最好也是最坏的十年。多元历史需要多种取景框来书写，因此，不同提法是不同取景框、不同历史观、不同情感的差异，它们之间不应是你死我活的对立关系，而应是历史多侧面的彼此映照。本书取"全面抗战前十年"的提法，意在弥补阶级范式的某些不足，从中华民族走向全面抗战的视角书写这段复杂多元的新闻业态。

现代新闻业，既植根于社会系统，又是社会得以成为"系统"的关键子系统。没有现代新闻业的信息传递、关系维护、价值汇聚、社会瞭望的功能发挥，不可能形成"有机"的民族国家。反之，社会系统也从多个层面规制、塑造了自己的现代新闻业。前人对这种一枚硬币两面的关系早有精辟的理论阐释，富有启迪。但理论替代不了历史，正如历史无法替代理论，二者应是相辅相成的关系。因此有必要书写历史，让读者从历史中感受新闻业与社会系统的复杂度和新闻人在其中的抉择。这是历史不同于理论的独特价值。

特殊的历史环境形成特殊的新闻生态。全面抗战前十年新闻业的复杂多元源自也作用于这一时期多层折叠的社会系统，二者共同"建构"了这十年的历史，影响了后来的历史进程。也许正是这种复杂折叠吸引了诸多新闻学者的注目，他们或深耕这十年新闻业中的诸多"个案"，或登高纵览这十年新闻业的历史概貌，留下诸多真知灼见，然因历史对象的复杂多层，这十年的新闻业至今仍有诸多问题需要解决。笔者在这一领域耕作多年，耕作越深越感这十年新闻业的复杂折叠，越感自己技艺有限，难以全面立体再现。除个人能力外，其因还有：一是报刊数量多，毕其一生难以穷尽；档案资料零散琐碎，遗失甚多，无法周全，难以"竭泽而渔"；二是报刊文本多为宣传产品，真假需辨，不可直接用作历史材料，而一一考证的工作量非常浩大；三是此时中国已完全卷入国际社会，重要新闻事件引发的全球联动效应超出人们想象，中原大战、"九一八"事变、红军长征等重大事件频频爆发，其新闻传播触发的社会连锁互动的复杂立体的动态图景，当事人恐怕也难以知晓全貌。

2007年笔者在中国人民大学新闻学院跟随方汉奇先生攻读新闻史，以论文《新闻与训政：国统区新闻事业研究（1927—1937）》获得博士学位，后在这一题目下以"喉舌与训政：国民党新闻事业研究"获得教育部青年项目资助，写就《国民党新闻事业研究（1927—1937）》一书，结项出版。博士学位论文、教育部项目的研究都在政治传播的框架内研究本时期新闻业与国民党政治的互动关系，重在回答建立庞大新闻事业、统制严厉的国民党为何失去了人心民意，丢掉了大陆。《国民党新闻事业研究（1927—1937）》就以此为全书脉络，以解决如下问题为核心旨趣。

"一是国民党新闻业的喉舌角色与国民党训政的基本思想、历史框架是如何形成的？经过了哪些演变？孙中山先生在其中的作用是什么？内在弊病是什么？二是在国民党训政的党治框架内，在民国新闻业的媒介生态中，国民党是如何加强其政党新闻业的建设与管制的？国民党建构了什么形态的政党新闻业的历史体系，采取了哪些措施，使其政党新闻业在新闻实践中真正扮演舆论喉舌的角色？三是在国民党的严厉规制下，国民党新闻业秉持何种新闻理念？在新闻实践中又是如何履行其喉舌角色、如何配合国民党党治训政的政治活动的？其传播的社会效果如何？为什么是如此效果？"

这三个问题解决得如何，读者自有评判，我是尽了力的。这三个问题也遮蔽了本时期新闻业的一些历史面貌，如没有很好地"再现"本时期新闻业的"本体"面貌，没有回答在中华民族走向全民抗战的历史进程中新闻业在其中发挥的综合作用，没有新闻业的"中心""边缘"的观念等。基于此，本书以新闻业最发达的江浙、平津地区为关照中心，其他区域为"边缘"，在"中心""边缘"互动中勾画这十年新闻业的整体概貌，揭示这一时期新闻业的历史本质，在新闻与社会的历史互动中探索本时期新闻业的内在脉络、外在形态、外在动力。本书使用"全面抗战前"这一术语，即隐喻了推动着十年新闻业演变的一个逐渐加强的外在动力。

需要说明，此"中心"与"边缘"是以中华民国南京国民政府行政管辖疆域为蓝图划分的。1928年东北易帜后，南京国民政府实现了国家的形式统一，全国仍被几大权力中心所割据，国民党蒋介石集团控制了江浙地区，拥有"挟天子以令诸侯"的威望，其权力随着"剿共"而有所扩展，东北、华北地区权力变动较大。中原大战前，东北由奉系张学良管辖，山西等由阎锡山节制，山东等由冯玉祥节制，中原大战后基本由奉系张学良节制。"九一八"事变后，东北军败退关内，奉系衰落，东北沦为日本的殖民地，由日本帝国主义实质管辖。随着日本染指华北，华北成为各方角逐的战场。西南地区有李宗仁、白崇禧的新桂系管辖，西北各省也在地方军阀的管辖之下，在南方各省的交界处，有中国共产党领导的工农红军武装割据，其势力范围在1933年达到顶峰。媒体是权力的喉舌，其运作遵循权力逻辑，故在此视角内，新闻业的"中心"不再是江浙、平津地区，而可能是江西苏区、广东广州、广西、山西太原等，这取决于观察本时期的新闻业的权力视角。

新闻事业的本体层面，江浙、平津地区新闻事业是全国新闻事业的"中心"，是历史形成的，确凿无疑，尤其是上海新闻业，具有全国性影响力。以江浙、平津地区为"中心"，并不必然意味着以南京国民政府的权力视角审视本时期的新闻业。在权力视角层面，本书的立场是中华民族。中华民族立场意味着本书不认同日本在东北地区的权力，揭露其史实意在历史批判，意味着以唯物辩证的历史观审视本时期的各个权力中心，既理解认同当时的中华民国的正统——南京国民政府，也从推动中国历史进步的角度认同其他权力中心的所作所为。

第二节　社会背景

名家治学经验表明，对历史环境把握得越全面深刻，就越能同情理解环境中的人与物。因此，新闻史研究不能摆脱具体环境，就新闻论新闻。不同于其他行业，新闻业与社会政治、经济、文化、技术等环境密切相关。一般认为，政治关乎新闻业的控制、言说尺度、言说旨趣；经济关乎新闻业的"血液"，支撑新闻业流通；文化关乎新闻的价值取向，是新闻业的智力源泉，同时新闻业亦是文化事业的一部分；技术决定了新闻业的器物底层，决定新闻业是否及朝哪个方向变革。本时期的社会环境，历史学家既有宏大叙事，也有微观深描，卷帙浩繁，多非新闻业视角，因此有必要叙述社会环境中与新闻业相关的那些关键因素。

一、多元交错的权力中枢与复杂的权势结构

近代以来，以皇权为核心的一元权力中枢没有在中国"三千年未有之变局"中完成现代转型。清政府灭亡后，孙中山、袁世凯无力整合地方势力，构建权威中枢。袁世凯死后，分而治之的地方势力勾结早已染指中国的西方帝国主义，随之展开中央中枢的长期角逐。这一权力逻辑演进至全面抗战前十年（1927—1937），出现了显著变化。

（一）国民党"弱势独裁"，不能有效约束地方

国民党右派通过"清党"聚集在蒋介石集团周围，建立了南京国民政府，重建了晚清旁落的中央权力中枢。这个权力中枢获得了全国合法性却是"弱势独裁"，其权力仅在蒋介石集团控制的江浙、河南、安徽、湖南、湖北、江西地区有效。华北、东北、西北、西南、两广等地区仍在地方实力派控制下，各地均有自己的权力中心，中央权力只有名义上的节制权。南方八省的红色革命苏区建立了中华苏维埃共和国临时中央政府，完全不受南京国民政府的权力节制。军事力量划定权力的空间边界、决定权力秩序是本时期中国权力结构的显著特征。

（二）地理空间上，各权势结构既有各自的权力中心区域，又在交叉区域彼此竞争，权力空间边界动态变动

江浙地区是蒋介石集团的权力中心区域，有"挟天子以令诸侯"的南京国民政府。蒋介石为统一中国，发动了"二期北伐"、蒋桂、蒋冯以及中原大战等战争，削弱了地方实力派的军事力量，又多次军事"围剿"中共和工农红军，迫使红军北上长征。蒋扩大了自己的权力边界，却无法完全摧毁红军。反蒋势力始终存在，还拥有自己的地盘，进可攻，退可守。不仅如此，各权力中枢之间合纵连横，为各自利益和权力明争暗斗不息。

（三）权力结构传统与现代并存，政治现代化程度不一

国民党是有现代政党组织外壳的传统型政治集团，组织纽带不是政党制度和政治信仰，而是血缘、学缘、地缘、业缘等人脉关系。政党制度、科层体制始终漂浮在权力结构的上面，不能有效约束权力，使权力制度化。国民党虽有鲜明的主义、明确的政治目标、庞杂严密的党纪党规，并建立了党政双轨制的现代政府，实际却是"集权集不起来，分权分不下去"的权力耗散型结构，其表现是党魁斗争激烈，党内有派、派内有系、派系纷争，全党四分五裂。国民党内实力最强的蒋介石集团亦是如此，蒋依靠传统人际关系建构和维系以其为核心枢纽，蒋、宋、孔、陈"四大家族"控制实权，蓝衣社、复兴社、黄埔系支撑的现代与传统混合的权力结构。这一权力结构虽建立了相关制度，却无法约束实权人物，"制"随"权"变现象严重。张学良、冯玉祥、阎锡山、白崇

禧、李宗仁等地方实力派本是名义归属南京国民政府的新式军阀，他们和统治地方的以韩复榘、盛世才、马鸿逵、龙云、刘湘等为首的地方武装集团，都是新瓶装旧酒的武装力量。有些武装集团甚至连"新瓶"的遮羞布都不要。至于"第三党"、改组派、中国青年党等中坚力量，建立了政党组织，却无军事力量和固定地盘，它们能掀起舆论浪潮，却无法左右大局，而能否争取中间力量的支持，却是能否成功建立最高权力中枢的关键因素。

相对于国民党，中国共产党是主义鲜明、目标明确、组织严密的现代政党，建立了纪律严明的中国工农红军，拥有自己的苏维埃政权，是有主义、有组织、有目标的现代型权力结构。本时期中共的力量薄弱，且受苏联斯大林和共产国际的有限节制，是共产国际的一个支部，内部也有路线之争，却代表了历史的前进方向。

（四）各权势结构在国难危亡下分化重组，走向了联合抗日

日本帝国主义侵略东北，打乱了东亚和中国的权势格局，各权势格局在国难危亡逼迫下不断分化重组、走向联合，最终形成了以国共合作为基础，蒋介石为形式上最高权力中枢的抗日民族统一战线的权势结构。

（1）日本侵占东北，加剧了日本与欧美的矛盾，欧美苏倾向中国，同情支持南京国民政府，但对日侵略却持绥靖态度。为东北利益，苏联支持中国抗日，却与日本达成互不侵犯协议。但随着日本侵略步伐加快，欧美苏支持中国，牵制日本侵略的政策日趋鲜明。帝国主义在中国的权势结构随之发生根本性变化。日本一家独大，咄咄逼人，欧美苏处于联合防守态势。

（2）国难危亡面前，国民党集团不断分化重组，大部分汇聚在蒋介石集团周围，随着围剿苏区的推进，蒋介石势力深入了西南、西北地区，实力大增，成为拥有合法政府、实力最强的武装集团，蒋介石实现党、政、军权集于一身，成为真正的独裁者。与此同时，新桂系、胡汉民、十九路军等反蒋势力打出反蒋抗日旗号，形成了较为松散的政治联盟。

（3）中国共产党在南方八省交界处建立革命根据地，发展壮大，却在"左倾"路线和国民党"围剿"的双重作用下"北上抗日"，移师陕北，力量大为削弱，群众基础却不断加厚，凝聚力、战斗力、号召力不断增强，威望日增。1935 年 8 月，中共率先提出建立抗日民族统一战线，得到除蒋介石集团外的社

会各阶层、冯玉祥、张学良、杨虎城等抗日爱国力量的拥护。西安事变爆发，张、杨"兵谏"蒋介石抗日，苏联、英美支持和平解决，蒋被迫口头同意国共合作。1937年卢沟桥事变爆发不久，国民党当局迫于民意承认共产党和红军的合法地位。国民党当局、共产党与工农红军及革命根据地政权和中间势力最终在抗日民族统一战线的旗帜下走向联合，开始全民族的抗日战争。

"新闻媒介所呈现出来的各种现象总是当时政治斗争活动的一种反映"。① 多元交错、合纵连横的权势结构对新闻业产生了深远影响。

（1）政党新闻业突飞猛进，主导了民国新闻业的发展。包括国共两党在内的各政党都建立起自己的政党媒体，国民党有《中央日报》、中央通讯社、中央广播电台为三大支柱的庞大的政党新闻业；中共建立了中共中央机关报为龙头，遍布全国的各级党组织的新闻事业网，在南方八省根据地还建立了新型的无产阶级新闻业。地方实力派、第三党、改组派、中国青年党等大大小小的政党、团体都有自己的机关刊物。政党媒体的数量远超晚清和北洋军阀时期，中国进入了政党媒体时期。政党媒体的崛起在媒介生态上抑制了民营传媒的发展空间。

（2）权势结构的空间交错分布，延续了新闻业"多元杂处"的格局。国统区国民党新闻业遍布各地，民营新闻业占据上海、南京、北平、天津等主要城市，共产党及其他反蒋政党的报刊处于地下"非法"状态，地方实力派在各自势力范围建立自己的传媒体系，它们之间渗透与反渗透的活动不断。东北等沦陷区是清一色的日伪新闻业，苏区根据地建立了新型的无产阶级新闻业。

（3）"政治未上正轨"、权力由武力决定的权力对垒格局，决定了传媒言说空间边界的权力化，决定了民国言论自由畸形化，中国出现了与权势结构相匹配的，条块分割、自成体系的有限言论空间，即新闻自由的言说尺度与边界由属地的权力中枢决定。不同权力主体之间并非西方制度化的权力相互制衡，而是非制度化的权力内讧。这就使在权力主体A的势力范围内，可对敌对的权力主体B、C等自由言说、自由抨击，但对权力主体A的媒介言说要受A的严厉管制，反之亦然。

---

① 赵云泽. 作为政治的传播：中国新闻传播解释史［M］. 北京：中国人民大学出版社，2017：274.

（4）权力中枢的分化重组、合纵连横决定了政党传媒舆论宣传的割喉之战。为了各自信仰、阶级、阶层或小集团乃至个人利益，政党传媒之间展开了长期的舆论宣传战。国共两党有长达十年之久的舆论战，国民党内部派系之间、蒋介石集团与地方实力派之间、中坚力量与国民党之间发生了无数次的舆论割喉之战。舆论割喉之战，遗毒深远，破坏了社会诚信，助推了阶级矛盾，消解了主流意识形态。

（5）国难危亡，各权势结构在抗日救亡上取得政治共识，最终走向抗日民族统一战线。受之影响，中国新闻业都纷纷转向抗日救亡，启蒙民众，宣扬民族主义，逐渐建立了松散的新闻业抗日民族统一战线。

二、经济畸形发展的"黄金十年"

全面抗战前十年被一些民国经济史学者称为"超越层层障碍的黄金十年"。① 经十年发展，中国各个行业的各项经济指标在 1936 年都达到了历史上的最高水平，② 但没有改变中国半殖民地半封建经济的政治属性。西方资本依然控制着中国经济的命脉，英美日等在华资本进一步扩张，经济侵略进一步加深，东北等沦陷区完全沦为日本殖民地经济，民营资本获得较大发展，官僚资本始终占垄断地位，南方八省苏区根据地的新民主主义经济得到广泛实践，却较为羸弱，故所谓的"黄金十年"是经济畸形发展的十年。

（一）半殖民地半封建经济构造走向崩溃

鸦片战争后，中国逐步沦为半殖民地半封建国家，成为西方资本主义商品倾销、资本输入、廉价原材料输出的半殖民地，控制了国家经济命脉。与此同时传统官绅效仿西方创办民族工业，摇身一变为官绅商结合的官僚企业。辛亥革命，晚清覆灭时，中国半殖民地半封建经济构造已然形成。第一次世界大战，中国资本主义侥幸获得一个发展机遇，半殖民地半封建的经济构造却在战后走向深入。本时期，中国建立了合法政府，帝国主义掠夺与侵略却变本加厉，西

---

① 卓遵宏，等. 中华民国专题史：第六卷——南京国民政府十年经济建设［M］. 南京：南京大学出版社，2015：428.

② 周天度，等. 中华民国史：第八卷（1932—1937）下［M］. 北京：中华书局，2011：859.

方列强依然控制着国民经济的命脉，半殖民地半封建的经济属性依然浓厚，表现主要有以下三点。

（1）外债对国民经济的强力约束。为获得各国承认并续借外债，南京国民政府承认晚清和北洋政府的所有外债、赔款。据统计，十年间（1927—1937），南京国民政府共计偿还外债额达 2.75 亿美元，① 合国币 8.25 亿元，平均每年偿还外债接近一亿元。② 同时大举借外债，1928 年 7 月至 1937 年 6 月，仅国民政府中央一级机构（不包括"九一八"以后东北地区借款）前后共举借外债 87 项，债额约合 207306977 美元（合法币 691023256 元），实际借款额 161187603 美元（合法币 537292010 元）。③ 国民党当局依然靠借债还债度日，用于经济建设的资金和精力严重不足。据统计，偿还外债和内战军费开支占南京国民政府财政支出的 70%以上。④ 1927—1937 年，南京政府真正用于投资生产建设性的支出，估计平均每年没有超过税收总额实数的 4%，其中如实业费和交通费的支出都不到 1%，建设费和文化教育费稍多一点，也都不超过 2%。⑤

（2）西方资本大肆进入，垄断了国民经济的关键行业。随着资本主义进入垄断资本主义，资本输出替代商品倾销成为掠夺殖民地的主要工具，自 1920 年起，外资在华扩张态势丝毫未减。据统计，1920—1936 年是外资在华投资增加最多的时期，16 年间增加了 95%，达 39.4 亿美元。⑥ 其中日资总量最多，1936 年达 18.18 亿美元，英资屈居第二，1936 年为 10.20 亿美元，美、法、德、俄（苏联）投资少于日、英，但美资增长最快。在华外资的消长，实是西方列强势

---

① 杨格. 一九二七年至一九三七年中国财政经济情况 ［M］. 陈泽宪，陈霞飞，译. 北京：中国社会科学出版社，1981：155.

② 周天度，等. 中华民国史：第八卷（1932—1937）下 ［M］. 北京：中华书局，2011：783.

③ 郑会欣. 战前国民政府举借外债的数额及其特点 ［M］//张宪文. 民国研究（第 1 辑）. 南京：南京大学出版社，1994：139.

④ 周天度，等. 中华民国史：第八卷（1932—1937）下 ［M］. 北京：中华书局，2011：777-778.

⑤ 周天度，等. 中华民国史：第八卷（1932—1937）下 ［M］. 北京：中华书局，2011：777.

⑥ 许涤新，吴承明. 中国资本主义发展史（第三卷）：新民主主义革命时期的中国资本主义 ［M］. 北京：社会科学文献出版社，2007：29-31.

力在华变动的晴雨表。在华外资主要集中在国民经济的关键领域，加之帝国主义在华特权和政治势力的保护，使外资在金融、外贸、现代化运输、能源、铁资源上占有垄断地位，控制了中国的经济命脉。1928—1936年，列强输入资本2.942亿美元，获取利润和本息达6.41亿美元。[①]

（3）半殖民地半封建的经济构造陷入崩溃。其表现有两点：①西方列强为转嫁1929年世界经济危机和垄断世界金融，先后放弃金本位，美国在世界范围内大肆购银，从中国掠夺了海量财富，导致中国"银本位"破产。为不使南京国民政府垮台，英国帮助国民党实施了法币改革。"白银危机"和法币改革严重削弱国民政府的政治、经济、外交能力，国内通货紧缩和经济衰退严重，农村破产，加深了中国阶级矛盾。②日本大肆掠夺中国经济资源，除将东北等日伪占领区经济改造为殖民地经济外，还策动华北自治，加大对华北的经济渗透与掠夺，大肆输入资本和商品、"非法"走私白银、贩卖鸦片，为"灭亡中国"做准备。日本战争侵略，使中国经济损失惨重，为救亡图存，中国经济不得不转向国防经济，半殖民地半封建的经济构造趋于崩溃。

（二）中国资本主义畸形发展的"黄金十年"

国民党完成国家形式统一，江浙等地区出现了相对和平的发展环境。南京国民政府整顿关税，收回关税主权，建立现代化的财政管理制度；建立现代金融体制，设立实业部、全国经济委员会、资源委员会等机构，在军工、工矿、商业、交通等重要领域建立国营经济；扶持民营企业，推广合作事业，开展国民经济建设运动，努力复兴农业等经济建设活动。这使中国经济各项经济指标在1936年都达到了历史上的最高水平，[②] 却是经济畸形发展的"黄金十年"。表现主要有：

（1）如上所述，国民党当局不仅无力阻止外资大肆输入，还使外资输入享有特权，也无法阻止日本殖民侵略中国局部地区。

（2）南京国民政府建立了现代财政制度，理顺了中央与地方的财政关系，

---

① 许涤新，吴承明. 中国资本主义发展史（第三卷）：新民主主义革命时期的中国资本主义 [M]. 北京：社会科学文献出版社，2007：44-45.

② 周天度，等. 中华民国史：第八卷（1932—1937）下 [M]. 北京：中华书局，2011：859.

整顿关税、盐税，裁撤厘金，收回关税主权，保证了中央财政来源，但地方税制杂乱无章、积弊累累，税种多如牛毛。抗战前夕，各省市先后废除部分苛捐杂税综计 7 000 多种，税款达 6 000 余万元，① 各地仍有繁多的苛捐杂税，且有些地方实行预征制。"竭泽而渔"式地掠夺农民，是造成农村经济破产的根本原因。

（3）南京国民政府建立了以四行二局（中央银行、中国银行、交通银行、中国农民银行及邮政储金汇业局、中央信托局）为核心的国家金融垄断体系，统一了国家币制，确立了现代金融体制，却使官僚金融资本一家独大。官僚金融资本为蒋介石集团提供了庞大的军费开支，严重抑制了民族资本主义的发展，成为中国资本主义发展的毒瘤，而非促进力量。而中国资本主义畸形发展的外在主要表现是：农业经济"已步上起飞之路"②，农村仍处于凋敝状态，工矿业虽有明显长进，多集中在港口城市与沿江沿海省份，边远地区多未开发，且仍以轻工业的衣食产品为主，重工业尚无一点成就，为国防需要，江浙地区的工业不得不内迁到重庆等抗战大后方等。

经济基础决定上层建筑。半殖民地半封建的经济构造塑造了多元杂处的新闻业。在华外资的竞争性存在是在华新闻业活动的经济基石。日资独大、英资其次、美资增长最快，与在华日、英、美的传媒力量相匹配。官僚资本一家独大，造就了庞大的国民党新闻业。南京国民政府财政却窘迫，这逼迫国民党媒体企业化改革，谋求壮大。民族资本获得发展，却深受官僚资本的压制，注定了民营大报托拉斯之梦的破灭。边远地区、中小县城的经济严重落后，民营传媒难以发展，依靠津贴、资助的国民党党报才能在这些区域站稳脚跟；中共地下传媒和苏区根据地传媒数量多、存续短，发行范围有限与新民主主义经济的赢弱有关。总之，畸形发展的"黄金十年"决定了本时期新闻业发展水平。

① 转自卓遵宏，等. 中华民国专题史：第六卷——南京国民政府十年经济建设 ［M］. 南京：南京大学出版社，2015：435.
② 卓遵宏，等. 中华民国专题史：第六卷——南京国民政府十年经济建设 ［M］. 南京：南京大学出版社，2015：431.

三、"后五四"文化与主义对峙

五四新文化运动席卷全国，是近代中国最重要的文化启蒙运动。马克思主义、列宁主义、社会主义、三民主义、自由主义、无政府主义、国家主义等各种主义相继登场，展开话语竞争。北平、上海、天津等主要城市的资产阶级、知识分子、青年学生都沐浴了五四新文化运动的思想启蒙，分化为各种主义的信奉者、追随者、实践者。与此同时，自晚清以来，不断觉醒的民族主义经五四运动发展为不可遏制的社会主流思潮，马克思主义、社会主义、三民主义、自由主义等主义本质上都是民族主义。"清党"运动使孙中山时代和平共处的三民主义、马克思列宁主义分道扬镳，国民党尊奉三民主义，将孙中山三民主义捧上了神坛，排斥其他主义，努力建构三民主义意识形态；中国共产党以马克思列宁主义为理论指导，坚定走苏俄革命道路，致力于在中国建立苏维埃政权，两大主义演变为你死我活的对峙状态。夹在两大主义之间的自由主义，多为中国民族资产阶级、知识精英所信奉，尤其是有留学欧美经历的大学教授、学者、报人。孙中山三民主义深受欧美自由主义影响，可谓中国广义自由主义的一个分支。中国的自由主义者多排斥苏维埃集权体制，拥护三民主义，推动国民党当局尽快完成"训政"到"宪政"的制度转型。"九一八"事变，国难危亡，马克思列宁主义、三民主义、自由主义者都与民族主义深度结合，成为民族主义的马克思列宁主义、三民主义、自由主义。它们或激进、或保守、或理性地宣扬国家的、种族的、文化的民族主义，推动了抗日民族统一战线的最终形成。

（一）走向保守的三民主义唯我独尊，渐失感召力

三民主义是孙中山先生创制的"救国主义"，是孙中山杂糅英美宪制、苏俄模式、传统经验和精英理想的民族主义、民生主义、民权主义的简称。1924年后中国政治文化由传统"道统"转型为新型"党统"，[①] 孙中山三民主义成为中国各政治力量共同认同的政治符号。三民主义开始丧失其先进性、感召力，成为新式军阀自我标榜、号令天下的政治旗号，戴季陶主义、胡汉民"连环三民主义"等形形色色的三民主义兴盛一时，纷争、歧义频繁，为定三民主义为一

---

① 李剑农. 最近三十年中国政治史 ［M］. 上海：太平洋书店，1931：531.

尊，蒋介石集团垄断三民主义解释权，将孙中山三民主义奉为官方哲学，并将之教条化、神圣化，背离了孙中山三民主义。蒋介石诠释的三民主义是与戴季陶主义、胡汉民"连环三民主义"一脉相承，剔除"联俄、联共、扶助农工"，儒家化的三民主义。蒋说，"三民主义的基本精神就是'忠、孝、仁、爱、信、义、和、平'八德，而实现八德的途径就是要实践'礼、义、廉、耻'四维"。三民主义儒家化迎合了国民党右派的信仰需要，起到了凝聚右派的纽带作用，但教条化、神圣化的三民主义却无法取得民族资产阶级、知识精英、城市小资产阶级、青年学生、农村乡绅及广大民众的集体认同，国民党党魁歧义百出的解释、"言行不一"的政策与实践更戳穿了三民主义意识形态的虚伪性。三民主义成为弃之可惜、用之无力的符号工具。为此，蒋介石一度曾借用法西斯主义加强个人集权，导致法西斯主义在 20 世纪 30 年代的中国兴盛一时。

（二）马克思列宁主义的感召力与日俱增

国民党当局将马克思列宁主义（含社会主义、共产主义）视为异端邪说，大肆屠杀信奉者、传播者，严厉查禁马列学说，马列主义却"野火烧不尽"，在国统区、苏区根据地苗壮成长，感召力与日俱增，对三民主义造成有力冲击。国统区，马克思、恩格斯、列宁、斯大林等马克思主义著作在"学术名义"下被广泛出版。1927 年 8 月到 1937 年 6 月，国内翻译出版的马、恩、列、斯等著作达 113 种之多。《资本论》（第一卷）、《反杜林论》等著作的第一个中文全译本都是在 20 世纪 30 年代前期问世的。[1] 这使历史唯物主义和辩证唯物主义等马克思主义学术思想成为一些城市知识分子分析问题的理论依据，思想界出现了长达十年的社会性质问题的大争论。左翼和中共地下报刊多刊载、传播马列主义的著述，李达等左翼人士多译介、研究、传播马列主义。中共和左翼群体还在国统区掀起了影响深远的以"普罗文化"为核心的左翼文化运动。马列主义在国统区广泛传播，对三民主义意识形态造成强有力的冲击，使国统区的社会思想文化不断"左"转，并团结和凝聚了城市许多小资产阶级和青年学生，使之同情、认同中共政治理念，向往革命。在革命根据地，以毛泽东为代表的根

---

① 中共中央党史研究室. 中国共产党历史（第 1 卷）上（1921—1949）[M]. 北京：中共党史出版社，2002：469.

据地开拓者们用马克思列宁主义指导中国革命实践，在革命实践中创造性地实现了马克思列宁主义的中国化，开创了"农村包围城市"的革命道路。李立三、王明等"左倾"路线者却将马列主义教条化，他们忠实执行共产国际指示，给中国革命造成严重危害。

（三）自由主义的文化抗争与文化论战

五四新文化运动后，自由主义成为一种社会思潮，被民族资产阶级及其知识分子、小资产阶级、大学教授、新闻记者等追崇。自由主义者希望实现民族和国家独立，希望中国走资本主义道路，希望效仿欧美建立宪政国家。国民党当局宣告通过"训政"达致"宪政"，使许多自由主义者在南京国民政府成立后转向国民党。他们排斥苏俄模式，反对中共"暴力"革命。蒋介石却以"训政"之名行专权独裁之实，肆意剥夺人民自由和权利，挤压民族资本主义发展空间，多次延期实行宪政的时限，自由主义精英对之严重不满。以胡适、罗隆基为代表的自由主义学人遂以报刊为阵地，抨击专权，鼓吹人权，发起了持续近两年的"人权运动"，遭到了国民党查禁。"九一八"事变后，为拯救国难危亡，自由主义者又以报刊为阵地，掀起"民主与独裁""中西文化"的大论辩。论辩没有取得定论，却推动了自由主义群体的分化，一部分入阁，成为政府的谋士；一部分坚守报刊阵地，坚持"文人论政"；一部分与政府逐渐疏远，成为"第三派"或转向中国共产党。

三民主义、马列主义的两极对峙，自由主义夹在其中的思想文化格局，决定了新闻业多元交错的价值格局。国民党媒体以三民主义为根本宗旨，以塑造三民主义意识形态为终极目标，为此查禁马列主义、国家主义等"异端邪说"，并吸纳、同化奉自由主义为圭臬的民营新闻业。中共传媒以马列主义为行动指南，动员和凝聚工农群众，塑造马列主义意识形态，并在国统区凝聚团结了许多进步的左翼报人和报刊。民营新闻业两极分化，《申报》《新闻报》发展为商业报纸，在商言商，极力避免介入政治。《大公报》摸索出以"不党、不私、不卖、不盲"为内核的新闻专业主义，成为自由主义者议政的专业报纸。多数民营传媒失去报格，沦为毫无价值追求、趋利避害、时生时灭的利益工具。

四、依赖西方的媒介技术与整体落后的交通邮电业

印刷、造纸、摄影、广播等技术及其行业与新闻业的关系密切，可谓新闻业的技术底座。交通、邮电等行业事关新闻传递、报刊发行，是新闻业最直接的支持产业。北洋政府时期，印刷、造纸、摄影、广播等现代媒介技术已传入中国，媒介物资设备现代化初步实现，交通、邮电业也有较大发展。在"黄金十年"经济的支持下，现代媒介技术及其行业和交通邮电业获得长足发展，支撑了本时期的新闻业。

（一）严重依赖西方与初步国产化的现代媒介技术业

中国最早发明印刷术，报纸生产所需的新式印刷术却从西方引起。"凸版印刷术输入最早，平版印刷术次之，最迟者为凹版印刷术"。① 传统印刷术及其行业随之被现代印刷工业所取代。本时期我国出版印刷业虽有长足发展。1933年出版印刷业"较之光绪年间，其机械能力，已增加至十几倍；较之民国初年，亦以增加五倍"，但"上海印刷业每岁不过三四千万元"，较美国纽约印刷业"四万万美元"相去霄壤。② "关于新印刷术所有之原料，以国内工艺不振，类皆仰给于外国，每年漏邑，不下数千万元，间虽有自制印刷机械、印刷材料及机制纸以图挽回利源者，然其出口与外洋进口者相比较，实有天壤之别"。③ 不仅如此，印刷技术、人才与印刷业的地区分布严重失衡，上海、北平、天津、南京的新闻出版机构大都采用轮转机等现代机械印刷术，出版印刷业、新闻业发达。全国出版期刊数由1927年的656种猛增到1937年的1914种，10年间年均出版期刊1483种，为五四时期的5.4倍，④ 全国出版物总数自1927年的1323册增长为1936年的6717册，特别是自1932年后每年增长数量以千位数计，可谓兴盛。⑤ 四座城市有《申报》《新闻报》《大公报》《中央日报》等大型日报

---

① 贺圣鼐，赖彦于. 近代印刷术 [M]. 上海：商务印书馆，1947：2.

② 杨大金. 近代中国实业通志 [M]. 上海：钟山书局，1933：338.

③ 贺圣鼐，赖彦于. 近代印刷术 [M]. 上海：商务印书馆，1947：29.

④ 叶再生. 中国近现代出版通史（第2卷）[M]. 北京：华文出版社，2002：1032-1033.

⑤ 宋原放. 中国出版史料（现代部分）第1卷（下）[M]. 济南：山东教育出版社，2001：426.

和实力雄厚的商务印书馆、中华书局等出版企业；印刷工人也发展为一个职业群体。内地偏远城市，现代机械印刷技术几无踪影。石版印刷术在山西大有市场，该技术优于凹版印刷，能便捷地在平面印版上完成复制。因技术封锁，中共红色报刊、东北抗日报刊只能广泛使用蜡印、油印、石印等传统印刷技术，铅印技术仅偶尔使用。

西汉时中国就发明了造纸术。近代以来，在现代机械造纸业的冲击下，传统手工造纸业退出市场主导地位。手工作坊造纸数量多、规模小，只能生产连史纸、毛边纸等粗纸，不能生产现代出版业、报业所需的新闻纸。占据"全国总产额第一位"①的江西传统造纸业在20世纪30年代逐渐衰落。机器造纸产量高、数量少，本时期中国仅有机器造纸厂32家（东北和台湾除外），且多集中在上海，生产能力严重不足。抗战前夕，全国机制纸年生产能力为65447吨，仅占当时全国纸张消费总量的10%左右。②新闻纸市场主要依靠进口，"每年洋纸之输入之巨，为数实极惊人"。③仅新闻纸的输入一项在1933年就有6.26亿两。国产新闻纸的比重很低，无法与进口洋纸竞争。这使新闻业不得不受西方资本的无形牵制，"纸荒"问题始终是缠绕民国新闻业的一块心病。

1839年摄影术发明后很快传入中国，摄影逐渐取代画师，成为静态影像传播的重要方式。新闻摄影照片亦成为报刊内容的重要组成部分，并催生了以刊登摄影照片为主的画报业。五四新文化运动后，摄影技术渐趋普及，操作流程由繁趋简，照相业趋于繁荣。抗战前夕，照相馆"已星罗棋布、遍及全国"，从业人员在10000人以上。④摄影技术的专著累积出版50余种。⑤摄影技术的普及和照相馆的兴盛，加之铜版印刷，推动了画报、摄影图片出版物的繁荣，并产生了专业的摄影期刊和摄影团体。20世纪二三十年代，我国出版的画报约

---

① 转引自杨勇. 民国江西造纸业述论［J］. 江西师范大学学报（哲学社会科学版），2001，34（3）：101-106.

② 白寿彝. 中国通史（第十二卷）近代后编（1919—1949）［M］. 上海：上海人民出版社，1999：494.

③ 我国造纸业统计［J］. 银行周报，1934，18（46）：61-62.

④ 胡志川，主编. 马运增，等，编著. 中国摄影史1840—1937［M］. 北京：中国摄影出版社，1987：296-297.

⑤ 胡志川，主编. 马运增，等，编著. 中国摄影史1840—1937［M］. 北京：中国摄影出版社，1987：244-246.

350 种，专业画报 230 种，综合性画报 120 种,[1] 影响较大者有《良友画报》《北洋画报》《时代画报》《大众画报》《美术生活》等。但摄影器材如轻便照相机、感光片、感光纸以及冲洗药品、胶片等几乎全部依靠进口。不完全统计，1928 年我国各口岸进口照相器材总值达 2483300 两，1931 年 3840294 元（折合海关银为 4516133 两），1932 年 3246003 元（折合海关银 3853789 两）。[2] 美国柯达（Kodak）和德国爱克发（Agfa）等摄影器材公司还在华设立分厂，直接经营摄影器材。民族照相工业奄奄一息，完全依赖西方，钳制了我国新闻图像业的发展水平。

无线电报、广播技术、电影技术亦是如此。它们均由西方科学家发明后传入中国。中国使用无线电报始于清末，军事领域最先采用，建立了为数不多的电报线路。第一次世界大战后，无线电及广播器材作为战争剩余物质被倾销到中国，揭开了中国广播业的历史序幕。此时，广播技术处于日新月异的大发展期，中国广播技术及其器材业却处在萌芽状态，只能改装或研制低功率的广播发射机，广播发射机几乎完全仰赖从西方进口，致使与西方几乎同时起步的中国广播业畸形发展，严重滞后于欧美诸国。到 1937 年 6 月，我国共有广播电台 78 座，总发射功率近 123 千瓦，其中 75 千瓦的中央广播电台一枝独秀，可与西方抗衡，但 75 千瓦的发射机是国民党当局用 40 多万银圆从德国购买的。收音机器材亦是如此，国民党当局虽重视广播、收音机等器材的国有化建设，但受制于技术、人才等因素，国有化程度非常低。1936 年中国才装配了第一台收音机。收音机等器材几乎全部依赖进口，价格昂贵，抑制了广播业的普及。1936年 4 月统计，我国无线电材料进口总值年达 200 万金。1937 年我国收音机总量不及百万，约为人口的 0.25%，与欧美各国相比，相差太远。电视技术此时虽被介绍到中国，1934 年中国完成了电视机样机的研制，民国时期并未产生电视。有声、动态的新闻影像只能由电影承担。电影技术 1896 年传入中国，1927 年南京国民政府成立时，西方已进入有声电影时期，中国还在无声片时代。电影器

---

① 胡志川，主编. 马运增，等，编著. 中国摄影史 1840—1937 [M]. 北京：中国摄影出版社，1987：282.

② 胡志川，主编. 马运增，等，编著. 中国摄影史 1840—1937 [M]. 北京：中国摄影出版社，1987：282.

材、技术几乎完全仰赖西方，价格昂贵，使电影业只能在上海、北平、南京、天津等大城市有所发展，拍摄成本高、电影数量少，为数不多的纪录电影都是重大事件的影像记录，影院数量少，聚集在上海等大都市。

（二）长足发展、整体落后的交通邮电业

交通邮政电信业是支撑现代社会系统运转的流通系统，是支持新闻生产和报刊发行的基础设施。中国向来重视交通，古代中国建立了四通八达的驿站系统。近代以来，以铁路、轮船、飞机为核心技术的现代交通运输业替代了传统驿站系统，但受制于半殖民地半封建的政经结构，自晚清以来至全面抗战爆发，我国交通运输业虽有长足发展，整体仍很落后。中国最早出现铁路是在1876年，国人自主修建铁路是1881年，1911年铁路开始国有化。受传统观念、资金、技术等因素制约，至1928年中国累积修筑铁路仅13577千米。南京国民政府重视铁路建设，设铁道部，整理铁路债务、筹措资金修筑铁路，铁路建设有长足发展。1928—1937年全国累计新修筑铁路8614千米，其中中国自筑4179千米，外国修筑4435千米，1937年中国累计有铁路21761千米，[1] 形成了粗线条的全国铁路网。公路建设方面，1928年全国公路通车里程29127千米，1933年苏浙皖三省公路联结成网。为配合国民党"交通剿匪"和国防建设，南京政府加快了东部、西北的公路建设，至抗战前夕，全国公路通车里程扩展到1095万千米[2]，全国公路网基本形成。飞机的商用始于20世纪初，本时期中国主要有中航、欧亚、西南、惠通四家航空公司，航线、飞机均少，只能把上海、南京、直辖市、省会城市等交通枢纽城市连接起来。中国内陆水运向来发达，1921年前后已建成初具规模的国内轮船航运体系。南京国民政府加强了航运业的规范化建设，设立航政司，制定航政法规，建设航运港，疏浚海河、淮河、扬子江、辽河，整顿招商局，发展民营航运等，使全国航运业有所发展，1927—1936年中国先后成立25家航业公司，1935年全国有各种轮船3895艘，比1921年增长67.0%；总吨位67.5万吨，比1921年增长38.0%。

---

① 许涤新，吴承明．中国资本主义发展史（第三卷）：新民主主义革命时期的中国资本主义 [M]．北京：社会科学文献出版社，2007：66.

② 孙健．中国经济史——近代部分（1840—1949年）[M]．北京：中国人民大学出版社，1989：47.

邮政电信方面，中国古代的驿传体系是现代邮政业的初级版。晚清以来，中国建立了遍布全国的邮政网络。南京国民政府加强邮政业管理，邮政业平稳发展，没有大的建设，也没有一些事故，邮政业成为本时期"唯一效率较高的国营事业"①。十年间邮政所增加 3.1015 万②，邮路增加 12.6755 万千米③。除递送邮件，还增加开办代订刊物、"平快"邮件、代售印花税、代购书籍等业务。中国近代电信业起步于 19 世纪 70 年代末。国际电信长期由英国大东、丹麦大北等外国电报公司控制，国内电信管理存在各自为政、设备老化、外债庞大等弊病，南京国民政府以"重在整顿，相机扩充，但步骤不求其急"的方针整顿建设电信业，设立电政管理局、出台《电信条例》、收回部分电政主权、加快电信材料建设等，使电信业平稳向前发展。有线电报线路十年间"前后共计约修整线路四万三千千米"，并引入效率稍高的韦斯登机、新式克林特机与打字电报机。④ 1936 年电报线路维持在 9.4 万千米（不计东北）以上⑤，电报局所数目由 1927 年的 1132 所增至 1937 年 5 月的 1461 所⑥。

无线电报方面，1928 年，交通部所办无线电报台约有 26 处，中国约有 104部无线电发报机，至抗战前全国大中小型无线电机约 171 部⑦，还在沈阳、上海等建成了沈阳国际电台、真如国际电台、枫林桥国际电台等短波电台，开展国际电信业务。1931 年 2 月，交通部将所辖国际通信大电台筹备处与中菲电台、枫林桥支台等合并成立国际电台。至 1937 年该台先后开通了中越（1931）、中瑞（1932）、中苏（1933）、中英（1934）、中日（1934）、中意（1935）等国际直达电路 14 条，加上地方政府及交通部所办线路，国际通信直达电路共有 24

---

① 许涤新，吴承明. 中国资本主义发展史（第三卷）：新民主主义革命时期的中国资本主义［M］. 北京：社会科学文献出版社，2007：75.

② 转引自周天度，等. 中华民国史：第八卷（1932—1937）下［M］. 北京：中华书局，2011：844.

③ 张玉法. 中国现代史（下）［M］. 台北：东华书局，1979：54.

④ 张政. 国民政府与民国电信业（1927—1949）［D］. 桂林：广西师范大学，2006.

⑤ 许涤新，吴承明. 中国资本主义发展史（第三卷）：新民主主义革命时期的中国资本主义［M］. 北京：社会科学文献出版社，2007：76.

⑥ 中国文化建设协会. 十年来的中国［M］. 上海：商务印书馆，1937：372-373.

⑦ 张政. 国民政府与民国电信业（1927—1949）［D］. 桂林：广西师范大学，2006.

条。① 1936 年，交通部所属电信职工共 2.07 万人。②

　　长途电话方面，国民政府的投入最大，成效也较大。1936 年，苏、浙、皖、冀、鲁、豫、湘、鄂、赣九省长途电话网除济南、徐州一段未修外，其余全部完成。③ 1928 年全国长途电话线路 6564.08 千米，线条 17593.19 千米，到 1936 年分别增长至 43890.25 千米、78160.40 千米④，分别增长 37326.17 千米、60567.21 千米。

　　市内电话方面也有长足发展。1928 年，市内电话有线路 2375.24 千米，用户数 37713。1936 年，线路增至 3490.70 千米，用户数 74404。⑤ 市内电话较完备的城市达 25 个，谈不上普及，交换设备也较落后。总之，本时期中国电信业有较大发展，但仍处于较低的水平。电信建设发展不平衡，以东南沿海和南京、上海、广州等大城市为中心，广大乡村及较偏远的地区如贵州、新疆、青海、四川、西藏等省份的电信业远落后东部各大城市；电信基础设施规模小，远低于世界发达国家水平；民众电信使用率偏低，1936 年中国的百人发电平均数仅为 1.5 次左右，为世界最末位。⑥

　　粗线条的全国铁路和公路网的建设，四通发达的水路运输和连接枢纽城市的航空业，以及有长足发展、低水平的电信业，是"黄金十年"新闻业走向畸形繁荣的重要支撑。依托电信、铁路、航空，消息传递的时延大大缩小，新闻流通的速率加快。大城市隔日或当日即可收到全国或世界范围发生的重大事件，偏远的中小城市、农村地区的消息传递依然较滞后。在客观条件制约下，中央通讯社、中央广播电台依托其实力，脱颖而出，对全国媒介生态造成深远影响。报业跨区发行不得不依赖邮局，只有《申报》《新闻报》《大公报》《中央日报》等实力雄厚的报馆才有可能跨区经营，将其发行、影响力辐射到全国。连接主要城市的航空线，使新品种"航空通信"、航空版被《申报》《新闻报》《中央

① 中国文化建设协会. 十年来的中国 ［M］. 上海：商务印书馆，1937：396-402.
② 许涤新，吴承明. 中国资本主义发展史（第三卷）：新民主主义革命时期的中国资本主义 ［M］. 北京：社会科学文献出版社，2007：76.
③ 邮电史编辑室. 中国近代邮电史 ［M］. 北京：人民邮电出版社，1984：185-186.
④ 张政. 国民政府与民国电信业（1927—1949）［D］. 桂林：广西师范大学，2006.
⑤ 张政. 国民政府与民国电信业（1927—1949）［D］. 桂林：广西师范大学，2006.
⑥ 张政. 国民政府与民国电信业（1927—1949）［D］. 桂林：广西师范大学，2006.

日报》、中央通讯社采用，缩短了重大事件的新闻传递时延。苏浙皖地区较发达的交通网络使江浙皖地区传媒深受京沪大报的生态辐射。控制邮局的国民党当局，亦通过邮件审查、"停邮"方式控制消息流通速度，钳制民营报业发展。四通八达的交通邮政网络也增加了国民党新闻检查的行政成本，为报刊突破新闻检查创设了现实可能。交通邮政业的严重滞后，使实力弱小的绝大多数报纸只能是地方性报纸，仅具有地方意义，它们获取全国性新闻只能依靠无线电广播和中央通讯社。

第三节 文献综述

全面抗战前十年的新闻业是多元杂处、彼此竞合的，逐渐转向抗日救亡的十年，也是旧中国新闻业最繁荣的十年，它前接五四新文化运动，后续抗战八年，是多条线索纠缠、故事最多的十年。众多学者注目于此，他们从其立场、视角观察这座"庐山"后，多数又回到了各自领域，形成了粗线条的整体概貌与不均衡齐放的个案、专题研究的格局。

宏观研究的价值在勾勒全貌，绘制精确地图，为个案与专题研究提供学术背景。最早对抗战前十年新闻业全貌进行研究的是邵力子。抗战全面爆发，中国文化建设协会为纪念"失去的十年"，于1937年组织编写出版了《十年来之中国》。邵力子应邀为其撰写《十年来的中国新闻事业》，对抗战前十年新闻业的性质、分布、形式、特征等做了全面扼要的概述，作者邵力子又是"局中之人"，掌握国民党宣传大权，深谙新闻业。《十年来之中国》还收录了出版家王云五《十年来的中国出版事业》和中央广播电台负责人吴保丰《十年来的中国广播事业》文章，两文分别从出版、广播层面勾勒了本时期新闻业的两个侧相。三篇文章是国民党当局对抗战前十年新闻业的首次非正式官方叙事，史料价值高，缺点是拔高了国民党当局的功劳。也许受战时总结"十年来历史"的影响，集学者、记者与教授身份于一身的赵君豪利用《申报》1937年停刊，赋闲在家的三四个月写就《中国近代之报业》。全书民族意识浓厚，分别从报纸内容、编制、采访、印刷、广告、发行、管理各方面及报业教育、广播、通讯社、地方报纸、新闻法制等有关事项对"十余年来中国报业之进步"中景做了调查报道式扫描，可谓"本体"新闻史书写的典范。取材多是作者耳闻目睹或亲身经历，文字简洁活泼、见解平实独特，"实践特征"浓郁，鲜有当时新闻学著述"外国如何"等陈词滥调。此后，这"十年来新闻业"大都作为一章置于中国新闻事业通史的书写框架内，其书写也由"本体"或"现代化"叙事逐渐转为"阶级斗争"的宏大叙事。大陆《中国新闻事业通史》（第二卷）、中国台湾地区赖光临《中国新闻传播史》教材是其中的典型代表。前者在"十年内战"框架下用4章363页全面系统地书写了中共、国民党、私营新闻事业并以"反文化'围剿'中的革命报刊和抗日救亡运动中的新闻事业"为题对未及之处做了补充，是目前本时期新闻业历史书写最全面丰富的集成之作。后者以"现代化建设与新闻事业""国民党党营新闻事业的扩展""独立的报业""最早的报团组织"四节扼要概述。两种历史叙事建构了景象各异的新闻史面貌，看似差异很大，实则都是政党史观的外在表现。

专题史、个案史是历史侧面或点的聚焦研究。抗战前十年的新闻业是多维多面多元交织的复杂综合体。政治层面有国民党新闻业、共产党新闻业、民营新闻业、在华新闻业四大类，每类各成系统，系统化程度却有显著差异。共产党新闻业系统化程度最高，其次是国民党新闻业，民营新闻业和在华新闻业次之。媒介层面有报业、广播业、通讯社三大类，其中报业又分为大报、小报、晚报、行业报等子类。新闻业态层面，微观层面有编辑、采访、广告等，中观层面有新闻社团、新闻教育、经营管理、媒介科学技术等，宏观层面则有新闻法规与政策、新闻统制体系等。这些层面都有专题或个案研究，深浅程度却不一。大致而言，政治层面的专题研究最丰富，其次是媒介层面，新闻业态层面的研究较为薄弱，而这些研究又大多有各自的历史纵向，而非单一聚焦于这十年。具体而言：

抗战前十年国民党新闻业的专题史或个案史研究主要集中于国民党新闻统制、党营报业、《中央日报》、中央通讯社、中央广播电台等方面。代表成果有《中国国民党党报历史研究（1927—1949）》（蔡铭泽，1998）、《国民党新闻传播制度研究》（向芬，2012）、《民国官营体制与话语空间——〈中央日报〉副刊研究（1928—1949）》（赵丽华，2012）、《新生命研究》（贺渊，2011），《中国广播现代性流变：国民政府广播研究（1928—1949 年）》（李煜，2017）、《坚守与徘徊：新闻人马星野研究》（王继先，2018）等。中国台湾地区的史料整理最为丰富，萧同兹、董显光、马星野、程沧波、陈布雷等国民党新闻业的主管或负责人的回忆录、日记、文集及《中央日报》、《扫荡日报》、中央广播电台等史料大都已经出版，研究成果较少，主要集中在国民党新闻政策、《中央日报》、《扫荡日报》、中央广播电台、中央通讯社以及陈布雷、曾虚白、董显光、程沧波等个案研究方面。研究基本揭示了国民党新闻业的整体概貌，却不够深入全面，结论大都表明国民党新闻业体系庞杂、统制混乱，具有历史"反动性"。也有一些文章从"现代性"、抗战宣传角度为国民党新闻业/人辩护，肯定其对中国新闻业现代化、民族抗战的贡献。

抗战前十年的中共新闻业以中共中央机关报为主、中共地方党组织的报纸为辅，地域层面分为国统区、革命根据地、海外、红军长征、陕北根据地、东北六大块，报刊种类虽多，存续时间却短，许多报刊原件在战火中多有散佚。研究以史料遗存至今较全面的江西中央苏区、中共中央机关报等为主，成果丰富。其他地区因史料散佚，研究较为薄弱。代表成果有《中央革命根据地新闻出版史》（严帆，1991）、《江西苏区报刊研究》（陈信凌，2012）等，其中《江西苏区报刊研究》是近年来江西苏区报刊研究的最新力作，史料厚重，论述全面。作为红色报刊的重要组成部分，本时期中共报刊的个案研究遍地开花，主要报刊、报人、中共新闻政策、宣传实践都有相关个案研究，但以《布尔塞维克》《红色中华》《青年实话》《红星报》等中共中央机关报和瞿秋白、张闻天等中共党报负责人的个案研究为主，有些个案研究的挖掘较深，如中共中央机关报《布尔塞维克》、瞿秋白等，多数个案研究蜻蜓点水，仍需深入挖掘。史料方面，本时期中共新闻业的史料整理成果最丰富，绝大多数红色报刊都被影印出版，并有柯华《中央苏区宣传工作史料选编》（2018）、洪荣华等《红色号角：中央苏区新闻出版印刷发行工作》（1993）等新闻史料的大量专辑、著作出版。

左翼报人、报刊是中共在国统区的外围刊物，数量多、存续短，深受国民党新闻检查的钳制。左翼报人、报刊的研究，文学领域贡献最大，新闻领域主要聚焦于鲁迅、左联的报刊活动，左翼报刊的新闻斗争，中共与左翼报人、报刊的关系，袁殊等左翼报人的新闻思想等，研究成果以论文为主，专著较少。

抗战前十年，中共民营报业达到历史鼎盛期。本时期的民营报业的专题、个案研究的成果最丰富。新记《大公报》《申报》《新闻报》《益世报》及成舍我《世界日报》、南京《民生报》、上海《立报》等民营大报都有大量的个案研究，其中新记《大公报》的研究，已出版了多部专著，《申报》1932年改革、《申报·自由谈》等知名栏目都有较深入的研究。张季鸾、胡政之、史量才、成舍我、戈公振、胡道静、黄天鹏、范长江、邹韬奋等知名报人、学者都有专人集中研究，相关个人传记、新闻活动与思想的专著都有问世，乃至形成以之命名诸如胡政之等"某某"研究。改革开放以来，以胡适为中心的自由主义学人的同人报刊如《现代评论》《独立评论》等也有深入全面的个案研究，成果丰硕。21世纪以来，本时期的小报研究取得丰硕成果，《晶报》等上海知名小报已有专著面世，个案更是层出不穷。相对而言，晚报研究较为薄弱，《大美晚报》等有影响的晚报未见系统研究。个案层面，研究多聚焦于知名大报的知名栏目、重大事件的宣传实践及有影响的报刊停邮、查禁、报人被杀等案件，《大公报》《益世报》《申报》停邮事件、上海《民国日报》停刊、南京《民生报》案、刘煜生案等报案均有深入研究，结论彰显了本时期国民党新闻统制的人治化，民营报业人脉关系的复杂性、民营报业与政治国家的复杂互动关系。与民营报业密切相关的新闻团体、新闻教育也有较深入的个案研究，上海新闻记者联合会、燕京大学新闻学系、复旦大学新闻学系、中央政治学校新闻系都有深入的个案研究。

抗战前十年，在华外报是不容忽视的存在。此时期，在华日人报刊数量最多、势力最大，研究却较为薄弱。对日本报刊文化殖民、文化侵略研究集中在东北沦陷区，对国统区日人报刊、报人的文化侵略的揭露还不够深入全面。美国报刊在本时期迅速崛起，对其研究却集中于埃德加·斯诺、史沫特莱、斯特朗三个国际友人身上，近年来，"密苏里帮"报人、报刊，租界外报的抗日宣传活动被重新"发现"，有渐成学术热点的趋势。

综上所述，全面抗战前十年的新闻业研究成果丰硕，专题、个案研究遍地开花，质量不均衡，整体面貌已绘制，却不够细致全面。研究方法多元，视野开阔，整体仍以阶级斗争范式为主，媒介生态、现代化范式有所欠缺，新闻业与政党、国家、社会的多元互动的解释史研究较为薄弱，新闻业转向全面抗战的描述不够全面深入，新闻业的时空关系的揭示最为薄弱。基于此，本书以"全面抗战前十年新闻业"为主体，以本时期新闻业最发达的江浙、平津地区为中心，用新瓶装旧酒，勾勒新闻业的复杂生态及在国难语境下转向抗日救亡的演变过程。

第二章　全面抗战前国民党的新闻政策

有什么样的政治制度就有什么类型的新闻政策。抗战前国民党建立了庞杂的新闻统制政策，服务于其一党训政体制。学界勾勒了本时期国民党新闻政策的历史概貌，却有批判色彩浓、有些仍较模糊等问题。本章着力于国民党新闻政策的形成及其执行层面，并关联背后的观念、权力与矛盾。

第一节　国民党新闻政策的历史形成

为"党化新闻界"，统制新闻，国民党建立了庞杂的新闻政策体系，抗战前十年是这一体系的重要形成期。1929 年 3 月国民党第三届全国代表大会、1932 年 1 月 28 日蒋介石复出、1935 年 11 月国民党第五次全国代表大会是国民党新闻政策形成的三个重要节点。

一、三全大会统一党内意志：新闻政策的草创

南京国民政府成立前，国民党主要以党规规制新闻业。"四一二政变"至"宁汉合流"，国民党忙于内部权力分配、政制建设及"清党"运动，无暇创制新闻政策，但意识到"党内意见分歧"的巨大危害。1928 年，戴季陶断言挽回"党外之昏天黑地，与党内之猜忌排斥"的"颓风"绝非易事。1929 年，蒋介石再三强调"党的病源，就是党内意见分歧，思想复杂"①。病根源于孙中山去

---

① 蒋中正. 敬告全体党员诸同志书［J］. 国闻周报，1929，6（11）：1-4.

世后留下的权力真空和党的路线混乱①，建立政权的国民党右派仅在"清党"分共上达成共识，在谁代表孙中山三民主义理论、如何建设新政权、如何继续"革命建国"等问题上有诸多分歧。② 1929 年，国民党第三届全国代表大会才着手解决这一问题。在此前后，在"统一党内意见"的语境下，国民党开启了其新闻政策的创制。

1928 年 6 月，国民党第二届中央常务委员会审议通过《设置党报条例》《指导党报条例》《补助党报条例》《指导普通刊物条例》《审查刊物条例》，③奠定了国民党新闻政策的最初基石，标志着国民党新闻政策建设的真正起步。"设置""指导""补助"党报三条例还有为 2 月开办的上海《中央日报》"补充"党规依据的意味。三条例就党报设置、领导体制、宣传内容、组织纪律和津贴标准等做出明确规定④，是国民党管理党报的最高法规。后两个条例是国民党规范民营刊物的最高法规。五个条例都要求报刊要以"本党主义及政策为最高原则"。国民党第三届全国大会召开前，国民党中央于 1929 年 1 月 10 日颁布《宣传品审查条例》，就宣传品的审查范围、标准、处理办法做出规定，该条例为宣传品的正确与否确定了政治标准，将"宣传共产主义及阶级斗争者""反对或违背本党主义政纲政策及决议案者""妄图谣言以淆乱观听者"⑤等均视为"反动"或"谬误"宣传品，开了中国政党政治审查新闻的先河。六个条例奠定了国民党三全大会"统一本党理论"的政策基础。

国民党三全大会是蒋介石集团"清党"后，正式统一国民党思想的大会。会前、会中，蒋都强调"统一党内意见"的极端重要性。会议正式宣布结束军政，开始训政时期，"确定总理主要遗教——《三民主义》《五权宪法》《建国

---

① 陈志让. 军绅政权：近代中国的军阀时期 [M]. 桂林：广西师范大学出版社，2008：173.

② 黄天鹏. 报学月刊 [M]. 上海：光华书局，1929：36.

③ 中国第二历史档案馆. 中国国民党中央执行委员会常务委员会会议录（第21册）[M]. 桂林：广西师范大学出版社，2000：432.

④ 方汉奇，宁树藩. 中国新闻事业通史（第2卷）[M]. 北京：中国人民大学出版社，1996：352-353.

⑤ 中国第二历史档案馆. 中华民国史档案资料汇编（第五辑第一编·文化）[M]. 南京：江苏古籍出版社，1998：74-76.

方略》《建国大纲》及《地方自治开始实行法》为训政时期中华民国最高根本
大法"，通过《党政决议案》等方案，明确表示"国民党最高权力机关，为求
训练国民使用政权，弼成宪政基础之目的，于必要时得就于人民之集会、结社、
言论、出版等自由权，在法律范围内加以限制"。新闻政策方面，会议收到邵
华、陈德征、梁寒操、赖琏、王则鼎、郑彦菜等百余人要求"统一本党理论"
"彻底消灭反动思想、严厉查禁反动著作""扩大国际宣传""确定新闻政策、
取缔反动宣传""本党应确定新闻政策"等提案，这些提案要么由大会决议通
过，要么由提案审查委员会决定，提交中央执行委员会核办，可见，国民党三
全大会为国民党新闻政策的建设统一了全党意志。为保证这次大会胜利召开，
蒋采取指派代表方式，指定了80%的代表，将改组派、西山会议派等反蒋派系
完全排除在外，使大会的合法性受到质疑。

　　三全大会后至1932年1月蒋介石再次上台，国民党中央、国民政府等机构
又先后颁布《取缔销售共产书籍办法》（1929年6月）、《出版条例原则》（1929
年8月23日）、《全国重要都市邮件检查办法》（1929年8月29日）、《日报登
记办法》（1929年9月）、《出版法》（1930年12月）、《出版法实施细则》
（1931年10月）等新闻法规，其中《出版法》是国民党新闻法制建设的重要成
果。《出版法》是管理民国新闻事业的基础性法律，它由国民党中央宣传部主
导，中常会、中政会审查，国民政府立法院审读，国民政府颁布，由《出版条
例原则》《出版法》《出版法实施细则》组成。1926年，废除1914年袁记《出
版法》后，新闻管理面临"无法可依"的问题，为此1928年4月《中央日报》
就为制定出版法造势，① 同年12月27日国民党中常会决议"由宣传部拟定出版
法草案"。1929年7月，国民党宣传部"拟制《出版品条例原则草案》提请中
央核议"，② 戴季陶、陈立夫提出"出版品"三字含义狭窄，应改为"出版条
例"，③ 8月8日宣传部提出出版法条例原则草案，中常会第29次会议决议"送

---

① 日政府订出版法. 新出版社草案一斑 [N]. 中央日报, 1928-4-1 (03).
② 中央宣传部工作经过（七月份）[J]. 中央党务月刊, 1929 (14)：508-542.
③ 中央宣传部工作经过（八月份）[J]. 中央党务月刊, 1929 (14)：542-576.

政治会议交立法院",① 14 日中央政治会议修正通过《出版条例原则》,并送交立法院。② 20 日立法院通过中政会送交的《出版条例原则》,并交"法制委员会查照起草""拟具出版法草案四十四条",③ 确定立法原则。1930 年 5 月 7 日,法制委员会召开会议决议推选委员罗鼎、刘克俊、孙镜亚三人,依据《出版条例原则》,正式起草《出版法》。④ 10 月 15 日,法制委员会召开第 94 次会议,将"院长下发关于中央宣传部函请制定新闻事业条例"案交给出版条例起草委员参考,⑤ 督促起草委员会工作。11 月 25 日,立法院法制委员会全体通过《修正出版条例草案初步审查报告案》。⑥ 11 月 29 日,立法院提付二读《出版法草案》,逐条讨论,以省略三读通过全案。⑦ 次日《中央日报》刊出《出版法》全文。⑧ 12 月 16 日,国民政府公布《出版法》,"即日照此令"施行。⑨ 1931 年 10 月 7 日,内政部公布并即日实施由内政部与中宣部制定的《出版法施行细则》。可见,为转变管理身份,国民党当局不到两年就完成《出版法》制定工作。其原因有三:一是为管理全国新闻业确立法律依据,堵住外报拒绝登记的漏洞。1929 年 11 月,中宣部就"外国人在中国境内所办之报纸及通讯社"拒绝登记事宜向中常会第 48 次会议请示,中常会决议"俟出版法颁布后再议"。⑩ 二是完成管理身份的转变,便于依法管理。1930 年 6 月 20 日,中宣部称"为便于审查起见,特呈请立法院从速制定出版条例,俾于办理出版登记审查各事项有所遵循"。⑪三是也许与立法院院长胡汉民重视立法有关。

① 中国第二历史档案馆. 中国国民党中央执行委员会常务委员会会议录(第 9 册)[M]. 桂林:广西师范大学出版社,2000:110.
② 立法院秘书处. 出版条例原则 [J]. 立法专刊,1930(2):8-9.
③ 国民政府立法院第 41 次会议议事[J]. 立法院公报,1929(41):8-20.
④ 立法院法制委员会第 66 次会议事录[J]. 立法院公报,1930(18).
⑤ 立法院法制委员会第 94 次会议事录[J]. 立法院公报,1930(23).
⑥ 焦易堂. 出版条例草案起草报告[J]. 立法院公报,1930(24):51-57.
⑦ 谢振民. 中华民国立法史(上)[M]. 北京:中国政法大学出版社,1999:512.
⑧ 出版法立法院通过之原文[N]. 中央日报,1930-11-30(03).
⑨ 国民政府指令第 2249 号[J]. 立法院公报,1931(25):189-190.
⑩ 中国第二历史档案馆. 中国国民党中央执行委员会常务委员会会议录(第 10 册)[M]. 桂林:广西师范大学出版社,2000:77.
⑪ 杨幼炯. 近代中国立法史[M]. 上海:上海书店,1989:470.

二、蒋介石再次上台：新闻政策的强化

"九一八"事变改变了中国社会的进程，改变了国民党的权力结构与议程，对国民党新闻政策的演进产生了深远影响。事变前，国民党制定了《设置党报条例》《出版管理条例》《日报登记办法》《全国重要都市邮件检查办法》等多个新闻管理条例，国民政府出台了《出版法》，国民党新闻政策的制度建设取得显著成果，奠定了国民党新闻政策的制度框架。但从 1931 年 9 月 18 日至 1932 年 5 月《淞沪停战协定》签订结束，除制定《出版法实施细则》外，国民党当局没有出台较重要的新闻法规。其原因有三：一是国民党中央忙于弥合内部的权力分裂，应付东北事变；二是蒋介石集团"不抵抗""诉诸国联"的对日政策触怒抗日舆论，蒋被迫下野。面对抗日舆论怒潮，蒋怒火中烧却无可奈何。三是蒋再次上台又面临"一·二八"事变，不敢断然"处置"新闻界。《淞沪停战协定》签订后，蒋正式推行"攘外必先安内"政策，一面加紧"剿共"，一面加强"文化围剿"，强化新闻政策，收紧舆论环境。1932 年 7 月《申报》禁邮事件，是蒋着手收紧抗日舆论的起点。①

强化新闻政策，实现新闻统制，是国民党当局的一贯追求。限于各方势力形成的权势制衡结构，"九一八"事变前，蒋介石集团主要着力于新闻制度建设。"九一八"期间抗日舆论严重背离"诉诸国联"的对日政策，使蒋"几成怨府""几乎无容身之地"，但迫于形势压力不敢断然处置，1932 年淞沪停战后蒋才真正着手强化新闻政策。主要表现是修订旧法，制定新法，强化执行。据统计，1931 年下半年到 1935 年下半年，国民党中央和国民政府出台 50 多种新闻政策（包括办法、细则、解释、规则、通令、大纲等）。1932 年 5 月至 1935 年国民党制定、修订的重要新闻条例、法规有 20 多条。据《江苏月报·江苏新闻事业号》（1934 年 1 月）统计，1931 年 10 月至 1933 年 10 月，内政部、中宣会、中央就出版法实施审核登记及罚则等问题做出 18 条法律解释，其中内政部 15 次，中央宣传委员会 2 次，中央 1 次。

这些法律法规由国民党中央政治会议、中常会、中央宣传部、内政部、军

---

① 刘继忠. 1932 年《申报》禁邮的直接诱因与解禁考 [J]. 新闻大学，2019（9）：30-41.

事委员会等机构制定或修订出台，名称有"标准""办法""条令""密令"等，实现了新闻业的出版登记、审查标准、邮寄发行、取缔标准、惩罚措施等全流程管理，加之多如牛毛的各种法律解释、政党要人的手令等，形成了烦琐庞杂的新闻统制体制，使国民党新闻政策走向专制主义高峰。其中主要有：《宣传品审查标准》（1932 年 5 月）、《新闻检查标准》（1933 年 1 月）、《重要都市新闻检查办法》（1933 年 1 月）、《剿匪区内邮电检查办法》（1933 年 8 月）、《敦睦邦交令》（1935 年 6 月 10 日）、《修正出版法》（1935 年）等。

《宣传品审查标准》是 1929 年《宣传品审查条例》的增订升级版，《标准》于 1932 年 5 月 31 日第四届中央执行委员会通过，同年 11 月 24 日增订。《标准》以总理遗教、本党主义、政纲政策决议为尺度划定"适当""谬误""反动"宣传的边界，① 它与《出版法》第十九条构成民国社会信息传播的政治标准。《新闻检查标准》《取缔不良小报暂行办法》《查禁普罗文艺密令》《取缔刊登军事新闻及广告暂行办法》《重要都市新闻检查办法》，基本是《宣传品审查标准》的延伸或具体阐释。如《新闻检查标准》分军事、外交、地方治安、社会风化四类，分别就扣留或删改做出规定，对外交不利的尚未证实或已证实不确的，未经外交部正式或非正式公布的，涉及秘密外交的"外交新闻"均应被扣留或删改；动摇人心、引起暴动的，故作危言、影响金融的，对中央负责领袖的恶意新闻及损害政府信用的"地方治安新闻"均应被扣留或删改；淫盗之记载，描写煽扬猥亵凶器之影响的，以及其他妨害善良风俗的"社会风化新闻"均应被扣留或删改。还要求各新闻检查所检查新闻时，"须依照出版法及宣传品审查标准第二项、第三项之规定"，"须遵照中央宣传委员会颁发应注意之要点"，要求"各报社刊布新闻，须以中央通讯社消息为标准"。②

《重要都市新闻检查办法》（1933 年 1 月）规定"遇有检查新闻必要时"设立新闻检查所，检查"军事、外交、地方治安及与有关之各项消息"，还规定了首都新闻检查所及各地新闻检查所的基本结构及隶属单位——中央宣传委员会。可以说《重要都市新闻检查办法》的规制对象主要是上海、江浙、平津地区的

---

① 法规. 宣传品审查标准 [J]. 江苏月报·江苏新闻事业号，1934，1 (3)：18.

② 法规. 新闻检查标准 [J]. 江苏月报·江苏新闻事业号，1934，1 (3)：18-19.

新闻业。

《敦睦邦交令》（1935 年 6 月 10 日）重申严惩对于日本的"排斥及挑拨恶感之言论行为"①，是当局"合法"限制抗日舆论的工具。它是国民党响应日本外相广田弘毅提出的"中日亲善、经济提携"特殊环境下的产物。

《敦睦邦交令》《剿匪区内邮电检查办法》《邮电检查施行规则》《新闻电报章程》等法规是国民党当局在新闻电报、发行等环节设卡管理的政策工具。《剿匪区内邮电检查办法》授权赣粤闽湘鄂"匪区"最高军政机关组织邮件检查所，查禁"赤匪"所有邮件及印刷品、宣传品；《邮电检查施行规则》授权军事委员会调查统计局插手邮件检查；《新闻电报章程》规定凭电报证件收发新闻电报，明确规定扣留"报告失实、或采及谣传有妨碍大局者"。

1935 年《修正出版法》是各方对 1930 年《出版法》不满的一个产物。《出版法》实施到 1934 年 12 月，各省请求释疑者达 30 余件，新闻界、中宣会、内政部对该法也不满。中宣会要求变更登记方法由"注册备查"改为"严密审核"，内政部认为对著作权的保护不够等。1935 年 2 月 11 日启动修订，1935 年 7 月 12 日立法院通过，《修正出版法》历时近 6 个月完成。该法共 49 条，较 1930 年《出版法》对新闻界的管理更严，公布后受到新闻界一致反对，未能实施。1930 年《出版法》依然有效②，此次修订为 1937 年修正奠定了基础。

三、五全大会：新闻政策转向战时

1935 年 11 月 12 日至 23 日召开的国民党五全大会，是其"政策转变的起点"。③ 这次大会亮点有二：一是蒋公开表示"和平未到绝望时期，绝不放弃和平；牺牲未到最后关头，绝不轻言牺牲"。"最后关头"隐喻了蒋决意对日侵略不再妥协让步。二是"国民党五全大会宣言的十大政纲中没有将'剿共'或

①　敦睦邦交令［J］. 法令周刊，1935（259）：2.

②　张化冰. 1935 年《出版法》修订始末之探讨［J］. 新闻与传播研究，2007，14（1）：72-78.

③　袁武振，梁月兰. 国民党第五次代表大会是其政策转变的起点［J］. 史学月刊，1987（3）：63-67.

'反共'的要求列入"，蒋外交政策演讲没有出现"攘外必先安内"的说法，①
暗示了国民党"剿共"政策的转变。蒋介石悄然改变其内外政策，是1935年日
本染指华北，"华北自治"危机威胁到蒋介石的核心区域，与日谋求所谓"睦邻
友好"已成泡影；工农红军来到陕北，中共中央发出《八一宣言》提倡全民救
国统一战线，得到广泛响应；全国抗日救亡运动再次高涨，"兄弟阋于墙，外御
其侮"成为最大共识；蒋的权力地位得到巩固等形势使然。

国民党政策的悄然转变，促使其新闻政策悄然转向"战时"。其标志是放宽
言论尺度，政策表述是一切出版品、宣传品"不违背民族利益为其最低限度之
条件"。主要有《确定文化建设原则与推进方针以复兴民族案》（1935年11
月）、《国民党中央文化事业计划纲要》（1936年4月）、《本党新闻政策》（1937
年2月）及1937年《修正出版法》等。

《确定文化建设原则与推进方针以复兴民族案》对包括新闻事业在内的文化
事业管理持"扶助"和"策进"态度，要求唤起"全国民众集体意识"以应对
"民族国家生死关头"。②《国民党中央文化事业计划纲要》提出"建立精神上之
国防"，放宽了新闻事业管制的标准与尺度，"一切出版品以有专门内容及不违
背民族利益为其最低限度之条件"③。《本党新闻政策》是国民党新闻政策转向
的标志性文本。政策共6条，在"党治"基础上糅合了"法西斯主义"和"民
族利益"的思想，在国民党新闻政策体系中具有"承前启后"的历史地位。④
1937年7月《修正出版法》和修正《出版法实施细则》吸纳了新闻界的不少意
见，该法正式将出版品的注册登记制改为核准登记制，⑤ 较1935年《修正出版
法》有所放宽，实为1935年《修正出版法》的延续。

---

① 陈绍禹（王明）. 时事论：抗日救国与全民统一战线 [J]. 全民月刊，1936，1（1-2）：
　　32-36.
② 中国第二历史档案馆. 中华民国史档案资料汇编（第五辑第一编·文化）[M]. 南京：
　　江苏古籍出版社，1998：25-28.
③ 中国第二历史档案馆. 中华民国史档案资料汇编（第五辑第一编·文化）[M]. 南京：
　　江苏古籍出版社，1998：28-30.
④ 王凌霄. 中国国民党新闻政策之研究（1928—1945）[M]. 台北：近代中国出版社，
　　1996：8.
⑤ 刘哲民. 近现代出版新闻法规汇编 [M]. 上海：学林出版社，1992：135.

综上所述，南京国民政府成立后，面对"主义纷扰"、舆论被动、新闻泄露频现的困境及多元杂处的媒介结构，为建立三民主义意识形态权威，国民党当局始终在谋求建立周全细密的新闻政策，为其统制新闻确立合法地位。国民党的新闻政策遭到了新闻界的抵制，民营报刊高举自由旗帜，外人报刊借租界和不平等条约不予以配合，中共报刊以"地下身份"予以破坏，党内派系以其个人或派系利益加以牵制。这使国民党推进新闻政策的强化过程不得不向各方妥协，如党政要人不时表态安抚新闻界的抗议，设立"九一记者节"安抚新闻工作者，新闻界部分意见吸纳进入政策内等。随着国民党对日政策的调整，其新闻政策也随之转向"战时"。

第二节　国民党管理新闻宣传的党务机构

国民党的新闻统制是党政双轨制，"党"为主、"政"为辅。"党"是国民党中央执行委员会、中央常务委员会、中央政治委员会、中央宣传部、中央检查新闻处、文化事业管理委员会、中央广播电台管理处（中央广播事业管理处）及各级党务委员会、各级党部。职责是制定新闻政策，确定媒体的组织结构、人事安排、宣传方针等，划定新闻、言论的空间与政治尺度，其中国民党中央宣传部、中央广播电台管理处及地方党部宣传部是新闻管理的执行机构。"政"是内政部、立法院、外交部、行政院、教育部、民政部、社会部、邮政部等部门中的下属单位，职责是媒体的日常行政管理。如内政部负责报纸的审查登记，交通部负责新闻电报、发行渠道的管理，司法部负责新闻纠纷、媒体官司的司法解释，外交部负责外籍媒体、记者的管理，教育部负责学生刊物的管制，警察机关负责违规新闻媒体及新闻从业者的行政执法等。

国民党新闻管理的组织架构源于国民党一大时期确定的中央执行委员会下设中央宣传部的管理模式。这一模式是孙中山效仿苏俄的产物。孙中山重视宣传，1924年国民党改组前，兴中会、同盟会、中华革命党、中国国民党的政治活动实以军事活动为主，"我们国民党这几年用武力的奋斗太多，宣传的奋斗太少"。① 1924 年后才加速"立章建制"，奠定了国民党新闻管理的科层结构。

南京国民政府成立后，中央宣传部/中央宣传委员会、中央广播电台管理处/中央广播事业管理处（简称中广处）、中央检查新闻处、文化事业计划委员会是国民党新闻管理的最高机构。中央宣传部成立最早，位居核心枢纽，"负责计划并处理本党宣传方面一切事宜"；中广处负责集中管理广播电台，中央检查新闻处（1934 年 8 月）、文化事业计划委员会（1936 年 3 月）成立较晚。中央检查新闻处负责"掌理全国各大都市新闻检查事宜"②，是国民党整合各地新闻检查所、室，统筹建立全国新闻检查网的产物，首任处长由中央宣传委员会主任委员叶楚伧兼任。文化事业计划委员会是国民党新闻政策转向"战时"的产物，负责从国防文化建设层面整合和规划全国新闻业。③ 制度设计上，四个机构都向中央执行委员会/常务委员会、中央政治会议、国民党全国代表大会负责，蒋介石、CC 系（中央俱乐部）牢牢掌握了新闻管理的实权。这四个机构的档案存世较少，研究较为薄弱，加之中央宣传部是国民党新闻管理的核心枢纽，故本书以中央宣传部为中心观察国民党中央层面新闻管理的概貌。

一、1927 年前国民党中央宣传部的沿革

一种说法称，国民党中央宣传部的设立源自苏俄，此说缺乏铁证，但苏俄宣传管理模式确实影响了国民党新闻管理的立章建制。国民党最早设置宣传部是在 1914 年。1914 年 5 月，孙中山筹备组建中华革命党时未设宣传部，不久即添设宣传部。④ 1919 年 10 月中华革命党改名中国国民党，总章和规约中未见有

---

① 中山大学历史系孙中山研究室，广东省社会科学院历史研究室，中国社会科学院近代史研究所中华民国史研究室. 孙中山全集（第八卷）[M]. 北京：中华书局，1986：568.

② 刘哲民. 近现代出版新闻法规汇编 [M]. 上海：学林出版社，1992：542.

③ 中国第二历史档案馆. 中华民国史档案资料汇编（第五辑第一编·文化）[M]. 南京：江苏古籍出版社，1998：1-2.

④ 邹鲁. 中国国民党史稿（第一册：组党）[M]. 北京：中华书局（内部发行），1960：278-279. 据张继《张溥泉先生回忆录·日记》载，当时他对中华革命党入党要按手印的做法不满，离开日本到法国，游历欧洲，于 1915 年年底回国，1916 年 4 月随孙中山回上海，未提到宣传部部长一事，据此可佐证中华革命党成立之初并未设置宣传部，后来可能增设，目前尚不清楚增设的具体日期。

宣传部，"传布主义"由党务部负责，海外"书报社之管理与整理"及"传布主义"由海外支部总务科负责。① 1920 年国民党占领粤东，于 11 月 9 日、19 日修正国民党总章和规约时增设宣传部，规约规定宣传部管理出版编辑。编辑即译述、演讲及教育事项，下设部长、副部长，任期 2 年。② 至此，宣传部成为国民党党内制度中的常设机构，下设部长、副部长、干事长、干事。《孙中山全集》中首次出现宣传部部长（张继）的名字是 1921 年 9 月 28 日③，较总务部、党务部、财务部等部长的名字最晚。

　　1923 年 1 月 1 日，国民党再次修订总章，中央宣传部职权升为"办理本党出版演说及教育，并检定本党国内外一切出版物"④，叶楚伧任部长，茅祖权副之。⑤ 不久，裁撤大本营党务处、大本营直辖委员会、广东宣传局，将之归并到临时执行委员会，并限制党员对外发表关于党务意见。⑥ 在共产国际和中共帮助下，孙中山重新阐述三民主义，于 1924 年 1 月全面改组国民党。改组后，国民党效仿苏俄实行全国代表大会下执行委员会负责的民主集中的治理模式，确立起军事行动与政治宣传相结合的工作纲领，改变了过去各自为战的宣传弊病。中央宣传部下设在中央执行委员会，宣传部部长戴季陶，秘书刘庐隐、郎醒石、陈杨煊等，设有周刊。⑦ 戴季陶不满谭平山为组织部部长，遂辞去所有

① 邹鲁. 中国国民党史稿（第一册：组党）［M］. 北京：中华书局（内部发行），1960：289，296.

② 邹鲁. 中国国民党史稿（第一册：组党）［M］. 北京：中华书局（内部发行），1960：299-302.

③ 中山大学历史系孙中山研究室，广东省社会科学院历史研究室，中国社会科学院近代史研究所中华民国史研究室. 孙中山全集（第五卷）［M］. 北京：中华书局，1985：608.

④ 邹鲁. 中国国民党史稿（第一册：组党）［M］. 北京：中华书局（内部发行），1960：310.

⑤ 邹鲁. 中国国民党史稿（第一册：组党）［M］. 北京：中华书局（内部发行），1960：312.

⑥ 邹鲁. 中国国民党史稿（第一册：组党）［M］. 北京：中华书局（内部发行），1960：316.

⑦ 邹鲁. 中国国民党史稿（第一册：组党）［M］. 北京：中华书局（内部发行），1960：358.

职务，8月汪精卫受命兼任宣传部部长。① 国民党改组前，中央宣传部下设部长、副部长、秘书、干事长、干事，隶属于总理，组织规模较小，工作重心是处理一切对外的文告，主要工作是负责检查和纠正党内出版物，"实现宣传和意见的统一"，实际是"确保孙中山个人不受轻慢"②。1925年10月，汪精卫以"政府事繁，不能兼任"为由辞去兼任宣传部部长职务，并推荐毛泽东代理宣传部部长（1925年10月5日至1926年1月，1926年2月5日至5月28日）。③ 毛泽东对宣传部机构做了调整，中央宣传部初具规模，还邀请共产党人和国民党人共同监督宣传运动，使国民党的各级宣传服从命令和纪律，开创了国民党宣传工作的新局面。因1926年5月通过的《整理党务决议案》规定中国共产党员不能担任国民党中央各部部长，毛泽东于1926年5月28日获准辞职。④ 毛泽东辞职后，中常会任命顾孟余为代理宣传部部长。同年6月，中宣部改组为中央宣传委员会，变更组织，推何香凝、甘乃光、谭延闿、顾孟余等五人为委员。⑤

孙中山去世后，反对"联俄、联共、扶助农工"政策的林森、邹鲁、谢持等"西山会议"派与国民党中央分裂，在上海另设中央。上海中央也在中央执行委员会下设立宣传部，其组织架构与广东中央相似，设有宣传委员会。宣传部部长北京方面推荐戴季陶、上海方面推荐周佛海，周佛海不愿就任而改任桂崇基。经邹鲁、谢持、居正协调，各部人事以上海方面已推定者为"合法"。⑥

二、全面抗战前十年的国民党中央宣传部

"清党"后，国民党右派重新集结在蒋介石集团周围，左派被边缘化。蒋介

---

① 邹鲁. 中国国民党史稿（第一册：组党）[M]. 北京：中华书局（内部发行），1960：351.
② 费约翰. 唤醒中国：国民革命中的政治文化与阶级 [M]. 李恭忠，李里峰，李霞，译. 北京：生活·读书·新知三联书店，2004：321.
③ 李扬. 毛泽东出任国民党中宣部代理部长原因探析 [J]. 中共贵州省委党校学报，2014（1）：67-70.
④ 中国第二历史档案馆. 中国国民党中央执行委员会常务委员会会议录（第2册）[M]. 桂林：广西师范大学出版社，2000：165.
⑤ 中国第二历史档案馆. 中国国民党中央执行委员会常务委员会会议录（第2册）[D]. 桂林：广西师范大学出版社，1999：321.
⑥ 崔之清. 国民党政治与社会结构之演变（1905—1949）上编 [M]. 北京：社会科学文献出版社，2007：438-439.

石集团在南京成立国民政府，两年时间完成了国家的建章立制，在总理遗训名下开启了以党训政的国家治理。新闻宣传由国民党全权负责，中央宣传部延续了国民党广东时期的组织架构。1928 年 3 月，国民党中央重新调整了中宣部的组织架构，实行部长—秘书领导下的科股制，宣传部下设普通宣传、特种宣传、国际宣传、征审、出版、总务六科，附属中央图书馆、中央日报社、中央通讯社，职能是征集、审查各级党部宣传刊物、标语口号、宣传方法及批评刊物等，其权力尚未涉及党外刊物与宣传的日常管理。然而随着国民党新闻统制的日趋强化，中宣部的组织架构逐渐由简趋繁，职权日益扩大，覆盖了民国新闻宣传的所有领域，管理广播电台、检查新闻等职权"另立门户"，分别成立中央广播事业管理处、中央检查新闻处等中央管理机构。

据国民党中央执行委员会常务委员会的会议记录统计，自 1928 年 3 月到 1938 年 4 月，有据可查的中央宣传部组织条例的修正高达 12 次，① 机构名称改了三次，即从中央宣传部到中央宣传委员会再到中央宣传部。1928 年 11 月调整增加指导科，强化党内外宣传工作的管理，厘清指导、征集、审核等各科的专属职能，强化对下级党部宣传部的统御能力。1929 年 12 月指导科下增加登记股，负责登记国内外一切定期与不定期刊物。1930 年《出版法》颁布后，报刊登记工作移交内政部，登记股没有了存在价值，于第五次修正时撤销。② 1932 年 5 月，国民党中央全面实行委员会的组织架构，中央宣传部易名为中央宣传委员会，实行主任委员、副主任委员领导下的委员负责制，下设指导、新闻、国际、文艺、编审、总务六科，指导全国新闻宣传的职权得到进一步强化。1935 年 12 月国民党五全大会后，中央宣传委员会重新改名为中央宣传部，以集中事权。改名后的中宣部实行处科制，下设宣传指导、新闻事业、电影事业、国际宣传、总务五处。1936 年 11 月、1938 年 4 月国民党又微调了中宣部的组织架构。

国民党修正中宣部组织章程的主要特点有三点：一是剥离行政性、事务性的管理职能，将之移交给国民政府内政部，如将 1932 年修订章程时裁撤登记

---

① 刘继忠. 国民党新闻事业研究（1927—1937）［M］. 北京：光明日报出版社，2019：192.

② 中国国民党中央执行委员会宣传部组织条例［J］. 中央党务月刊，1931（31）：54-56.

科。二是机构设置由简趋繁，职能划分更为细化，重点领域专门化管理。其表现是：中宣部组织机构经历了部长—秘书负责的科股制到委员会集体领导的科股制—部长—副部长负责的处科制的演变；广播电台由中央广播事业管理处专职管理，新闻检查另成立中央检查新闻处负责，还另设海外宣传委员会、设计委员会、宣传指导员、上海图书杂志审查委员会等部门或岗位，专职管理特殊事件、特殊问题。三是核心管理始终未变，附属机构变动较为频繁。表明在国民党内部始终存在着争夺新闻宣传管理权的问题。

人事方面。中宣部部长由中常会选任，秘书秉承部长意志处理日常部务，各科股具体负责。抗战前十年间中宣部人事变动频繁、部长消极怠工，长期不到部。丁惟汾、戴季陶、叶楚伧、刘庐隐、邵元冲、陈布雷、邵力子等先后就任部长、副部长职务（见表2-1）。1928年戴季陶替代丁惟汾为宣传部部长，却不到部，部务秘书叶楚伧代理部长，1929年1月秘书由最初1人增设为2人。同年12月增设副部长一职，由副部长协助部长，并在部长不在部时全面负责部务，秘书增设到2~3人。1930年左右，部长叶楚伧兼任他职，副部长刘庐隐代理部长。1931年被任命部长后，也长期不到部，副部长陈布雷实际全权办理。1936年，刘庐隐再次委任为部长，也长期不到位，中常会被迫让副部长方治代理部长至1937年年初任命邵力子为止。1932年5月改组后实行主任委员负责制（委员先定为9~17人，后改为5~15人），邵元冲任主任委员，暂时维系了宣传部的权力平衡至1935年年初。国民党第五次全国代表大会，蒋介石完成了个人集权，委员制被取消，于1935年12月又改回了部长负责制，实行部长负责的处科制，增设主任秘书1名、秘书2名，副部长增设到2~3人，还增设了设计委员会等机构，职员大增。这一时期，中宣部人事变动的特点主要有二：

（1）中宣部部长职务是"烫手山芋"，国民党党政要员都不愿到该部任职，致中宣部部长变动异常频繁。之所以"烫手"在于这个职务既要平衡各派力量对宣传的渗透，也要有效传播、维护蒋介石的意志。1928年4月，叶楚伧以秘书身份代理宣传部部长，6月即受到《夹攻》周刊攻击，请求辞职未果，[①] 8月

---

① 中国第二历史档案馆. 中国国民党中央执行委员会常务委员会会议录（第5册）[D].
　桂林：广西师范大学出版社，1999：149-150.

戴季陶回京，叶再次请辞也未果①；1930 年叶以兼任他职为由才请辞成功。部长变动频繁，秘书、科长、处长等骨干就控制了中宣部的大部分实权，在权力斗争中，他们也受到攻击。如中宣部普通宣传科主任崔唯吾受到温建刚攻击，不得不登报辟谣。②

（2）中央宣传部职员流通也较大，内部升迁概率较小，十年间由普通职员升为副部长、部长的只有方治。有据可查工作年限较长的主要有崔唯吾、朱子爽、余唯一等少数几人。有能力的骨干则被调任他处担任其他要旨，如萧同兹 1932 年被任命为中央通讯社社长。

表 2-1　1928—1937 年国民党中央宣传部历任部长、副部长、秘书及主要职员表

年份	中央宣传部历任（代理）部长、副部长	历任秘书
1928	部长丁惟汾（—1928.4） 部长戴季陶（1928.4—1929.3） 代理部长叶楚伧（1928.3.30—1929.3）	秘书叶楚伧（1928.3.30—） （兼任-笔者注） 秘书朱云光（1928.11—）
1929	部长叶楚伧（1929.3—1930.3.17） 副部长刘庐隐	秘书沈君匋（1929.1—） 秘书张建休（1929.1—）
1930	代理部长刘庐隐（1930.3.17—）	
1931	部长刘庐隐（1931.6） 副部长陈布雷（193？—1931.12） 副部长程天放（193？—1931.12）	秘书萧同兹（1931.2—） 秘书方治（1931.2.19—）
1932	主任委员邵元冲（1932—1935.2） 副主任刘庐隐	秘书方治（1932.4.7—） 朱云光（1932.4.7—） 萧同兹（1932.4.7—）
1935	部长刘庐隐（1935.12—1937.2，实未到部） 副部长方治（1935.12）	
1936	代理部长方治（1936.7—）	

---

① 中国国民党中央委员会党史委员会. 叶楚伧先生文集（第 1 册）［M］. 台北：中国国民党党史委员会，1987：301-302.
② 崔唯吾. 来函：崔唯吾来函［N］. 申报，1928-08-22（12）.

续表

年份	中央宣传部历任（代理）部长、副部长	历任秘书
1937	部长邵力子（1937.2—） 副部长方治	
主要职员	谢福生，朱云光，林君墨，沈君匐，崔唯吾，张廷休，萧同兹，陆云章，朱子爽，倪炳声，孙义慈，傅启学，方治，胡天册，钟天心，刘庄，张任天，罗时宝，江康黎，李炳瑞，廖世勤，柳亚子，陶百川，张北海，罗学濂，梁乃贤，罗时实，余唯一。	

主要资料来源：《中国国民党"中央执行委员会"常务委员会会议记录》第2册124页，第4册54—55页，第6册376—377页，第7册178页，第8册43页，第11册158页，第13册289页，第14册184页，第16册450—451页，第17册53页，第21册277页、第319页、第415—416页。《中国国民党历次代表大会及"中央全会"资料》（下），光明日报出版社，423页，437页。朱子爽：《我在国民党中宣部的十八年》，《钟山风雨》，2001年第4期。《国内要电：中央常委会议任定各委会秘书科长》，《申报》，1932年4月8日5版等。

抗战前十年，国民党中宣部实为新闻、宣传政策的提议机关、执行机关，而非最高决策机关。[1] 国民党决策虽采取民主决议制，但真正决定国民党新闻政策的是握有实权的蒋介石、陈果夫、陈立夫、戴季陶、胡汉民等党魁。国民党中央执行委员会常务委员会历届会议记录（1928—1938），经中常会议决的新闻宣传的决策达600多项[2]，主要涉及中宣部官员的任免，宣传方针的确定，重要新闻政策的出台，国民党党部、中央通讯社、中央电台等新闻机构的组织、人事安排、宣传宗旨及经费来源，及津贴各类新闻机构等。决策过程是中宣部、中组部、中央训练部或蒋介石、陈果夫、陈立夫、戴季陶、胡汉民、叶楚伦、吴敬恒、邵元冲等中央常务委员提议，中常会会议集体商议而定，决议决定交中宣部或其他单位执行。一般而言，蒋介石、汪精卫、陈立夫等党政要人的提议均获通过，中宣部提议绝大多数获得通过，一般委员提议被"缓议"的较多。

---

[1] 王凌霄. 中国国民党新闻政策之研究（1928—1945）[M]. 台北：近代中国出版社，1996：31.

[2] 1928—1938年间的中国国民党"中央执行委员会"常务委员会会议记录有残缺，1933年缺少4—12月的会议记录，1934年、1935年两年的会议记录完全缺失，1936年仅有3份会议记录。其他年份基本较全。而根据现存的资料统计，有570多项。故估计其总数应在600项以上。

一般的新闻政策、人事任免、报馆津贴等一次议决即或通过，重要的新闻政策由中宣部等拟定草案或中常会指定专门常务委员，相关部门审查、议处后才议决通过。如由中央宣传部送交该部拟定的《审查刊物条例草案》《设置党报条例草案》《指导党报条例草案》《补助党报条例草案》《指导普通刊物条例草案》五部草案，被中常会交付组织部、宣传部、训练部、民众训练委员会及经享颐、白云梯两委员审查，① 经上述各部审查后予以通过。《华北日报》组织大纲、经费预算，由中宣部拟定草案，经胡汉民、戴季陶、叶楚伧、李石曾审查后才最终决定。②

三、地方新闻宣传管理的组织架构

根据国民党组织章程，地方党部是管理地方新闻宣传的主要机构，其中具体负责的是地方党报宣传部。延续国民党一大确立的组织架构，国民党组织架构纵向设立中央、省、特别市、海外、市/县市、区党部，但 1930 年 11 月至 1937 年左右，国民党省市、军队、海外各部正式成立党部者仅有 526 个。③ 横向地方党部效仿中央的组织架构，设置执行委员会等机构，设置宣传部管理直属执行委员会的党报、通讯社，设置邮电检查所、无线电收音室、新闻检查所等管理属地新闻业。地方党部宣传部既向地方党部负责，也向中央宣传部负责。为检查新闻，各地先后成立了邮电检查所、新闻检查所，这些机构既向地方党部负责也向中央宣传部负责，后统一隶属于中央检查新闻处。一省的新闻检查通常由省党部、省政府、省会公安局、省会市政府、省会警备司令部及相关军事单位的人员组成，负责审查属地的一切出版品、宣传品，其中以报馆、通讯社、印刷所、书店及杂志社为重点。县市党部与区党部的管理新闻职员类似，均延续省、特别市党部的职权：指导、出版、编撰、审查及检查新闻等。也有一些省市特设检查机构，为"剿匪"需要，江西于 1930 年设置了江西反动书籍

① 中国第二历史档案馆. 中国国民党中央执行委员会常务委员会会议录（第 4 册）[M].
桂林：广西师范大学出版社，1999：432.
② 中国第二历史档案馆. 中国国民党中央执行委员会常务委员会会议录（第 7 册）[M]. 桂林：广西师范大学出版社，1999：113-114.（第 6 册，467）
③ 田湘波. 中国国民党党政体制剖析（1927—1937 年）[M]. 长沙：湖南人民出版社，2006：128-129.

委员会，组织章程尚属妥当①；汉口市特别党部设置了戏剧审查委员会。上海是图书出版的全国集中地，左翼报刊、图书盛行，上海市专门设置了图书杂志审查委员会。该委员会于 1934 年 6 月成立，宣称"审慎取缔出版刊物，增进审查效能及减除书局与作家损失"，隶属于中央宣传委员会，由九名委员组成。1935 年受新生事件影响，审查员全部解职，该委员会无形中撤销。②

中央与地方的联络工作起初较松散。1929 年 6 月全国宣传会议召开，会议目标之一是"规划中央与地方党部工作之进行：如何紧密联络地方党部工作之实情"。③ 中宣部亦不断改组，其中一项是加强对地方党部的宣传工作的指导。1936 年，中宣部制定《中央宣传部宣传工作指导员视察规则》。《规则》规定"指导员不但要考察各地党部、党营媒体的工作情形，也必须调查各地反动刊物宣传的状况"。④ 上下级党部宣传方面的联络工作由是才趋于制度化。

地方新闻管理机构"并不像纸上架构那样地秩序井然"⑤，实际人事、职权相当混乱，且受到属地的派系、省市政府等多方干涉。中宣部心知肚明，做过多次"检讨"。1930 年，"各级党部之组织，有徒具外形者，有散漫无纪者，有尚未成熟勉强成立者，此种情况，散见各地"。⑥ 各地党部所遇困难，大概是以"经费支绌、人才缺乏、环境不良（指各级政府官吏、驻军水准不齐，妨碍宣传）、交通不便等四项最严重"。⑦ 1936 年 7 月国民党五届二次会议上，其党务工作报告称："过去本党组织情形适与此相反，一般学识丰富能力充足之同志，大都集中于上级党部，而县以下党部，则反空虚无力，以致地方工作难以推动，

① 中央宣传部工作经过（十二月份）. [J] 中央党务月刊，1930（18），81–113.
② 王凌霄. 中国国民党新闻政策之研究（1928—1945）［M］. 台北：近代中国出版社，1996：38–39.
③ 中央宣传部工作经过（六月份）[J]. 中央党务月刊，1929（13）：360–379.
④ 中央宣传部宣传工作指导员视察规则 [J]. 中央党务月刊，1936（99）：265–267.
⑤ 王凌霄. 中国国民党新闻政策之研究（1928—1945）［M］. 台北：近代中国出版社，1996：40.
⑥ 秦孝仪. 中国国民党历届历次中全会重要议决案汇编 [M]. 台北："中央文物供应社"，1979：186.
⑦ 中央宣传部工作经过（十二月份）[J]. 中央党务月刊，1930（18），81–113.

呈轻重倒置之象"。①

第三节　国民党新闻政策的历史特征

国民党新闻政策是其政治体制的组成部分，根本宗旨是维护蒋介石集团的利益，确保新闻业是国民党蒋介石集团的喉舌。由于国民党施政理念与政治实践的严重脱节，党内权力失序，维护其权力与意识形态的新闻政策必然"矛盾重重"。

一、表象"党治"与实质"军治"

由于新闻政策的提议者、实施者多是国民党各级党部，国民党也不避讳"党化新闻界"，故"党治"被公认为国民党新闻政策的显著特征。深入国民党机理就会发现，随着党权沦为维护而非制衡军权的工具，国民党新闻管理的实权也由各级党部转移到握有军权的蒋介石等实力人物或其代理人手中，实权或曰军权才是左右国民党新闻政策走向和历史本质的最隐蔽的决定力量，换言之，"军治"才是国民党新闻政策的历史本质。支持这一论点的史实有：

（1）蒋介石及其代言人陈果夫、陈立夫、戴季陶、邵元冲等确定了国民党庞大新闻政策体系的指导思想和基本框架。蒋介石三民主义政治理念及其政治路线、纲领、方针是国民党新闻政策的指导思想，戴季陶、陈布雷、邵元冲等蒋幕僚宣传管理思想也在一定程度上影响了国民党新闻政策。新闻政策的出笼，中央常务委员会扮演的多是程序性的"印章"角色，蒋介石的意见在新闻政策出笼中起决定性作用，蒋提议的新闻政策均获通过，蒋关于新闻宣传的手谕、指示、函电无须经过中常会、中政会的"备案"，也能成为新闻法规，并被迅速执行。重要新闻法规大都由蒋系戴季陶、陈立夫、陈果夫、陈布雷等审查通过。

---

① 转引自荣孟源. 中国国民党历次代表大会及中央全会资料（下）[M]. 北京：光明日报出版社，1985：412.

（2）国民党中央军事委员会直接插手新闻法律法规的制定，插手新闻检查。国民党军事委员会先后制定《剿匪区内邮件检查办法》（1933 年 8 月）、《取缔刊登军事新闻及广告暂行办法》（1935 年 2 月）、《防空出版品统制办法》（1935 年 9）、《邮电检查施行规则》（1935 年 11 月）、《新闻记者随军规则》等法律法规。《邮电检查施行规则》授权军事委员会调查统计局负责邮件检查，《取缔刊登军事新闻及广告暂行办法》明确规定军事新闻及广告由军事委员长亲自审核，其他新闻法律法规也明确规定军事机关派员参与新闻检查，如《重要都市新闻检查办法》规定军事委员会参与组织首都新闻检查所。

（3）国民党中央新闻宣传的实权岗位由蒋系集团控制。陈果夫、陈立夫的 CC 系控制了中央广播电台，并染指国民党党报系统；《中央日报》、中央通讯社分别由蒋指定的程沧波、萧同兹负责改革。邵元冲紧跟蒋，得以较长担任国民党中央宣传委员会主任委员一职；违背蒋意志的丁惟汾等常被撤职，粤系刘庐隐不得不"不到部"工作，叶楚伧几次递交辞呈未果。

（4）蒋介石的指令必须执行。1932 年 7 月，蒋下令《申报》禁邮，致《申报》禁邮长达三个月之久，于 9 月初才解禁。① 1932 年，蒋在刘煜生案中保持沉默，纵容顾祝同枪杀刘煜生。1934 年，汪精卫求助蒋介石，得以彻底封杀了成舍我的南京《民生报》,② 同年又指令军统戴笠暗杀了《申报》总经理史量才等。

（5）国民党中央新闻政策需经地方实力派"过滤"后以地方模式实行，实际则由属地实权人物决定。江浙地区是蒋介石集团统治的核心区域，其新闻政策的落实由江苏、浙江两省的实权人物决定。1931 年 3 月至 1934 年 3 月，根据中央新闻政策，江苏省制定了八种新闻法规、办法。③ 1927—1937 年，南京政

---

① 刘继忠. 1932 年《申报》禁邮的直接诱因与解禁考 [J]. 新闻大学，2019（9）：30-41.

② 刘继忠. 南京《民生报》停刊事件再审视 [J]. 国际新闻界，2010（1）：87-91.

③ 即《江苏省各县新闻记者公会组织通则》（1931 年 3 月）、《江苏省各县党部设置党报办法》（1932 年 11 月）、《江苏省各县党报社组织通则》（1933 年 2 月）、《江苏通讯社组织大纲》（1933 年 3 月）、《江苏省党部新闻事业委员会组织大纲》（1933 年 3 月）、《江苏省执行委员会直辖党报社组织通则》《江苏新闻学社社章草案》（1933 年 11 月）、《江苏省各级党报管理规则》（1934 年 3 月）。

府共任命 100 余名省府主席，军人出身或兼任军职者的达 70 余人。① 各省"主政多属军人，尤以意为法"。② 他们插手属地新闻检查，任意戕害触犯其利益的新闻媒体、新闻人已是公开的秘密。美国公使詹森（Nelson T. Johnson）在向国务院汇报的文书中都说："中国的新闻检查完全操在中国军方手上，地方当局根本无法向其施压。"③ 典型案例如军人出身的顾祝同任江苏省主席时，即不顾舆论声援、监察院弹劾而执意枪杀《江声日报》经理刘煜生。当省党部与握有军权的省政府冲突时，中宣部裁决往往倾向于省政府。台湾地区学者王凌霄援引 1930 年 7 月中宣部的指令证明"中宣部似乎比较同情军事单位的立场"④。蒋介石甚至主张将新闻检查所置于军政统制下，由国防会议主管。⑤ 未果后于 1937 年 3 月致电中宣部把新闻检查事务全部划归中宣部管辖。⑥ 实际上，这一电令仍是一纸空文。

阎锡山、冯玉祥、张学良及李宗仁、白崇禧等新式军阀控制的区域，其新闻政策表面挂着国民党中央党部的牌子，实际由地方实力派决定。如两广地区，粤系控制下的政治会议西南执行部，先后制定了《中国国民党西南各级党部审查出版物暂行条例》（1932 年 9 月）、《取缔各大小报纸刊登淫亵新闻办法》（1932 年 12 月）、《新闻电讯检查标准》（1933 年 4 月 10 日）、《各报社违反新闻检查办法惩罚规则》（1933 年 7 月）、《审查取缔大小日报标准》（1935 年 5 月）等，其他各省市也在中央宣传部名义下颁布了本省新闻管理的法规条例。

二、构建了严密庞杂的新闻政策体系

国民党当局试图倚重法制建设，在"人民有言论、著作及出版之自由"宪

---

①　王兆刚. 国民党训政体制研究 [M]. 北京：中国社会科学出版社，2004：63.

②　国闻周报社. 论评选辑（第 4 册）[M]. 影印版. 香港：文海出版社，1985.

③　转引自王凌霄. 中国国民党新闻政策之研究（1928—1945）[M]. 台北：近代中国出版社，1996：40.

④　王凌霄. 中国国民党新闻政策之研究（1928—1945）[M]. 台北：近代中国出版社，1996：40.

⑤　邵元冲. 邵元冲日记 [M]. 上海：上海人民出版社，1990：1142.

⑥　见王凌霄. 中国国民党新闻政策之研究（1928—1945）[M]. 近代中国出版社，1996：40.

法名义下，十年间建立了包括组织章程、新闻准入、宣传审查、新闻检查、新闻传递优惠、新闻奖惩等严密庞杂的新闻政策体系，力图将新闻管理纳入法制轨道，相对于晚清、北洋政府的新闻法制建设有了明显进步。严密体现在国民党新闻政策文本之间力求衔接，消除制度漏洞；庞杂体现在新闻政策形态的多元，既有党规、国法，也有行政长官的手令和行政命令，层级多元，既有专门的新闻法规，也有涉及民法、刑法等其他法律法规的条文。

（一）建立法定的"新闻自由"保护制度

清政府《钦定宪法大纲》（1908 年）效仿西方，开了中国保护新闻自由的制度先河。国民党继承的却是《中华民国临时约法》"人民有言论、著作及集会结社之自由"的传统，《确定训政时期党、政府、人民行使政权治权之分际及方略案》（1929 年）、《中华民国临时约法》（1931 年）、《中华民国宪法草案》（1931、1936 年）均规定人民享有法定的新闻言论、著作及出版自由。① 《中华民国民法典》（1929 年）、《著作权法》（1928 年）详细规定了著作权的保护范围。特殊时期，国民政府还以《保障舆论令》《保障新闻事业人员令》等长官手令和行政命令方式重申保护新闻自由权。

（二）建立规范管理机构的规章体系

党为主、政为辅的双重管理是国民党新闻管理的显著特征，对中央宣传部、中央检查新闻处、中央广播电台管理处、内政部等新闻管理机构，如上所述，国民党均制定了相应的组织章程，明确各职能部门的权力权限、管理职责等，形成了包括新闻准入、舆论引导、新闻宣传审查、新闻邮递、奖惩等新闻传播全流程、科层化的管理体制。

（三）统一严厉的宣传审查、新闻检查、奖惩体系

面对民营报业、外人在华报刊、政党报刊、广播、通讯社等多元并存的媒

---

① 1929 年的表述是"中国国民党最高权力机关，为求训练国民使用政权，弼成宪政基础之目的，于必要时得就于人民之集会、结社、言论、出版等自由权，在法律范围内加以限制"；1931 年是"人民有发表言论及刊行著作之自由，非依法律不得停止或限制之"；1934 年和 1936 年的表述一致，均是"人民有言论、著作及出版之自由，非依法律，不得限制之"。见蔡鸿源. 民国法规集成（33 卷）[M]. 合肥：黄山书社，1999：34，30，1，47.

介格局，国民党允许民间办报、办通讯社、办广播电台，对报纸、期刊实行登记、发行许可证制，对广播无线电台实行创办、收听执照制，为宣传主义统一舆论、巩固执政，国民党建立了统一严厉的宣传审查、新闻检查、新闻奖惩体系。《宣传品审查条例》《宣传品审查标准》《新闻检查办法》《重要都市新闻检查办法》《出版法》等法律法规的条文有所出入，规制内容却高度一致。"适当宣传""谬误宣传""反动宣传"均以蒋介石三民主义为依归，《宣传品审查标准》（1932年）对此做了具体阐述。

（1）适当的宣传：①阐扬总理遗教者；②阐扬本党主义者；③阐扬本党政纲政策者，④阐扬本党决议案者；⑤阐扬本党现行法令者；⑥阐扬一切经中央决定之党务政治策略者。

（2）谬误的宣传：①曲解本党主义政纲政策及决议者；②误解本党主义政纲政策及决议者；③思想怪僻或提倡迷信足以影响社会者；④记载失实，足以混淆视听者。⑤对法律认可之宗教，非从事学理探讨从事诋毁者。

（3）反动的宣传：①为其他国家宣传、危害中华民国者；②宣传共产主义及鼓动阶级斗争者；③宣传无政府主义、国家主义及其他主义，而有危害党国之言论者；④对本党主义、政纲、政策及决议恶意诋毁者；⑤对本党及政府之设施恶意诋毁者；⑥挑拨离间、分化本党、危害统一者；⑦污蔑中央、妄造谣言、淆乱人心者；⑧挑拨离间及分化国族间各部分者。①

国民党的舆论引导、宣传审查、新闻检查、新闻奖惩等均以此为标准。"适当的宣传"予以邮寄优惠、物质补充和精神等奖励，"谬误的宣传"予以扣押、禁邮、罚款、停刊数日等不同程度的惩罚，严厉取缔"反动的宣传"。

（四）建立"分类"管理的媒介法规体系

在统一的《宣传品审查条例》《新闻检查标准》《出版法》等法规法律下，国民党还分门别类管理不同种类的报业、广播电台、通讯社，建立了相应的媒介法规体系。《中央日报》等党营报业管理以扶植、规范为主，其政策以《设置党报条例》《指导党报条例》《补助党报条例》三条例为指导原则，三条例多次修正以适合变化的新形势；重点建设中央广播电台、中央通讯社并设专门机构管理，

---

① 宣传品审查标准［J］，江苏月报·江苏新闻事业号，1934，1（3）：18.

中央广播电台由中央广播电台管理处管理，中央通讯社直接向中央宣传部、中常会、中政会负责。《申报》等民营新闻业以指导、限制为主，《指导普通刊物条例》《审查刊物条例》《出版法》等法规主要规范对象是民营报业，《限制民营电台暂行办法》《民营广播无线电台暂行取缔规则》等法规专职管理民营电台。中共地下报刊、"敌对政党"报刊坚决取缔，禁止其流通。《取缔销售共产书籍办法》《全国重要都市邮件检查办法》《查禁普罗文艺密令》《取缔不良小报办法》等为其代表。在华外报以纳入登记、为我所用为主，《日报登记办法》《外籍新闻记者注册证规则》等为其代表。国民党新闻政策的"分类"管理是"统"中有"分"，"分"中交叉重叠。

但是，国民党严密庞大的新闻政策体系缺乏威望，执行成本高、制度效果差。其原因在于：①蒋介石、地方实力派等实权人物以意为法，践踏法制权威。蒋介石手令、指令绕过新闻政策，如操纵 1932 年 7 月《申报》停邮事件，1934 年暗杀了史量才；顾祝同执意枪杀《江声日报》刘煜生等。②国民党新闻政策严厉庞杂，却违背主流民意，其政策缺乏实践土壤。"九一八"事变后，新闻界全面抵制国民党钳制抗日舆论的政策即是有力佐证。③新闻政策文本漏洞成为狙击国民党新闻管理的正当理由。1934 年 5 月 24 日，南京《民生报》利用首都新闻检查所的"缓登"二字，刊登了《某院长彭某辞职真相》消息，并针对行政院 5 月 25 日的"肆意造谣，不服检查，违反中央决议及违警罚法"的停刊三日的"密令"①，以"缓"字为由抨击"不服检查"。② 这种文字狙击的后果有二：一是国民党不断修正其新闻政策，修改"未尽事宜""得随时呈×××修正或修订之"或"得随时通知增减修改之"等用语；二是新闻司法解释多如牛毛，出现了不同政策文本间的"打架"现象，损害了政策威信。

三、新闻政策的执行效率整体低下

国民党新闻网规模之大、编织之密，查禁行动日甚一日的结果却是触法违

---

① 中国第二历史档案馆. 中华民国史档案资料汇编 第五辑第一编·文化（一）[M]. 南京：江苏古籍出版社，1998：235.

② 阿穹. 新闻史料述评——论南京检查所之"缓登办法无法的根基"[N]. 世界日报·新闻学周刊，1934-6-28（13）.

规现象层出不穷，违禁书刊禁不胜禁，足证国民党新闻政策执行效率低下、政策效果微弱。事实上，国民党新闻政策执行是"月映万川"的复杂面相。《中央日报》、中央广播电台、中央通讯社等中央直属媒体落实新闻政策的效率是高的，来自蒋介石等实权人物的新闻指令的落实效率也常常较高，国民党中央的新闻政策在江浙地区执行较好，在两广等地方实力派区域执行较弱，在红军根据地、日伪沦陷区完全不被执行；卷入多元利益冲突结构的新闻政策常会出现拖延、抵制、规避、抗争、不作为等"解构"新闻政策的多元实践，并造成国民党新闻政策"执行效率低下"的历史印象。大致而言，国民党新闻政策执行阻力大、效率低下的领域有：

（一）租界报刊登记执行难、效率低

报刊登记管理是国家法定管理权限，1928年国民党颁布《日报登记办法》，中央宣传部增设登记股，着手实施报刊登记工作。到1933年年底，共有1609家新闻纸杂志完成登记，仍有300家未办理。租界民营报刊以享有租界治外法权为由拒绝登记，租界外报以中国没有相关规定、享受治外法权等由不予理会。国民党不得不多次修正《日报登记办法》，将"日报"登记范围扩大到通讯社、画报，简化完善登记程序，确定各级党部宣传部的职责；加紧制定出版法，将登记工作由中央宣传部移交给内政部等。对民营报刊采取延缓登记时限，登记享受"立卷挂号"的邮递优惠，不登记即饬令停刊等威逼利诱手段迫使民营报刊、通讯社登记；对外报，1928—1930年是"俟出版法颁布后再议"。① 1930年1月，中央宣传部与外交部联合制定《外报登记办法十条》，遭到联合抵制，成为一纸空文。1930年12月，《出版法》颁布，外报仍以治外法权为由联合拒绝登记。1933年2月，内政部联合外交部、交通部、邮政总局一致行动，向外报做出实质妥协才算打破僵局。外交部向英国口头承诺"出版法中的惩罚条款及国民党党务组织的控制，绝不适用于英国出版品"；向美国除给予与英国相同的口头承诺外，强调登记只是"充作统计资料之用，且对主动登记的美国报刊，

---

① 中国第二历史档案馆. 中国国民党中央执行委员会常务委员会会议录（第10册）［M］.
桂林：广西师范大学出版社，1999：77.

给予优惠邮费"①；交通部转饬邮政总局"对未经申请登记的外籍新闻纸杂志，一律不予立卷挂号"②。在此前提下，英美两国才不反对两国在华报刊向内政部登记，以享邮递特权。③日本对《出版法》始终持置之不理的态度。④到1935年6月，外籍新闻纸杂志经核准登记的有《泰晤士报》等46家，未经依法登记的有《上海日报》等30余家，就国别而言，英、美各有一家未登记，发行地点均在哈尔滨。31家日本刊物中只有在北平发行的《支那之友》一家登记。⑤1937年7月，国民党再次修正《出版法》，将审核登记制改为审核制，变相废除了登记制。

（二）违禁书刊查禁难，禁不胜禁

抗战前十年，国民党建立覆盖流通环节全过程的新闻检查网，查禁了大量"反动"、淫秽等违禁书报刊，违禁刊物仍禁不胜禁，击穿了国民党新闻检查之网。"之所以出现如此局面，原因复杂，政府官僚体系的运作机制、基层执法的文化实践、租界/地方政权的割据状态，以及出版机构强烈的趋利行为，都为违禁书刊的产制、流通提供了生存空间与发展条件"⑥。这一说法揭示了违禁书刊禁不胜禁的表层或中层动因，却未触及深层原因。深层动因是国民党强扭民意，要纳多元主义于蒋介石三民主义之下，要抗日舆论臣服于"攘外必先安内"政策，要少数官僚资本利益凌驾于公众利益之上，要地方实力派、党内派独尊蒋介石一人。由是造成"违禁"表达韧性强大，无法遏制，而新闻检查是国民党强扭民意、压制表达的政策工具。两者对垒，缺乏民意基石的新闻检查必然遭到利益表达的集体狙击。"违禁"书刊是狙击国民党新闻检查的一种形式，除此之外，还有多种狙击手段：

---

① Foreign Relations of the United States, Diplomatic Papers, 1933, Volume Ⅱ［M］. The Far East, Washington：United Government Printing Office, 1949：684.

② 申报年鉴社. 第四次申报年鉴［M］. 上海：上海申报馆售书科, 1936：129.

③ 王凌霄. 中国国民党新闻政策之研究（1928—1945）［M］. 近代中国出版社, 1996：46.

④ Foreign Relations of the United States, Diplomatic Papers, 1933, Volume Ⅱ［M］. The Far East, Washington：United Government Printing Office, 1949：688.

⑤ 内政部年鉴编纂委员会. 内政年鉴［M］. 上海：商务印书馆, 1936：1302-1304.

⑥ 郭恩强. "反动"、淫秽与生意：南京政府时期违禁书刊的产制、流通与管理［J］. 新闻与传播研究, 2019, 26（6）：93-111.

（1）公开抨击新闻检查钳制言论自由、标准不宜、没有章法等，贬低新闻检查的制度权威。《益群报》抨击国民党检查条例"钳制人民的喉舌"，国内外舆论"大概总不外说是违背了国民党'言论完全自由'的政纲，毁灭了孙总理解放民众的精神，为国民政府一种违反民主制度的非常举动"①。林语堂指出"中国混乱的检查制度，呈现在缺乏体系、协调以及一致性上，某个城市被禁的新闻，却可能在另一个城市通过，检查员个人难以捉摸的灵机掌握着新闻的生杀大权。"② 中央政校新闻学系主任马星野等联名上呈国民党中央，抨击国民党新闻检查使"正当言论遂成虐政"③。

（2）书店书摊、邮政系统、码头车站利用城市空间狙击新闻检查，在党义、利益驱动下出售违禁刊物，建立违禁书刊的流通网络。④

（3）基层执法者少作为或被动作为，对违禁书刊"睁一只眼闭一只眼"，将高层动员的诸多行政资源化解于无形。1928 年，查禁《血潮》杂志即是其中的个案。在查实《血潮》是共产党的宣传刊物，印发地点为上海福煦路的励群书社后，1928 年 12 月 26 日国民党中央秘书处查实致函国民政府文官处，通告北平特别市党务指委会宣传部查获《血潮》，函请国民政府同时令全国各省市严禁辖境内书肆售卖，同时令江苏省政府转饬上海临时法院将其封闭。三个月后的 1929 年 3 月 26 日，江苏省政府主席钮永建回函国民政府称，上海长沙路上的励群书店已于 1929 年 2 月 9 日关闭，牯岭路附近又发现了刊物《血潮》，探员屡次欲从该处获取此书未果。励群书店上书政府，自认一时失察才与《血潮》社订立合同代理该刊，但因销路不畅早已解约，封闭店面不但各股东血本丧失，还会影响生计，请求免于封店。钮永建也代表书店向国民政府表达了免于封店的诉求。⑤

---

① 转引自王澹如. 新闻学集［M］. 西安：天津《大公报》西安分馆，1931：177-179.

② Liu, Yu. Tang, A History of the Press and Public Opinion in China［M］. The University of Chicago Press, 1936：177.

③ 中政校等新闻学系联呈请改善检查制度［N］. 申报，1935-12-27（9）.

④ 郭恩强."反动"、淫秽与生意：南京政府时期违禁书刊的产制、流通与管理［J］. 新闻与传播研究，2019，26（6）：93-111.

⑤ 中国第二历史档案馆. 中华民国史档案资料汇编 第五辑第一编·文化（一）［M］. 南京：江苏古籍出版社，1994：189-191.

　　国民党高层意识到新闻政策的执行效率低下，收效甚微，也不断修正新闻政策，严密法规之网，强化新闻检查执行力度，但始终未改变恶性循环的轨道。国民党中央常务委员会提交历届全国代表大会、中央全会关于宣传方面的工作报告中，对宣传工作的肯定表述大大少于对其期待和建议的表述，表现出国民党高层对新闻政策效率低下的无奈心态。

第三章 全面抗战前国民党的新闻媒体

依托官僚垄断资本主义、政党和国家力量，十年间国民党在全国范围内建立以《中央日报》、中央广播电台、中央通讯社为龙头的庞大党营传媒体系。江浙地区是国民党传媒体系的中心区域，党营媒体发展生态最好；平津地区为蒋介石集团权势的末梢区域，党营媒体受到阎锡山、张学良等地方实力派抑制；广东、广西、四川、山西、新疆、云南、贵州等区域的党营媒体，实为地方实力派的舆论喉舌。国民党党营传媒体系的形成与蒋介石个人集权的推进进程、国民党的党务建设进程紧密相关。

第一节 国民党传媒体系的"三大支柱"

《中央日报》、中央广播电台、中央通讯社是国民党传媒体系的"三大支柱"。《中央日报》是龙头，扮演了国民党传播定调的关键角色；中央广播电台是国民党广播事业的中心，是国民党中央声音覆盖全国、辐射东亚的重要工具；中央通讯社是民国通讯事业的主体，基本垄断了国内新闻业的消息来源。三大媒体主导、铸就了国民党传媒的发展方向和历史特色。

一、党营传媒的龙头：《中央日报》

历史上国民党中央直属最高党报有武汉《中央日报》和上海《中央日报》两个。国民党南京中央始终不承认武汉中央，国民党中央拨款近5万元，另起炉灶于1928年2月1日创办上海《中央日报》。该报以陈布雷关系密切的《商报》全部机器生财为底子，社长丁惟汾、总经理潘宜之（时任东路军总指挥部政治部主任）、总经理陈君朴、代理主任彭学沛，① 胡汉民、吴稚晖、戴季陶、李石曾、陈布雷、叶楚伧、蔡元培、杨杏佛等任编辑部委员。日出两大张。发刊词称该报"代表本党之言论机关，一切言论，自以本党之主义政策为依归"。② 国民党中央初定每月补充 14366 元，每月拨款 5000 元，后增至 9000元。③ 丁惟汾、彭学沛主持的上海《中央日报》的言论倾向常游离南京中央，经营又不善，"职工欠薪，煤炭费用等欠歇，为数颇巨"。④ 国民党遂酝酿将之迁至南京。1928 年 6 月《设置党报条例》规定首都应设中央日报，同年 11 月 1日，上海《中央日报》停刊。⑤ 1929 年 2 月 1 日，南京《中央日报》复刊，完成迁移。

南京《中央日报》序号接上海《中央日报》，版面依上海旧例，日出 3 大张12 版，售价 3 分 5 厘，社址初在南京珍珠桥旁。中宣部部长叶楚伧、副部长邵力子兼任社长、副社长，不问事；总编辑严慎予（1931 年 6 月由赖琏接任）、总经理曾集熙（周邦式、贺壮予先后接任）实际负责。⑥ 言论方针以"拥护中央、消除反侧、巩固党基、维护国本"为职责。⑦ 复刊之初，有"最高党报"之誉，设备简陋、体制松散、人员少，业务几乎全靠中央社和路透社稿件。1929 年发行量仅 2 万份。这种简陋、疲软状态持续到 1932 年 5 月程沧波上任改革。

《中央日报》改革是国民党实质性强化党营传媒的重要步骤。"九一八"后，国民党对日妥协政策深受抗日舆论诉骂，国际宣传疲软被动，迫切需要强化媒体建设，抢占舆论阵地。《中央日报》却"报阀"色彩浓厚，发行量低，宣传效率低下，难以与民营大报匹敌，致使国民党舆论宣传极为被动。而总编

---

① 刘继忠. 新闻与训政：国统区新闻事业研究（1927—1937）（上）［M］. 台北：花木兰文化出版社，2014：163.
② 何应钦. 本报的责任［N］. 中央日报，1928-2-10.
③ 中国第二历史档案馆. 中国国民党中央执行委员会常务委员会会议录（第 4 册）［M］.桂林：广西师范大学出版社，1999：12, 97-98, 202-203.
④ 程沧波. 廿四年中的一段［N］. 台湾中央日报，1952-2-1.
⑤ 本社同仁启事［N］. 中央日报，1928-10-31.
⑥ 刘继忠. 新闻与训政：国统区新闻事业研究（1927—1937）（上）［M］. 台北：花木兰文化出版社，2014：163.
⑦ 赖光临. 七十年中国报业史［M］. 台北：台湾中央日报社，1981：124.

辑赖琏在蒋、胡权斗中处境尴尬，抱定"不求有功但求无过"的心态"静候中央决定继任的人选"，① 兼任社长、中宣部部长刘庐隐"与胡（汉民）先生关系深切"。为直接控制中央媒体，"一·二八"事变后，蒋介石决定全面改组中央媒体，做大做强。在蒋介石指示下，国民党第三届中央执行委员会特地召开临时全体会议，通过《改进宣传方略案》《改进中央党部组织案》，着手推进《中央日报》、中央通讯社的改革。

按照《改进宣传方略案》精神，《中央日报》率先实行社长制，程沧波任社长，负责全面改组《中央日报》；《中央日报》由隶属中宣部改属中常会。② 程沧波（1903—1990 年），原名晓湘，又名中行，字沧波，江苏武进人。幼年拜常州名儒钱名山为师，上海南洋中学就读，1918 年考入上海圣约翰大学，后转入复旦大学，1925 年毕业。读书期间在陈布雷引导下步入报坛。1928 年任《时事新报》主笔，1930 年赴英国伦敦政治学院留学，师从拉斯基教授，次年回国，任国民会议秘书。1932 年 5 月任《中央日报》首任社长，主政《中央日报》八年半。

程沧波上任即着手改革《中央日报》，改革理念是"经理部要充分营业化、编辑部要充分学术化、整个事业当然要制度化效率化③"。

（1）组织上变挂名社长下总编辑、总经理各自负责制为社长负责制，《中央日报》名义脱离中宣部，成为独立法人，直接向中常会负责。减少了报社人事内耗和编、经两部各不相谋的弊病。

（2）品牌上降低身段，增添亲民色彩。《敬告读者》社论宣称"本报为党之喉舌，即为人民之喉舌"，改变过去"本报为代表本党之言论机关，一切言论，自以本党之政策为依归"的强硬风格。

（3）加强采编力量，新闻业务取多登新闻的政策。为改变只有一名专职采访记者的尴尬处境，除通讯员外，全部改为专任；提出"人人做外勤，个个要采访"口号，扩大南京和其他城市的新闻采集网，指定专人比较《中央日报》与其他报纸的新闻，力争不遗漏国内重大新闻，同时加强国内新闻网建设。版

---

① 赖景瑚. 办党、办报、办学［J］. 传记文学（台北），1973，23（1）：59-66.
② 方汉奇. 中国新闻事业通史（第 2 卷）［M］. 北京：中国人民大学出版社，1996：365.
③ 转引自程其恒. 记者经验谈［M］. 北京：天地出版社，1944：56.

面由两大张扩为三大张，增辟《读者之声》专栏和《中央副刊》，请沪上书法家谭泽凯题写报名等以刷新版面。

（4）强化经营管理，改变混乱的会计制度，强化广告发行单据，修订各地分销处简章和广告刊例，催收各地拖欠的广告费和订报款，改进广告设计，发行上打破报贩操纵，在南京城内外各处设立销报公站，出报后直接将报纸送至订户。

（5）加强基础设施建设。先后以 2 万元购置天津《庸报》印报机一台，1935 年争取中央财政拨款 17 万建成中央日报大楼，引进新式轮转机和其他印刷设备。

改革后的《中央日报》秉持"为政府辩护"的宗旨，新闻和言论增多，党报新闻纸色彩浓厚。"为政府辩护"源自该报 1932 年 5 月 8 日《敬告读者》社论"本报不讳为本党主义之辩护人"；"本报以本其批评政府之勇气以为政府辩护。报纸之生命在声名，吾人未敢遂云忘怀清名，吾爱清名，吾尤爱真理。惟爱真理者有大勇，亦惟有大勇者能为政府辩护，此吾人所沾沾自喜以为不同流俗者，端在于是"。① 为达此目标，《中央日报》一方面与全国舆论界相周旋，以遏制日益高涨的争取民主自由的运动，努力争夺言论的领导权，另一方面捕捉有利时机，宣传三民主义、党义党规，维护国民党南京政权的法理基础。为此发起批评胡适的"人权运动"，压制学生运动，歪曲事实，大造"剿共"舆论，紧跟蒋介石隐忍妥协的抗日主张宣传抗日等"为政府辩护"的宣传运动。

改革前，《中央日报》只有《青白》《大道》等少量副刊。改革后，《中央日报》效仿民营大报的杂志化，增办副刊、专刊，除储安平主编的综合性副刊《中央日报副刊》外，陆续增设了《中央公园》《戏剧周刊》《艺术副刊》《文学周刊》《电影副刊》《诗刊》等文艺副刊和《学风》《文史》《民风周刊》等学术副刊。学术副刊依托齐鲁大学、中央大学、北京大学等资源，比较学院化。这些副刊致力于三民主义文艺宣传。如《中央公园》副刊极力配合南京政府宣传尊孔、新生活、本位文化等运动。

经程沧波改革，《中央日报》业务"蒸蒸日上"，营业"除开支外，月有盈

---

① 沧波. 敬告读者［N］. 中央日报，1932-5-8（02）.

余，提清旧债"。1932 年 9 月创办《中央夜报》，11 月创办《中央时事周报》。《中国国民党年鉴》（1934 年）称该报 1933 年后每月营业收入增为 15000 元，加上每月津贴 8000 元，尚有 2000 元盈余。1935 年，报纸日发行量达到 3 万份，奠定了首都大报的地位。办报风格趋于成熟，为国民党中央党报"奠定一完善之制度"①，1936 年中央党校新闻系学生撰文称，《中央日报》形成严正端庄、副刊专门化、注重国际新闻的政治性的社会观感。② 1937 年 6 月，发行《中央日报》庐山版，为该报第一个国内分版。《中央日报》真正确立了最高党报的地位，成为国内实力最雄厚的党报。③

二、党国声音的扩音器：中央广播电台

国民党中央广播电台的开办是陈果夫一手推动的产物，台湾新闻界称陈果夫为"广播保姆""广播之父"。1905 年无线电报传入中国，1923 年中国首家广播电台奥斯邦广播电台开播。1924 年，陈果夫上海之行听到美商开洛广播电台报告市场行情，触发其产生"如果本党能有这样一个工具，岂不是比办报还要得力"的办台想法。④ 1926 年广州筹备建台，因经费不足而夭折。

1928 年再次筹备建台，2 月陈与戴季陶、叶楚伧商议筹措资金。1928 年春，购得美商开洛公司 500 瓦播音机，7 月 12 日获批 34040 元开办费，⑤ 8 月 1 日国民党二届五中全会开幕，电台正式在南京播音，呼号"XKM"⑥（年底改 XGZ，1932 年改"XGOZ"），波长 300 米，功率 500 瓦。电台全称"中国国民党中央执行委员会广播无线电台"，简称"中央广播电台"，隶属国民党中央宣传部。

---

① 转引自李瞻. 中国新闻史［M］. 台北：台湾学生书局，1979：324.

② 黎世芬. 中央日报［J］. 中外月刊，1936（7）：81-88.

③ 陶希圣曾说："在抗战以前，能够代表中央发言，是程沧波先生的时代。"陶希圣. 遨游于公卿之间的张季鸾先生［J］. 传记文学，1997，30（6）.

④ 陈果夫. 陈果夫先生全集（第一册 教育文化）［M］. 台北：近代中国出版社，1991：279.

⑤ 中国第二历史档案馆. 中国国民党中央执行委员会常务委员会会议录（第 5 册）［M］. 桂林：广西师范大学出版社，1999：326-331.

⑥ 赵玉明. 中国广播电视通史［M］. 北京：北京广播学院出版社，2004：20.

首任电台主任徐恩曾（徐调离后，吴道一代理，1929年3月11日正式委任为主任①）。开播前，国民党划拨各省各特别市党部一台收音机，其他各军政机关需要者备价领用；同年7月，短期培训的收音员携带收音机也分赴苏、皖、湘、冀、沪、平、津、汉等省市国民党党部，要求其收听、记录广播内容，交由当地报纸发表。开播当天，蒋介石、陈果夫等国民党政要悉数到场，发表广播祝贺演讲。民众第一次从收音机中听到了蒋介石的声音。南京情况尤为热烈，许多收音机放置马路两侧，招来市民收听。

中央电台成立即确立"施政之喉舌"的角色，规定"阐扬党义、传布政令、讲述学术、报告新闻，以音乐陶冶听众性情，以科学增进人民常识"。② 开播日《中央日报》即刊登《国民党中央宣传部中央广播无线电台通告第一号》，"嗣后所有中央一切重要决议、宣传大纲以及通令通告等，统由本电台传播"。国民党以"珍惜新颖之宣传利器，俭约使用"中央台，每天下午、晚间各播音一次，初为2小时，后增至5小时，曾不定时播出八九次。设有新闻、通告、演讲等节目，新闻约占播出时间的30%，设有"重要新闻""国际要闻"（星期二用外语报告国内外要闻）"通令通告"等，并采"慢报新闻""记录新闻"供收音员抄收；音乐主要放送唱片，没有广告，平常一天最多6个节目。人员只有7人，没有专职记者，中央社提供所有新闻稿件，国内新闻"早上采自本京各大日报，晚间则播送中央社消息"③，经费全部由国库支拨。该台电波所及主要在东南一隅，收听效果欠佳，难达"舆论中心"地位，但"对北伐曾发生过很大的宣传作用"④。

开办数月，陈果夫即谋划扩大电台的发射功率。1928年冬，陈与戴季陶、叶楚伦以"边隅首都，动辄万里，电力所及，往往不逮"为由提出"开办费40

---

① 中国第二历史档案馆. 中国国民党中央执行委员会常务委员会会议录（第7册）［M］. 桂林：广西师范大学出版社，1999：460.
② 中国文化建设协会. 十年来的中国［M］. 上海：商务印书馆，1937：733.
③ 吴道一. 中广四十年［M］. 台北：中国广播公司，1968：36.
④ 陈果夫. 陈果夫先生全集（第一册 教育文化）［M］. 台北：近代中国出版社，1991：281.

万，电力 10 千瓦"的扩充案，1929 年 2 月 18 日获准通过。① 不久陈又与叶楚伧、吴道一以"衡以国际情势"以达"音波远被，无远弗届"为由提出"变更扩充"计划，6 月 24 日获准"改用五十基罗瓦特电力，将机械经费增为六十万元案"②。扩充案均由陈果夫、叶楚伧负责。国民党急于扩充电台功率，现实刺激是济南惨案，日寇广播先声夺人，国民党外宣极为被动，日本转嫁战争责任的阴谋在国际领域得逞。惨案期间，国民政府主席谭延闿发给美国总统的电报，发出两日后尚未收到，③ 济南惨案发生一月后"海外方能明了真相"；④ 日本东京新建 10 千瓦中波机，鄂、豫、湘、闽等处都能听到。"衡以国际情势"亟待强化广播发射功率。客观困境是 500 瓦发射机"不能达边远各省"，山东、湖南、天津等地白天收听时音质不良，其他若干地区仍夹杂有强烈杂音。巩固新生政权亟须全国性媒体，《中央日报》、中央通讯社无法胜任。

中央电台扩充历时三年九个月，耗费 130 万元，约合 40 万美元，购置发射机 276100 元，建设新台址 218000 多元。⑤ 发射机购自投标成功的德国得力风根公司，中方经办人没有接受德方回扣，德商自动增加 25 千瓦，发射功率达 75 千瓦。新台址选定在南京西郊江东门附近，总工程师冯简负责工程建造，德国公司派专家来华负责装配播音机械和电力机械等工作。"一·二八"淞沪抗战爆发，国民党担忧日本进攻南京，迁都洛阳。总工程师冯简等留守南京，加紧新台址建设，于同年 5 月竣工。6 月中央新台试播，8 月始用 440 米波长播音，11 月 12 日孙中山 66 周年诞辰日正式开播，约 1000 人参加开播典礼。

中央新台呼号 XGOA（使用到 1948 年底），功率 75 千瓦，号称"东亚第一、世界第三"，信号覆盖"昼间可达 4 千里，夜里可达 1 万里"，东至夏威夷群岛，南至新西兰，西至西藏，北至蒙古，⑥ 最远到达伯力（哈巴罗夫斯克）、

①　中国第二历史档案馆. 中国国民党中央执行委员会常务委员会会议录（第 7 册）[M].
　　桂林：广西师范大学出版社，1999：276-277.
②　中国第二历史档案馆. 中国国民党中央执行委员会常务委员会会议录（第 8 册）[M].
　　桂林：广西师范大学出版社，1999：374-375.
③　雪坡. 从五三济南惨案想到无线电 [J]. 再造，1928（8）：36-41.
④　王正廷表示年底引退，在外部纪念周报告 [N]. 申报，1929-12-04.
⑤　温世光. 中国广播电视发展史 [M]. 台北：三民书局，1983：12-13.
⑥　中央广播大电台明日举行开幕典礼 [N]. 中央日报，1932-11-11.

缅甸、印度、澳洲、美国、加拿大等地，一时执远东之牛耳。南京街面上凡有收音机之处，围者如堵。日本称为"怪放送"①，"对于东邻日寇，给它不少的精神威胁和打击"。② 中央新台由 1931 年 7 月成立的中央广播电台管理处（简称中广处）管理，中央广播电台管理处直属于中央执行委员会，1936 年 1 月更名为中央广播事业管理处，处长吴保丰（1899—1963）、副处长吴道一（1893. 9. 16—2003. 1. 13）。

中央新台开播后，每天播音在 11 小时 20 分钟，设有新闻、教育、文艺、社会服务、天气及水位预报、商情、广播剧等节目，节目日趋增繁。1933 年，从北平 3000 名考生中招录刘俊英、吴祥祐、张洁莲三名播音员。1934 年，传音科科长范本中全面改革节目，每天播音 12 小时，形成以新闻、知识教育、娱乐、商情、服务、体育等构成的节目体系，1936 年有二十七八个广播节目，星期天可听到不重样的 22 个节目。其中新闻节目约占 1/3，也曾选编上海《申报》《新闻报》《时报》等重要电讯。1933 年 7 月，播出《申报》的一条外国通讯社消息，涉嫌"泄露军机"，被军事委员会讯问。③ 之后专用中央社稿，实行中宣部秘书或部长核稿制。④ 语种由国语扩展到英、日、蒙、藏等语。政治宣传以演讲为主，设有"宣传报告""中央纪念周"等固定节目，宣传重点是"总理遗教""新生活运动"等。对日宣传以"攘外必先安内"政策为宗旨，设有日语广播，1935 年开播的"儿童节目"系列讲座颇受欢迎，播音时不计其数的矿石耳机收听者驻足街头收听，几乎成了一种时尚，起到了抗日动员作用。

面对收音机价贵稀少的现实，为确保中央台声音落地，国民党采取推广收音机、培训收音员的办法，要求每一县市至少有一架收音机和收音员，1931 年 7 月后先后举办 4 期广播收音员培训班，共培训约 440 名广播收音员。⑤ 收音员将收听到的广播记录、编收音日报等散发。20 世纪 30 年代中期，江苏泗阳，河南孟州、西平等地都出版发行过"收音日报""电报日报"之类的报纸。⑥ 1934

① 温世光. 中国广播电视发展史［M］. 台北：三民书局，1983：13.
② 赵玉明. 中国现代广播史料选编［M］. 汕头：汕头大学出版社，2007：188.
③ 吴道一. 中广四十年［M］. 台北：中国广播公司，1968：36.
④ 吴道一. 中广四十年［M］. 台北：中国广播公司，1968：36.
⑤ 蔡铭泽. 中国国民党党报历史研究（1927—1949）［M］. 北京：团结出版社，1998：49.
⑥ 许晚成. 全国报馆刊社调查录［M］. 上海：龙文书店，1936.

年底统计，各地刊载中央广播电台消息的报纸有 140 多家。① 同时，国民党还确定了国语广播和全国联播制度。1935 年 4 月 25 日，交通部发布《通饬各广播电台用国语报告令》，要求各广播电台使用国语播音。《广播周报》连续登载赵元任《国语广播训练大纲》，宣传、推广和教授标准国语。国语广播遂成为民国广播的一项制度。1936 年 4 月 20 日，中广处呈请行政院发布饬令，要求全国各地所有的公私营广播电台除星期日外，每晚 8：00 至 9：05 必须一律转播中央台节目。"各民营电台无转播设备者，应于此节时间时暂行停播，以杜分歧，务使意志集中，收效宏速。"② 此项"饬令"，推广较为顺利，广播电台全国联播制度建立即肇始于此。

经陈果夫等大力扩充，中央广播电台成为党国声音覆盖全国、辐射东亚的传声筒，成为国民党国际宣传的重要利器。

三、党国消息总汇：中央通讯社

国民党中央通讯社始创于 1924 年 4 月 1 日，孙中山筹划，政府文告、公告均由其发布。"宁汉分流"，武汉、南京中央分别创建各自的中央通讯社。武汉中央通讯社于 1927 年 8 月 1 日发稿，"宁汉合流"后停止发稿。南京中央通讯社是南京国民政府通令全国，准许中宣部将广州中央通讯社迁至南京改组而成，1927 年 6 月 6 日正式发稿，尹述贤任主任，享有新闻发布的垄断权。③ "宁汉合流"到 1932 年 5 月，中央社发展缓慢，实为地方通讯社。1927 年 9 月，社址随国民党中央党部迁至南京丁家桥，人员增至 25 人。1928 年 1 月王启江任中央社主任，6 个月后，余唯一继任。除总社外，先后在北平、武汉设立分社，在上海设立电讯处（1927.10—1928.1）。1931 年 10 月在"法理"④ 上收回路透社、美联社等在中国发行中文通讯稿的权利等。此时，中央社没有自己的无线电台，电讯拍发依靠交通部电讯局，传递不及时，稿件宣传味浓、采用率低，影响不

---

①　赵玉明. 中国广播电视通史［M］. 北京：北京广播学院出版社，2004：20.

②　上海市档案馆，北京广播学院，上海市广播电视局. 旧中国的上海广播事业［M］. 北京：中国广播电视出版社，1985：221.

③　思圣. 中央社创立史证［N］. 中央日报，1963-4-1.

④　冯志翔. 萧同兹传［M］. 台北：传记文学出版社，1975：155.

如国闻社、申时电讯社。1928 年，中央社开始收取稿费，南京各报馆、机关有
200 份订购，其他各省市有两百数十份，扣除免费的直属分社、中央直属党报、
海外党部等订户，每月只有 500 元的稿费，自费订户仅有 10 家，经费大半由党
部补贴。①

　　"一·二八"事变后，蒋介石授权萧同兹（叶楚伧推荐）改组中央社，"务
于最短期内设立一有力之通讯社，借以完成国内及边境通讯网，并逐渐造成为
有国际信用之通讯社"。② 萧同兹（1895—1973），湖南常宁人。1927 年调入中
宣部，任征集科主任、秘书等职，深受叶楚伧赏识。上任前，萧同兹向蒋介石、
中常会提出三点建议：一是中央社成为一个社会事业，机构独立，直接称"中
央通讯社"；二是中央社自设无线电台，建立大都市通讯网；三是在不违背国法
和党纪的原则下，能有处理新闻的自由。③ 萧同兹的建议切中了党政要人"乱
插手"干涉新闻业务的顽疾，与国民党中央改进宣传的若干指导意见基本吻合，
利于强化宣传效果。蒋介石、中常会同意了萧同兹的要求。1932 年 4 月底，国
民党中常会决议，中央社改社长制，独立经营，萧同兹任社长。1932 年 5 月 1
日，萧同兹携带"全国七大都市电讯网计划""十年发展计划"上任，提出
"工作专业化、业务社会化、经营企业化"的改组目标，着手改组中央社。①人
事改革，采取社长制，总社设编辑、采访、事务三组。分别由刘正华、冯有真、
王商一担任主任，后设电务组，高仲芹任主任。②迁移社址，将社址从丁家桥
中央党部迁到新街口洪武路寿康里三栋二层楼。③建立自己的无线电台。萧同
兹与外交部签订专用无线电新闻通讯电台 15 年合约；派高仲芹等同路透社、美
联社等国外通讯社谈判，1932 年 7 月收回南京、上海的无线电台。④推行"十
年发展计划"，向全国各地扩展新闻电讯业务。即以北平、汉口、浙赣铁路为中
心，向外扩展电台及分社，逐步发展到张家口、沈阳、重庆、成都。1932 年向
全国播发的电讯稿开始分为三种：CAP（面向都市报纸，12000～15000 字/天）、
CBP（面向各省报纸，5000～8000 字/天）、CNG（专供上海、北平、天津、武

　　① 中国国民党中央执行委员会党史史料编纂委员会. 中国国民党年鉴（民国十八年）
　　　[M]. 台北：中国国民党中央党史委员会，1934：993.
　　② 方汉奇. 中国新闻事业通史（第 2 卷）[M]. 北京：中国人民大学出版社，1996：377.
　　③ 周培敬. 中央社的故事 [M]. 台北：三民书局，1991：3-4.

汉、广州各分社国外新闻专稿）。① 1933 年 7 月，中央社在南京、上海、武汉、北平、天津、西安、香港七个城市的无线电讯网已全部完成，总社开始用无线电向各分社播发新闻，由分社在当天转发各报社，初步实现了新闻当天传送各地。1934 年 9 月，增加播发以亚洲各国为对象的英文电讯稿（CSP），1935 年收费订户达到 159 家，分布在南京（51）、上海（20）、北平（21）、武汉（20）、天津（15）、重庆（9）、成都（9）、南昌（8）、香港（6）。② 1937 年 6 月建立 38 处国内外分支机构。③ 1939 年，国外通讯社在华发稿权被完全取回，"路透社某日伦敦电""哈瓦斯社某日巴黎电"统一改为"中央社某日某地路透社（哈瓦斯社）电"。国内通讯员遍布全国各地，还派戈公振、陈博生等以特派员名义前往马德里、东京、菲律宾、柏林等地采访。

经萧同兹数年改革，中央社奠定了全国通讯社的地位。"这在我国通讯社发展史上是从未有过的。"④ 中央社成为全国通讯社，一是响应了民国报人对全国通讯社的多次呼吁；二是促进 20 世纪 30 年代中后期国统区地方报纸的发展，30 年代中后期地方报纸采用的中央社稿日益增多，许多地方报纸"中央社电"甚至占一半以上⑤；三是国民党在相当程度上控制了国内外新闻的报道权，中央社成为国民党新闻业的三大支柱之一。

---

① 方汉奇. 中国新闻事业通史（第 2 卷）［M］. 北京：中国人民大学出版社，1996：371.
另周培敬《中央社的故事》载，1935 年中央社组织已趋完备，每日有四种广播：甲种广播（CAP）日发一万五六千字，供分社和全国大报社抄收；乙种广播（CBP）日发六七千字，供全国小报社抄收；英文广播（CSP），字数不固定，由上海、北平、天津分社抄送，供当地报纸采用。三地之外的英文报可直接抄收。专电广播（CNG）：专向上海、北平、天津、武汉、广州分社发播，内容是甲种广播以外的新闻。

② 转引自王凌霄. 中国国民党新闻政策之研究（1928—1945）［M］. 台北：近代中国出版社，1996：87.

③ 方汉奇. 中国新闻事业通史（第 2 卷）［M］. 北京：中国人民大学出版社，1996：372.

④ 方汉奇. 中国新闻事业通史（第 2 卷）［M］. 北京：中国人民大学出版社，1996：373.

⑤ 方汉奇. 中国新闻事业通史（第 2 卷）［M］. 北京：中国人民大学出版社，1996：373.

第二节　国民党传媒体系的历史形成

建立覆盖全国的传媒网络，占领舆论阵地，是集权政党确立执政合法性的必然选择。抗战前十年是国民党建构庞大传媒体系的"黄金十年"。"清党"运动，国民党盲目屠杀共产党员和激进青年，使国共合作时期有所发展的国民党传媒体系陷入崩溃。"宁汉合流"至1932年5月，国民党扶植党营传媒发展，创办《中央日报》、中央广播电台、中央通讯社，党营传媒却发展缓慢、宣传疲软，无力引导舆论，国民党内宣外宣极为被动。"一·二八"事变后，舆论普遍指责国民党当局"误国祸国，政府尤为罪魁"；① 蒋介石成为众矢之的，"军民皆归怨于余，几成怨府"。② 蒋遂思虑"切实处置"舆论界，加强党营媒体建设。1932年5月，程沧波改革《中央日报》、萧同兹改革中央通讯社获得成功，国民党传媒转入党管企业化经营的发展轨道，庞大的传媒体系遂在全面抗战前建成。

一、国民党党营传媒业的初步重建（1927年5月—1932年5月）

"四一二"政变，蒋介石开展"清党"运动，利用帮会、群众检举等方式武力清除共产党员、左派人士和革命群众。"清党"运动分两期，历时三年，没有达到清除异己、确立南京政权合法性的初衷，反而使四分五裂的国民党更加分化。③ 清党运动使大革命在中共帮助下广泛发展起来的国共合作的党报全部覆灭，经篡夺留下来的也不过十数种，多散处各方，政见且多分歧，难以应对当前严重局势。④ 1928年5月，戴季陶写信给广州《民国日报》，在党内掀起一场党报建设的大讨论。6月国民党中央常务会议专门讨论党报建设问题，并通过《设置党报条例》《指导党报条例》《补充党报条例》等重要文件。这次讨论强

---

① 社评. 屈服矣 [N]. 时事新报，1932-5-6.
② 黄自进，潘光哲. 困勉记（上）[M]. 台北：世界大同出版有限公司，2011：332.
③ 杨奎松. 一九二七年南京国民党"清党"运动研究 [J]. 历史研究，2005（6）：42-62.
④ 宁树藩. 中国地区比较新闻史（上卷）[M]. 上海：复旦大学出版社，2018：59.

调树立党报的党性原则，实行中央集权领导体制和奉行三民主义，反对共产主义宣传方针等问题，实践上把建立中央直属党报作为首要任务。7月，国民党中常会通过叶楚伧提议《设置党报办法四项》，决定在"首都、上海、武汉、重庆、广州、天津或北平、广州或开封、太原、西安各地设一党报，由中央直接管理监督"。① 国民党开始全面建设党营传媒业。1929年3月，国民党第三届全国大会强调统一党内意志，这次大会通过了多项新闻政策，有力推动了党营传媒发展。不久爆发的蒋桂战争、蒋冯战争和中原大战制约了国民党党营传媒业的发展，1931年"九一八"事变和紧跟而来的"一·二八"事变让国民党更深刻认识到新闻宣传的极端重要性，迫于形势压力无暇顾及传媒业建设。淞沪停战后，蒋介石才真正着手推动党营传媒业建设，1932年5月，程沧波、萧同兹同时被委以重任分别改革《中央日报》和中央通讯社，国民党中央传媒才开始真正崛起。故1927年9月前后至1932年5月是国民党党营传媒业的初步重建时期。这一时期国民党初步建立了直属中央的党媒体系，成立了《中央日报》、中央通讯社、中央广播电台，影响仅限于一隅，地方党媒有所发展，各项指标大都偏低，不如民营传媒业。

（一）国民党中央直属党媒体系的初步形成

国民党定都南京就开始考虑筹建党报。1927年5月，将广州中央通讯社迁至南京，于6月16日面向全国发稿。1928年2月在上海创刊《中央日报》，1929年2月1日迁南京出版，成为党中央最高宣传机关。1928年8月，500瓦中央广播电台播音。中央通讯社、《中央日报》、中央广播电台三位一体，成为党营传媒业的核心力量。1932年5月前，《中央日报》尚未确定"首都大报"地位，1929年日发行量仅20000份。② 中央通讯社员工二三十人，利用两部老式收音机抄收国外通讯社广播稿、照抄国内报纸，靠宴请同行扩大用稿关系，后根据形势需要在北平、武汉等中心城市创办分社。中央广播电台仅500瓦，员工7人，无正规播音队伍和合格的播音人员。该台恪守"珍惜新颖之宣传利

---

① 中国第二历史档案馆. 中国国民党中央执行委员会常务委员会会议录（第5册）［M］. 桂林：广西师范大学出版社，1999：430-431.

② 方汉奇. 中国新闻事业通史（第2卷）［M］. 北京：中国人民大学出版社，1996：356.

器，俭约使用"原则，起初早晚各播音 1 小时，后扩展到 5 小时，音波覆盖范围限于东南一隅，依靠各地收音员抄录广播稿后，选送各报刊等。此外，在南京还有 1927 年 6 月 15 日由国民党中央党部创办的中央理论刊物《中央半月刊》。该刊指派各党部订阅，主编吴稚晖，宗旨是"确定本党主义上、政纲上、政策上的理论，以为宣传之指导"。① 1928 年 2 月，蒋介石、丁惟汾、陈果夫等在二届四次全会提议，《中央半月刊》、中央通讯社、中央日报及筹备中的中央图书馆归中宣部直辖。中央特别委员会成立后，《中央半月刊》划归特委会，在沪发刊。特委会取消后，被中央宣传部收回，在宁出版。

为"使党的舆论健全发展"，中宣部着手建立直辖地方党报，进展不顺利，且命运多舛。上海是老牌的《民国日报》，叶楚伧、陈德征主持，淞沪抗战前夕在日寇压力下被迫于 1 月 26 日自动停刊。

北平、天津、济南是华北的中心城市、重要战略要地。北京、天津原由奉系控制，"二期北伐"阎锡山第 3 集团军进驻，归晋系控制。1928 年 6 月 20 日，国民党中央政治会议决议将北京改为北平，与天津一起升格为国民政府院辖市。济南是山东省会，冯系的权力中枢，三地均亟须直辖党报。1932 年前，北平有《华北日报》和英文《北平导报》。《华北日报》由中央宣传部于 1929 年元旦创办，负责人安馥香、沈君默，社址在北平王府井大街。英文《北平导报》于 1930 年 1 月 10 日改组，成为国民党对在华外国人宣传的唯一一份中央直辖的外文报纸。天津《民国日报》由原河北省党部主持的北平《民国日报》改组而来。北平《民国日报》蒋介石称"时有反动言论"，② 中宣部于 1930 年 11 月 1 日将其迁至天津，改为中央直辖的《民国日报》出版。中原大战前，《华北日报》和天津《民国日报》被阎锡山查封，战后恢复出版。英文《北平导报》1932 年 2 月因刊登高丽独立党宣言，得罪日本被封禁停刊，经疏解改名《北平时事新报》，挂洋旗复刊。

九省通衢的武汉有《武汉日报》，该报由湖北省党部主办的湖北《民国日报》改组而来，蒋桂战争结束后的 1929 年 6 月 10 日发刊，社长由中宣部部长

① 特别市党部消息汇志 [N]. 申报，1927-6-21.
② 中国第二历史档案馆. 中国国民党中央执行委员会常务委员会会议录（第 5 册）[M]. 桂林：广西师范大学出版社，1999：166.

兼任。因武汉由蒋系控制，湖北是桂系的边缘区域，故《武汉日报》发展尚好，发行远及南京、上海、北平、天津，成为华中地区规模最大的国民党党报。

新桂系控制的广州有《民国日报》，福州有《福建民报》。广州《民国日报》是老牌党报，1923年6月创刊，1928年5月7日改组为中央直辖党报，戴季陶、黄季陆负责。该报数度易主，后成粤系喉舌。《福建民报》1928年11月创办，刘正华负责，数易报名，1934年3月才直属中央党部。

（二）地方党营传媒业的初步建设

本时期正是"清党运动"下国民党权力重新洗牌时期，蒋汪、蒋胡权力斗争不断，地方党权、政权斗争不息，四分五裂的国民党内部更加分化。"四一二"政变到1932年1月蒋介石再次上台的5年，江浙地区未受到战争蹂躏（1932年2—5月上海有淞沪抗战），党营传媒业发展尚好；北平、天津、石家庄、洛阳、武汉、济南等区域深受新式军阀混战之苦，党营传媒业时生时灭。这种畸形的政治生态严重阻碍了地方党营传媒业发展。

上海是民国传媒业和舆论中心，各方势力聚集的国际畸形大都市、国民政府院辖市。国民党南京高层，国民党上海党务、政务系统，国民党改组派、再造派等党内派系均高度重视，在上海创办媒体、摧残进步传媒，使上海成为反革命舆论中心。北伐军占领上海前夕，老牌《民国日报》于1926年11月7日复刊，迫于孙传芳压力于1927年1月10日再次停刊，3月21日北伐军进抵上海，22日该报宣布复刊，成为国民党上海市党部和国民革命军东路军指挥部的机关报。《民国日报》是1927年后国民党在上海建立的第一个新闻宣传机构。①该报后直辖于国民党中宣部，1928年2月增出《民国晚报》，持续出版到1932年1月26日被迫停刊，是上海五大日报之一。上海《中央日报》1928年2月1日创刊，该报掌握在和汪精卫关系密切的丁惟汾、彭学沛手中，编辑阵容强大，1928年10月31日停刊后迁南京出版。此外，服务于蒋介石集团的还有国民党理论刊物《新生命》月刊、国民通讯社（1927年5月）、国民新闻社（1927年6月）、中央通讯社上海通讯处（1927年10月，供稿给东南各报）。其中《新生命》月刊由蒋1927年8月下野前布置，戴季陶领头、陈果夫出钱，周佛海、陈

---

① 马光仁. 上海新闻史（1850—1949）[M]. 上海：复旦大学出版社，1996：608.

布雷等于 1928 年 1 月在上海霞飞路霞飞坊 19 号创办，宗旨是"阐明三民主义理论，发扬三民主义的精神"，为蒋重新上台制造舆论。1928 年年初，蒋复职后不久停刊，后复刊出版至 1933 年，共出版 3 卷 36 号。

国民党上海党务、政务等系统的报刊主要有：国民党上海特别市党部的《前进》周刊、《前驱》周刊，国民党上海党部妇女部的《革命的妇女》、青年部的《革命青年》，第一区分部的《党魁》周刊，第二区分部的《青年》周刊，第六区分部的《浦东评论》周刊，国民党淞沪警察厅政治部的《警钟》周刊、《三民画报》，国民党控制的上海统一组织工会的《劳工日报》、沪西区工会联合会的《工神报》。为扩大党营媒体的上海阵地，占领上海后国民党着手"党化"上海媒体，查封"反动"报刊，没收其器材，强制《新闻报》开设"艺海"专栏，专门宣传党义；将《时事新报》改造为"民国日报第二"等。

上海是国民党改组派、再造派、"第三党"的报刊活动中心。改组派报刊主要有《革命评论》和《前进》、《民众先锋》、《民意》、《民主》周刊、《决斗》、《革命出路》、《护党》周刊、《革命战线》旬刊、《中央晚报》、《国民日报》等，其中《革命评论》和《前进》是改组派的两大旗帜刊物。孙科再造派在上海的刊物主要有《民众日报》《再造旬刊》等，邓演达"第三党"在上海的刊物有《灯塔》《突击》《革命行动》《行动日报》等。改组派、再造派、"第三党"刊物先后被南京中央宣布非法，遭到查禁，1930 年基本销声匿迹。

南京是国民党政府的首府、蒋介石集团的权力中枢，距上海约 300 千米。随着国民党中央、南京国民政府各机构在南京的建设，南京党营传媒业快速崛起，除《中央日报》、《中央半月刊》、中央广播电台、中央通讯社外，国民政府各部委先后在南京创办各自的机关报，如国民政府的《国民政府公报》（1927年 5 月 1 日）、教育部的《大学院公报》（1928 年 1 月）、内政部的《内政公报》（1928 年 5 月）、工商部的《工商公报》（1928 年 6 月）、铁道部的《铁道公报》（1929 年 1 月）、教育部国语推行委员会的《国语周刊》（1928 年 8 月）等均在1927 年、1928 年间创刊。这些刊物均为各部机关报，以刊登各部宣言、公牍、法规和文件为主，发行依靠行政系统。此外，各派系也在南京创办报刊。如1928 年 4 月陈立夫创办《京报》，1929 年停刊后改为《新京日报》；1930 年国民政府主席林森、吕超等国民党元老，出资创办了号称国民政府机关报的《金陵日报》等。这些报刊的发行量不高，影响局限于南京一隅。

江苏省是国民政府的首都省、模范省，党营传媒基础薄弱。1927 年前，国民党仅在江苏的江都（扬州市江都区）、无锡、吴江、崇明等县创办了少数的县级党报或党员报，未创办省级党报。1927 年 5 月，江苏省政府在南京成立，下辖 61 个县，江宁县为中央直辖县，1929 年省政府迁往镇江。随着国民党江苏省党部组织的完善，江苏省党营媒体建设也兴盛起来。据江苏省党部新闻事业委员会 1933 年 11 月统计，1927—1931 年，江苏共新办党报 33 家，其中 1927—1929 年间新增 11 家党报，它们均由如皋、武进、丹阳、海门、常熟、靖江、无锡、启东、宿迁、沭阳、南通的县级党部或党员个人所创办。由于国民党江苏省党部频繁改组易名多达 9 次①，江苏省党部党报《苏报》直到 1930 年 11 月才在镇江创办。在江苏省党报的带动下，1930 年有 13 个县级党部创办了 15 家党报，其中江都县创办了《江都日报》《正言报》《新江苏报》三家党报。1931 年新增党报 6 家，其中一家是江苏省党部创办的《徐报》（1931 年 6 月，铜山），其他 5 家党报均是县级党部的党员或党部所办。本时期江苏省党报的特点有三：一是党报依赖江苏省各级党部，省党报、县党报、党员报的党报结构初步形成。省、县级党部所办党报均接受省、县级党部或政府机关的津贴或补助；党员个人办的党报，大都接受党部津贴、补助。二是新办党报的职员普遍少，新办 33 家党报共有职员 212 人，平均每家党报有 6 名职员。省级党报《徐报》《苏报》及常熟《新生报》、无锡《国民导报》、昆山《昆南报》、吴江《盛报》、海门《新海门报》、江阴《澄清日报》、泗阳《电波日报》的职员在 10~18 人之间，其他县级党报、党员报均在 10 人以下。三是江苏省党报多为日刊、三日刊或五日刊，四开一张或对开一张。受江苏省党部频繁改组的影响，党报改组频繁、发行量局限当地，影响有限，难以辐射全省。据统计，期发行量在 1000 份以上的党报共 11 家，其中《苏报》发行量最高，仅为 3400 份，其他党报每期发行量均在 1000 份以下，泗阳《电报日报》有 10 名职员，发行 200 份。②

浙江省是蒋介石集团统治的核心区域，战争蹂躏少，经济发展在全国前列。

---

① 孙岩. 南京国民政府时期地方党政关系研究——以江苏省为例（1927—1937）[D]. 南京：南京大学，2011.

② 江苏省各县报纸概况表 [J]. 江苏月报，1934，1（3）：1-21.

1927 年 3 月浙江攻克后，国民党浙江省省党部开始公开活动。浙江省党部机关报《杭州民国日报》（最初由中共控制）、《杭州民国新闻》也于同年 3 月创刊。4 月 11 日清党运动兴起，浙江新闻界陷入"浙省记者恐怖之期"①。"共党"色彩和国民党左派的记者、编辑被清洗，中共及国家主义、研究系、联治派、依附于北洋军阀的传媒，要么改组改变其办报立场；要么被取缔，其资产转为浙江省党营传媒的物质器材。"清党"运动后，随着国民党浙江各级党部的建立，浙江党营传媒有所发展，省党报《杭州民国新闻》多次改组后趋于稳定，区、县级党报及党员报相继创办，党报的规章制度、组织结构、津贴来源趋于完善，言论渐趋一致，但"党报往往随党部改组而改组，党政之间，复时闹意见；党员所办之报，亦每因其接近之互异，发生偏侧至病"。② 广播电台方面，浙江省政府 1927 年 10 月筹备建设广播电台，1928 年 10 月 10 日浙江省广播电台开播，为国民党地方当局的第一座地方台。该台呼号 XGY（1931 年改为 XGOD），波长 420 米（1931 年改为 307 米），功率 250 瓦，次年夏增至 750 瓦。1928 年 11 月 13 日，任命李熙谋为广播电台第一任台长，李于 1929 年 10 月 18 日辞职后赵曾钰接任台长。③ 国民党占领浙江后通讯社随之蔚然兴起。1927—1930 年共有 31 家通讯社创办④，它们规模小，经费紧缺，发稿少，一些有名无实，开办不久就停止对外发稿。官办通讯社中浙江国民通讯社的实力最强，该社由国民党浙江省党部所办，1927 年 3 月成立，1949 年 5 月停办。浙江国民通讯社垄断了浙江省党政消息，创办初期，有党费支撑，对于宁、杭两地的市内各报的发稿时有中断。浙江省市行政机关、团体如三青团、市党部也开办通讯社，实力较为薄弱。另浙江省政府、杭州市公安局及衢县、永嘉县政府等行政、警察等部门相继设置宣传室，以发布新闻、操控舆论。

地方实力派控制地区的党报发展差异性很大，起因在于地区经济、文化发展的不平衡，根源在于国民党复杂的派系矛盾和地方实力派与蒋系的关系。北伐后，河南建立的党报系统（包括党、政、军）有冯玉祥系掌握，报纸对蒋的

① 项士元. 浙江新闻史［M］. 杭州：之江日报社，1930：153.
② 项士元. 浙江新闻史［M］. 杭州：之江日报社，1930：153.
③ 张梦新，等. 杭州新闻史［M］. 北京：中国社会科学出版社，2011：87.
④ 项士元. 浙江新闻史［M］. 杭州：之江日报社，1930：212-214.

态度随冯对蒋的态度变化，在南京受排斥的改组派骨干担任了国民党河南省省党报《新中华日报》社长。中原大战蒋胜冯败后，河南完全为蒋介石集团控制，冯系党报被清除，蒋系党报开始兴建。山东在冯系韩复榘控制下，党报发展快，50种报刊中竟占40%，即20种。① 主要是国民党省党部、市党部和县党部的机关报，也有少量国民党军报和政府机关报。济南、青岛、日照、临沂、博山、潍县、菏泽、济宁、历城、费县、昌邑、烟台、淄博、禹城等地都有国民党党部机关报，党报网络形成。中原大战冯玉祥失败后，山东由韩复榘国民党第一军团占领，从1930年9月到1938年1月，山东处于韩复榘长达八年的独裁统治之下，听命于南京的国民党党报受到抑制，效命韩复榘的党报迅速发展。1927至1929年，两湖战乱频繁，湖南一张报纸一年就改组4次。1929年，湖南、湖北相继归属蒋介石集团，局势渐趋稳定。两湖省、市、县党报系统开始兴建。四川省军人割据，表面拥护中央却严防蒋介石军政势力进入。国民党中央清党后多次入川设立机构，重建国民党，都难以如愿。1929年年末，四川全省国民党党员只有77名，出版党报自然难以全面展开。1928—1929年，只兴办了《党务周刊》《党务旬刊》等几家党报，以宣传党务为主，影响甚微。1930年，曾办一张省党报——《四川晨报》（四开小报），起初勉力支撑，后势弱力微，于1935年停刊。广西、广东有较深厚的党组织基础，李宗仁、白崇禧重视党报，党报发展较快。党报却由新桂系掌握，态度紧跟新桂系。山西是阎锡山老巢，1927年6月阎锡山投靠蒋介石，国民党中央党部重组山西省党报，创办《清党日刊》和《山西党报》，《山西党报》1930年改为《民国日报》，成为南京国民党党报深入山西的一个据点。中原大战后，阎锡山解权退居故里，利用其影响指示晋省当局逮捕省党部负责人，解散省党部，停止各县党部活动，同时查封了《山西民国日报》，山西成了一段时期没有国民党组织和报纸的省份。②

二、国民党庞大的党营传媒体系的形成（1932年5月—1937年7月）

1932年《中央日报》和中央通讯社改组，有力助推了国民党庞大的党营传

---

① 宁树藩. 中国地区比较新闻史（中卷）[M]. 上海：复旦大学出版社，2018：784.
② 宁树藩. 中国地区比较新闻史（中卷）[M]. 上海：复旦大学出版社，2018：66.

媒体系在 1937 年抗战全面爆发前建成。两大中央媒体改组，1931 年"九一八"事变后急遽变化的政治环境起到很大推动力。南京国民政府成立后，国民党高层深感"党内意见分歧"的巨大危害和对日外宣的极端被动，迫切希望强化党营媒体建设。受制于内部权力分配、军阀混战、新生政权建设等因素，1931 年9 月前党营传媒远弱于民营媒体，严重滞后于国民党的政治需要，"差不多完全不能发生力量"①。"九一八"事变爆发，党营媒体屡弱，舆论引导极端被动表现得淋漓尽致。国内备受抗日舆论抨击，对日"不抵抗"成为国民党"依托国联"外交解决争端的代名词；外宣疲软，深受日本媒体污蔑；外宣媒体极度缺乏，重要信息无法及时达致国际领域，被迫被动辟谣；蒋介石在粤系牵制下无奈下野，对抗日舆论不敢断然处置，深受舆论嘲讽。《中央日报》总编赖琏抱"不求有功但求无过"心态，"静候中央决定继任的人选"，②《中央日报》"不抵抗"报道模式，完全丧失媒体公信力。③ 面临国难危局，国民党只能以"战时"手段以现实所需，紧急充实党营媒体，加大宣传经费，加紧推进中央广播电台的扩建工作等，1931 年 11 月又通过《改进宣传方略案》《改进中央党部组织案》，调整宣传政策和组织架构等。1931 年 11 月正是宁粤斗争的胶着期，12月 15 日蒋通电下野，24 日国民党召开四届一中全会，28 日孙科当选行政院长，1932 年元旦孙科内阁宣告就职，不到一月，孙科内阁即垮台。1932 年 1 月 26日，蒋介石再次复职，两天后日本发动"一·二八"事变，蒋决定"积极抵抗，预备交涉"，首都临时迁往洛阳。"一·二八"淞沪抗战期间的舆论被《申报》等民营大报掌控，国民党"一边抵抗、一边交涉"的舆论政策不得人心。3 月 2日十九路军撤出上海，中日双方正式谈判时抗日舆论敌视国民党的情绪陡增，抗日反蒋的舆论氛围形成。5 月 5 日《中日停战协定》公布遭到舆论一致谴责。天津《大公报》称此次签字"在中国为大拂民意"④。上海《时事新报》社评断定国民党"误国祸国，政府尤为罪魁"⑤。胡适刊文称，国民党因"缺乏活的

① 萧同兹. 我怎样办中央通讯社 [J]. 新闻战线，1941 (7). 4-6.
② 赖景瑚. 办党、办报、办学 [J]. 传记文学，1973 (1). 59-66.
③ 樊亚平，郝小书."九一八"事变后《中央日报》对不抵抗主义的宣传 [J]. 新闻记者，2019 (4)：78-88.
④ 社评. 上海停战协定签字 [N]. 大公报，1932-5-6.
⑤ 社评. 屈服矣 [N]. 时事新报. 1932-5-6.

领袖，缺乏远大的政治眼光和计划，能唱高调而不能办实事"，而"渐渐失去了做社会重心的资格"。① 蒋自认为"自沪战以来，舆论界受反动派之恶劣宣传，群认余为误国之人"，② 痛定思痛，思虑如何"处置"舆论界。③

改组《中央日报》和中央通讯社是蒋介石思虑"处置"舆论界的重要举措，通过程沧波、萧同兹，蒋对《中央日报》、中央通讯社有两大改变：一是允许《中央日报》、中央通讯社对外可不宣称其党媒身份；二是允许《中央日报》、中央通讯社企业化经营。这两大改变有力助推了国民党党营媒体体系的形成。

（一）国民党中央媒体的"台柱"地位奠定

如上所叙，程沧波改革后，《中央日报》奠定了首都大报的地位，发行量跃升到 3 万份以上，并创办了《中央夜报》《中央时事周报》，发行《中央日报》庐山版等，真正确立了《中央日报》最高党报的地位，成为国内实力最雄厚的党报。在萧同兹主持下，中央通讯社成为国内实力最雄厚的全国通讯社，完成了主要城市的无线电讯网的建设，收回国外通讯社在华发稿权，建立了 38 处国内外分支机构，相当程度上控制了国内外新闻的报道权。1932 年 11 月，中央广播电台完成扩充计划，广播信号覆盖东亚，成为"东亚第一、世界第三"的亚洲发射功率最强的广播电台，真正成为国民党党国声音的扩音器。

国民党中央直辖的地方党报有较大发展，其组织结构、物资设备、经营管理得到完善，相继成为地区性大报。1933 年，《华北日报》日发行量达 6000 份，广州《民国日报》15000 份，《武汉日报》7000 份。抗战前中宣部直辖的《西京日报》发行量 12000 份（最高达 12500 份），《华北日报》17000 份，《中山日报》30000 份，《武汉日报》26000 份，《西京日报》12500 份，《福建民报》6000 份。④

---

① 胡适. 惨痛的回忆与反省 [J]. 独立评论，1932（18）：7-12.
② 国史馆. 蒋中正总统档案·事略稿本（第十三册）[M]. 台北："国史馆"，2006：437.
③ 黄自进，潘光哲. 困勉记（上）[M]. 台北：世界大同出版有限公司，2011：336.
④ 据王凌霄. 中国国民党新闻政策之研究（1928—1945）[M]. 台北：近代中国出版社，1996：90-93. 蔡铭泽. 中国国民党党报研究（1927—1949）[M]. 北京：团结出版社，1998：58-62. 方汉奇. 中国新闻事业通史（第 2 卷）[M]. 北京：中国人民大学出版社，1996：358-360.

综上所述，国民党媒体的"台柱"体系形成。《中央日报》赋予国民党操控舆论的议程设置权，中央通讯社基本垄断了全国新闻发稿权，中央广播电台使国民党声音基本覆盖全国各地，中央直辖地方党报成为地区性大报。

（二）庞杂的国民党地方传媒体系形成

1932—1937 年，地方党营传媒体系亦形成。形成动因主要有五点。一是《中央日报》、中央通讯社 1932 年企业化改革的示范效应，省级党报效仿，得以成为地区性大报，党报企业化成为地方党营传媒发展的强大动力。二是中央通讯社先后在上海、天津、西安、南昌、重庆、成都、贵阳、广州等地建立 35 家分社及办事处，将其新闻发布能力扩展到全国各大中等城市，深入县级区域；中央广播电台声音覆盖全国，各省、县等党部、地方政府机构配有收音员，抄录中央台，制作收音小报，供当地报纸使用，解决县级党报消息来源不足的客观制约。这都有力推动了县级党报、党员报的发展。三是国民党省、县、区及特别党部的地方党部组织渐趋完善，作为党部组织的组成部分的党报自然获得发展；随着县级党部建设，县级党报获得了大发展；国难危亡日趋加重下地方党权、政权和军权之争有所和缓，也为地方党营传媒的持续发展提供了政治保证。四是铁路、公路、水路及邮政电信事业建设取得重大进展，为县级党报的发展奠定了通讯基础。五是上海、南京等院辖市、省会城市的民营报业受到了国民党抑制，为省级党报创设了发展空间，县级区域因经济滞后，民营报业难以维持，为接受党部津贴的县级党报提供了发展空间。1932 年 5 月后，蒋介石在着力全面"围剿"江西苏区红军的同时将其势力深入四川、贵州、云南等地区，促进了四川、贵州、云南的党报发展。历史从来都是多面的。1933 年后日本染指华北，绥远、内蒙古相继沦陷，北平、天津陷入危机，华北地区国民党媒体趋于萎缩。而山西被阎锡山盘踞，新疆被盛世才控制，南京中央的媒体难以伸入；广东、广西被新桂系控制，其党营传媒由新桂系控制。

上海传媒业走在全国的前头，传媒竞争激烈，其他地区难以匹敌。《申报》《新闻报》《时报》等民营大报主导了上海传媒业。国民党通过抑制民营传媒业发展，摧残异己政党报刊、扶植党报等手段，使党营传媒在上海占有一席之地。1929 年干扰史量才收购《新闻报》，阻止《申报》1932 年改革，强力将爱国、追求民主进步的《申报》扭向保守；巧夺张竹平的"四社"，阻止民营大报集团化发展态势；出台政策限制民营广播电台发展，摧残中共地下报刊、改组派、再造派、"第三党"等异己政党报刊；强化新闻审查，制造多起报刊禁邮、停刊事件，摧残左翼报刊和报人；1934 年 11 月暗杀史量才，间接控制了《申报》和《新闻报》。党营媒体方面，1932 年后，新办《民报》和《晨报》等大型日报。《民报》由叶楚伧在原上海《民国日报》基础上创办。《晨报》由 CC 系骨干成员潘公展创办，对开日报，1932 年 4 月 7 日创刊。该报出版多种副刊，发行《晨报晚刊》（后改名《新夜报》）（1932 年 6 月 6 日）、《图画晨报》（1932 年 6 月 19 日，星期天发行）、《儿童晨报》（1933 年 10 月 10 日），附设出版社，出版"晨报丛书""家庭文库""晨报月刊"等刊物，依托上海社会局、教育系统的资源，注重言论和编辑，《晨报》迅速成长为上海一家综合性大报，日发行量一度达到 5 万份。此外，还创办了《抵抗》等一批鼓吹法西斯主义的报刊。淞沪抗战后，上海民营广播蜂拥而起，使上海成为中国民营广播的大本营。国民党随之限制民营广播发展，1934 年禁止民间资本新设电台。1935—1937 年，取缔了上海 23 家民营电台，并强制民营电台转播中央台新闻节目。1935 年交通部上海国际电信局购买外商美灵登电台设备，筹设上海广播电台。于同年 3 月 9 日开播，呼号 XQHC，发射功率 500 瓦（后扩充为 2 千瓦），为上海第一座官办广播电台。①

南京新闻业快速崛起，党营传媒占据主导。经程沧波、萧同兹改组，《中央日报》、中央通讯社、中央广播电台构成了党营传媒的台柱地位，对江浙地区传媒业产生强力辐射。此外，1932 年 1 月 20 日，贺衷寒、戴笠等组成的"复兴社"在南京创办综合性日报《中国日报》。该报鼓吹"一党独裁""领袖中心"，日出对开两大张，重视社论与新闻，最多时有 7 个副刊，最高日销数达 1.8 万份。南京党营传媒占主导地位，却未能引领全国舆论走向。1935 年"一二·九"运动爆发后，北平成为政治中心，上海成为舆论中心，南京却成为爱国运动、救亡舆论冲击批判的中心。南京传媒发展迅速，其原因在于作为首府南京具有聚集全国资源的吸附能力，工商业有所发展，城市人口由 1928 年的 49.65 万人增加到 1936 年的 100.7 万人。

---

① 赵玉明. 中国广播电视通史［M］. 第 2 版. 北京：中国传媒大学出版社，2006：23.

江苏传媒业进入稳步上升期，党营传媒体系形成。江苏先期试点党报布局改革。1933 年 3 月，江苏新闻事业委员会成立。该委员会隶属国民党江苏省执行委员会，先后制定《江苏省各县党部设置县报办法》《江苏省各级党报管理规则》《江苏省各县党报组织通则》《江苏省直辖党报社组织通则》等政策扶持省内党营媒体，并将全省党报划为"苏报区（设在镇江，辖 15 县）、吴报区（吴县，辖 16 县）、通报区（南通，辖 9 县）、淮报区（淮阴，辖 7 县）、海报区（东海，辖 6 县）、徐报区（铜山，辖 8 县）"六大区，[①] 规划每个报区设省直属党报 1 种，各县办县级党报 1 种。实际省直属党报仅出《苏报》《徐报》《淮报》《海报》4 种。据江苏省新闻事业委员会 1933 年年底统计，全省 61 个县（仅邳县、灌云、赣榆三县未办报纸），共有报纸 269 家（含停刊的 10 家），通讯社 23 所，其中日报 155 家，间日、三日或周刊 101 家；党报 77 家（1932—1933 年新增 35 家），省党报 3 家（苏报、徐报、淮报），县党报 44 家，准党报 30 家，民报 182 家。报业从业人员 1773 人（不含通讯社人员），期发行总量 20万 5000 余份，平均每家报纸期发行 739 份，每日共需经费 7600 余元。"[②] 省党报主导，县党报、准党报（党员主持）及民办报刊组成，江苏通讯社、广播电台（如江苏省广播电台、武进县党部广播电台）、江苏新闻学社、各县新闻记者公会为支撑的江苏党营传媒体系形成。

江苏传媒业处在沪宁大报包围内。党营传媒有政治优势，可获得党部津贴和资助，业务能力却低于民营传媒，没有产生有较大影响力的地区性党报；县党报发展不均衡，时生时灭，略有影响的党报主要有《国民导报》《武进中山日报》《皋报》《靖江日报》及镇江《新江苏报》。如镇江《新江苏报》全盛时日出对开两大张半（十版），日销达 2 万份。

浙江传媒业稳步上升，居于全国前列，总数仅次于江苏，概貌与江苏相似。党营传媒体系形成，且占绝对优势，民营传媒受到抑制。据冷禅统计，1934 年浙江全省有据可查的报社 131 种，日报 86 种，两日刊、三日刊、五日刊和周刊

① 马元放. 江苏新闻事业鸟瞰［N］. 1934-1-23.
② 江苏省各县市报纸概况表［N］. 1934-1-23.

共22种，半月刊、月刊23种。① 邵力子1937年5月统计，浙江1934年有89家报纸，1935年98家，1936年111家，1937年105家。②《浙江出版史料》统计，1927—1937年浙江出版的杂志至少在170种以上。据《杭州新闻史》，1930年至1935年6年间，仅杭州新创刊的综合性报纸就达45家，1932—1933年因经济不支而停刊的综合性报纸18家（市区14家，县4家），1927—1937年浙江各县创办的综合性报纸29种，其中萧山10种。③ 通讯社方面，1927—1937年12月，杭州经登记批准的通讯社有123家。④ 上述统计可能有误差，却证实浙江传媒业发展较快。相较于江苏党营传媒，浙省党营传媒显著特色有以下四点：

1. 官办广播电台有较大影响力

1928年10月10日，浙江省无线电话广播电台在杭州开始播音。此台隶属于浙江省政府建设厅，是浙江首座广播电台，次年改为浙江省广播无线电台。呼号XGY（1931年改为XGOD），功率250瓦，次年夏增至750瓦，1932年为1千瓦，1935年达2千瓦，为浙省功率最大的广播电台。台长先后为李熙谋、赵曾珏。该台筹建时，即着手收音机的购置、收音员的培训工作，播音不久就为全省75个县配置了无线电收音机，为当时全国之最。建台初期，每天播音2次，每次1小时，后逐渐延长，达到每天4小时、6小时、16小时。内容最初为国内外新闻、本省新闻和省党政当局通令、通告、决议及名人讲演、中西音乐等，后增加了无线电常识、学术讲座、妇女节目、儿童节目、杭州金融等。1937年11月底日军侵略杭州前夕，该台迁至丽水继续播音。1933年后，浙江公营与私营电台纷纷出现，战前有8家，即杭州的亚洲、敬亭电台，宁波的四明、黄金电台，嘉兴的县党部电台（全国第一家县党部电台）、容德堂电台，绍兴的越声电台和湖州的湖声电台。民营电台以招徕广告为第一目的，也广播新闻。1930年年底，杭州市区有各类收音机357台，1936年宁波城内的收音机已超过

---

① 冷禅《浙江的新闻事业》一文提供的浙江省新闻纸概况一览表与其描述不一致。冷禅的描述是全省报社共114家，日报92种，2日刊4种，三日刊5种，五日刊1种，周刊6种、旬刊6种，杂志33种，通讯社106家。冷禅. 浙江的新闻事业 [A]，十年：申时电讯社创立十周年纪念特刊 [M]. 上海：申时电讯社，1934. 189-199.

② 中国文化建设协会. 十年来的中国 [M]. 上海：商务印书馆，1937：22.

③ 张梦新，等. 杭州新闻史 [M]. 北京：中国社会科学出版社，2011：79.

④ 张梦新，等. 杭州新闻史 [M]. 北京：中国社会科学出版社，2011：85.

1000 台。①

2. 浙省党报在浙省媒体中占绝对优势，实力雄厚

浙江省党部机关报《杭州民国日报》自胡健中任社长后，增聘外勤记者，增加本报专访新闻，优厚稿件征购独家新闻，新办副刊，增出画刊《金石书画》，自办广告、增配印刷设备、购置德国轮转机印报等，使该报迅速发展。1934 年 6 月 16 日，《杭州民国日报》改名《东南日报》，日销 1 万余份，并成立东南日报股份有限公司。1936 年该报在杭州斥巨资建造设备先进的现代化大楼，为当时全国同业之首，南京《中央日报》的新厦为之逊色。1937 年日销 4 万余份（对外号称 5 万份），居东南（上海以外）各报之首，印刷质量上可与国内著名大报看齐。②《东南日报》成为东南地区影响力仅次于《中央日报》的大型党报。除《东南日报》外，《宁波民国日报》《嘉区民国日报》《绍兴民国日报》《海宁民报》都是当地首屈一指的大报。

3. 与江苏相似，浙江传媒业也受到沪宁大报的强烈冲击

上海《申报》《新闻报》《时报》《时事新报》、天津《益世报》和南京《京报》等在杭州均设有分馆或办事处，《申报》《新闻报》更把触角伸向浙省县镇。但浙江敢于与省外报纸竞争，本地报纸逐渐占有明显优势。

4. 浙江省政府对本省传媒控制更严，几乎垄断了新闻

中共刊物在浙省几无立足之地。江浙是国民党当局命脉地带和统治重心，环拱首都南京，社会经济发展相对平稳，传媒业繁荣，党营传媒体系最完善。安徽、江西、河南、湖南、湖北是蒋介石统治的重要区域，党营传媒略次于江浙，其发展逐渐进入高峰期。因各省政治经济文化差异大，党营传媒发展不均衡。安徽党报发展快，形成了省党报、县党报及各机构构成的党报体系，官办广播电台、通讯社滞后。皖省党部直辖党报五家：安庆《皖报》（1928 年，初名《民国日报》，1937 年 10 月改《皖报》）、芜湖《大江日报》（1930 年，初名《大江报》，1935 年改《大江日报》）、蚌埠《皖北日报》、六安《皖西日报》（1933 年 12 月创刊，同年 10 月停刊）、合肥《皖中日报》（1928 年，初名

① 葛广俊. 解放前和解放初期的宁波广播事业［A］. 宁波文史资料第 5 辑，124.

② 巴人.《东南日报》小史［J］. 民国春秋，1998（1）：57.

《民国日报》，1933年10月改名）。除五大日报外，国民党安徽党务机构还在安庆出版《民众》月刊、《安徽》半月刊、《安徽妇女》季刊、《出路》月刊、《皖光》月刊等一批期刊。县级党报为数众多。安庆、六安、宣城等地区均出现多份县党报，总计约37种。这些报纸均由各县党部主办，多为小报，版面四开、八开不等，以石印居多，少数日报铅印，发行少则百余份，多则上千份，经费由省党部拨开办费和常年经费，不足由地方财政补贴。安徽省政府各机构、文化部门创办的机关报主要云集在当时的省会安庆。至1937年，陆续有20余种报刊问世，期刊居多。另国民党复兴社（后称蓝衣社）1932年8月在贵池创办过四开四版铅印的《新民日报》。[①]

　　江西是国民党"剿共"最前线。"围剿"红军是江西党报的显著特色，军报《扫荡报》在江西党报中一家独大，影响了江西党报的生态格局。代表有国民党江西省党部的《民国日报》、蒋介石南昌行营的《扫荡三日刊》（1931年）、《扫荡日报》（1932年）、国民党中央通讯社江西分社（1933年）、江西省府的赣省通讯社（1933年）、南昌广播电台（1933年）、南昌市政委员会的《市光报》（1934年）、《推进周报》。一些市、县的国民党党部和政府机关也出版报刊，如《萍乡周报》《南康日报》等。其中《扫荡日报》影响最大。该报前身是南昌行营政训处处长贺衷寒秉承蒋介石旨意在南昌创办的32开小册子《扫荡三日刊》（1931年5月），1932年6月23日于南昌磨子巷改组为《扫荡日报》，社长由"湘鄂赣三省剿匪总司令部"政训处负责人刘咏尧兼任，刘任秋、彭可健任编辑。《扫荡日报》日出对开一大张，发行不限于军内，期发1000份，附出《扫荡画报》（25期）、《扫荡旬刊》（54期），编印《扫荡丛书》13种。1933年1月13日曾短期"奉令停刊，整顿业务"。[②]

　　中原大战后，蒋嫡系刘峙出任河南省主席和陆海空军总司令开封行营主任。在刘峙扶植下，由《河南民报》和平通讯社、《河南民国日报》河南广播电台为主干的国民党新闻宣传网在河南建成。刘峙首先加强和充实《河南民报》，派行营军法处处长方其道兼社长，机要秘书彭家荃任总编辑，同时负责和平通讯

　　①　宁树藩. 中国地区比较新闻史（中卷）[M]. 上海：复旦大学出版社，2018：690-693.
　　②　李瞻. 中国新闻史[M]. 台北：台湾学生书局，1979：422.

社的工作。和平通讯社与《河南民报》是姐妹机构，由陆海空军总司令开封行营（后改豫绥靖主任公署）创办，1931年2月发稿。该社条件优越，设有电台，派出记者可以"行营（或绥署）随军记者"的身份进行战地采访。《河南民国日报》（1930年3月10日）和河南通讯社（1931年2月发稿）是直属于国民党河南省党报的姐妹机构。河南通讯社、和平通讯社是河南两家最大的通讯社。河南县、市党报也陆续创办了铅印或石印的党报，最早的是1930年11月国民党郑州市党部主办的《郑州日报》，其他如洛阳、南阳、禹县等县党报和陇海铁路特别党部以及个别的专员公署、县政府也出版了报纸。1934年河南省政府创办河南广播电台，发射功率200瓦，10月10日正式播音，呼号XGOX。①

　　湖南省党报数量众多，仅次于江苏，但蒋何矛盾突出，党报派系化显著。甲派受陈果夫、陈立夫指挥，处处为难何键的乙派，两派闹得全省75县鸡犬不宁。党报之间舆论斗争不息，停刊事件时有发生。省政府的湖南广播电台于1934年5月5日在长沙开播。湖北《武汉日报》是武汉地区的唯一大报。1935年5月1日，《扫荡日报》由江西迁汉口民生路江河街下段102号，改名《扫荡报》出版，贺衷寒负责，袁守谦任社长，后继者刘翔、丁文安，总编辑陈友生。《扫荡报》日出对开两大张8版、3大张12版，附出《战斗画报》，报道扩展到政治、经济、文化、教育、体育等领域，常有独家军事报道，时有抗日言论，设备更新，发展为武汉地区的综合性大报。该报抗战前夕销量达2万份（一说7万份），广告收入可观，合印刷营业所得，可自给自足。②

　　华北地区原为冯系、晋系的地盘，中原大战后名义上归顺南京中央。1933年沦为日本局部侵华的前沿阵地，多方势力交错并存，国民党媒体发展曲折。山东是新式军阀韩复榘的地盘，韩与南京中央保持半独立状态，蒋韩矛盾重重。国民党山东党部机关报《山东民国日报》成为韩复榘的御用报纸，国民党报纸在1931—1933年有一些新发展。过去不曾出版过报纸的地方，如沂水、曹县、鄄城、平原、恩县、益都（青州）、郓城、黄县（龙口）等处开始出现县党报

---

① 陈承铮. 国民党统治下的河南新闻事业（1927—1937年）[J]. 新闻大学, 1994（4）：44-46.

② 中华文化基金会. 扫荡二十年——《扫荡报》的历史纪录 [M]. 台北：中华文化基金会, 1978：79.

或国民党人办的报纸。韩复榘明里暗里打击国民党党部、暗杀国民党党部负责人，国民党党报发展受到一定阻力。"七七"事变前，山东各地仅有为数不多的20余家报纸在出版，平均期发数最多的不过两三千份，少的仅一二百份。① 韩复榘支持的山东省政府广播电台也于1933年5月1日正式播音，功率500瓦，呼号XOST。

中原大战后，北平、天津等华北地区重归南京中央。大战期间被查封的国民党直属党报《华北日报》、中央通讯社北平分社等恢复原状。《北平导报》1932年6月改名《北平时事日报》复刊，国民党北平广播电台约在1935年前后开始播音，北平的国民党新闻宣传网络建成。1935年冬冀察政务委员会成立，北平"特殊化"后，北平国民党新闻机构所处环境变得艰难。以报刊而言，种类较少，党报与非党报的比率是全国最小的（就蒋介石控制的地区而言），南京最高，占23%，蒋系党报在上海尚不发达，仅占6%，而北平则占4%。② 在《大公报》《益世报》等民营大报和北平国民党党报的辐射下，天津国民党媒体没有获得较大发展。新记《大公报》扮演了蒋介石个人"编外"喉舌角色。河北地区（包括当时的河北省、察哈尔省，不含天津市）国民党传媒有所发展，省级党报有保定《河北民声日报》和张家口《国民新报》两家；县级党报20余家，多为周刊，也有半月刊、旬刊、三日刊、日刊。此外还有党员主持的报纸，如张家口《商业日报》和国民政府机构办的报纸，如保定行营机关报《振民日报》等。据统计，河北地区（包括当时的河北省、察哈尔省，不含天津市）1936年经国民政府内政部警察总督注册的报纸共64种，国民党系统的官方报纸近40种，占58%左右。可见除北平、天津等大城市国民党系统的官方报纸占比例较小（约6%左右）外，在河北的中小城市中，官方报纸占有新闻的垄断地位。③

综上所述，1932年《中央日报》改组前国民党传媒业形态初具，改组后至1937抗战爆发前，遍布全国的传媒网络形成。国民党庞大的传媒网络由报业、广播业、通讯社组成，党报占主导地位，抗战爆发前总数近600家，《中央日

①　宁树藩. 中国地区比较新闻史（中卷）[M]. 上海：复旦大学出版社，2018：785-786.
②　宁树藩. 中国地区比较新闻史（中卷）[M]. 上海：复旦大学出版社，2018：407-408.
③　宁树藩. 中国地区比较新闻史（中卷）[M]. 上海：复旦大学出版社，2018：463.

报》奠定全国党报地位，成为党报龙头；《华北日报》《武汉日报》《东南日报》和军报《扫荡报》等地区性大报崛起，成为党报骨干。上海、北平、天津等大中城市，党营媒体却不占优势；南京、杭州、武汉等省会城市党报占据优势。各省县级党部大都占有数量优势，销路多则千份，少则一二百份很普遍，影响完全限于县域；县党报分布不均衡，江苏、浙江、安徽、河北等县级党报数量最多。县党报繁荣在于县域经济落后，民营报业羸弱，利于国民党县党部发展党报。中央通讯社成为全国通讯社，在上海、北平、南昌等大中城市广设分社或办事处，河南和平通讯社、河南通讯社、赣省通讯社有一定实力。中央广播电台成为全国广播网的绝对中枢，浙江党营广播网建设最好，江西、山东、湖南、北平、四川、陕西、河北、福建等省建立了省广播电台。洛阳（1932年1月—11月）、南昌（1933年10月）、西安（1936年12月）、上海（1937年春）等国民党在紧急时刻曾搭设临时广播电台。据统计，截至1937年6月，国统区共有电台78座，总发射功率近123千瓦。其中党、政府、军台23座，发射功率占94.6%。23座国民党电台中，中广处6座，即福州、河北、西安、南昌、武汉、南京短波台，电力86.25千瓦；交通部3座，即北平、上海和成都台，电力12.3千瓦，各省市政府及地方党部15座，电力12.3千瓦。

第三节　国民党传媒体系的显著特色

政党传媒业实为政党政治文化的载体和表现。人脉优于党规，党在国上，军在党上，军权决定实权，党为个人权力工具的国民党政治文化注定了抗战前十年的国民党传媒体系的显著特色是：体系庞杂，结构失衡，个人或派系实权决定媒介兴亡。蒋介石势力对地方政治格局的改变力度、地方经济发展程度和原有媒介生态及日寇局部侵华冲击程度等因素深刻影响了国民党传媒业，对国民党地方传媒业的影响尤为显著。

一、结构失衡、体系庞杂

党报是主体、通讯社是消息总汇、广播是扩音器，是国民党传媒业的宏观特征，其中《中央日报》、中央通讯社、中央广播电台是国民党庞大传媒体系的三大支柱，地方党营传媒是国民党深入地方、覆盖全国的重要渠道。

（一）国民党报业是主体，体系庞杂、失衡严重

国民党报业由党部党报、政府机关报、军报和党员报构成。党报依托国民党各级党部建立，分为中央直属党报、省党报、市党报、区党报、县党报、特别党部党报，党员报。它们是党部组织的一部分，多由党部宣传部门主管或主办，经费大多来自党部资助或津贴。因国民党党务混乱，改组频繁，党部权力源自国民党中央，实权却受属地权力结构制约，故党报发展十分不均衡。中央直属党报以《中央日报》实力最强，中央直属地方党报的设置主要取决于该地区的舆论战略位置和当时政治亟须，其中《武汉日报》《华北日报》办得较好。地方党报"数量非常庞大、种类繁多、结构极为复杂、分布极不合理"。① 据许晚成编《全国报馆刊社调查录》（1936年6月）等统计数据②，截至1936年6月，在全国1468家报刊中国民党党报占40.8%，发行总量116.3万份，占全国发行总量551万份的21.1%，1937年党报销数23万，约占全国总销数的6.6%。③ 党部地区分布严重不均衡（见图3-1），蒋介石统治的江苏、浙江、安徽、江西、河南、湖南、湖北7省党报共339种，占党报总数599种的56.59%，比数之高，令人惊异。其中以江苏省党报数量最多，达103家；以浙江省党报《东南日报》实力最强。山东、河北、四川的县级党报多，带动了全省党报数偏高。甘肃党报15家（待考），云南、广西、察哈尔、绥远、青海、山西、宁夏、贵州的党报在10家以下，新疆未见国民党党报，与军阀盛世才统治新疆时亲共有关。上海党报数量少，仅6家，实由上海竞争激烈的传媒生态决定。结构方面，江苏、浙江、广东省的党报结构层级清晰，分省党报、县（市或区）党报、党员报，其他省份的党报结构较复杂，由省党报、县党报、政府行政机构的机关报、国民党文化教育机关报等构成。

---

① 蔡铭泽. 中国国民党党报历史研究（1927—1949）[M]. 北京：团结出版社，1998：82.

② 蔡铭泽. 论中国国民党地方党报的建立和发展 [J]. 广州师院学报（社会科学版），1995（1）：75-82.

③ 转引自王凌霄. 中国国民党新闻政策之研究（1928—1945）[M]. 台北：近代中国出版社，1996：94.

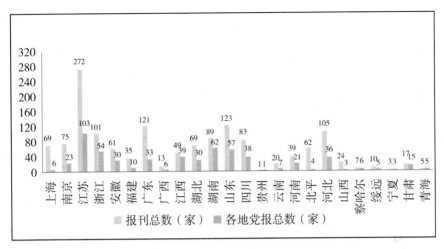

图3-1 全国报刊和国民党地方党报的地区分布比较

政府机关报是国民党报业的组成部分，多由政府行政机关创办。南京国民政府行政机构由行政院（五院）、省政府、县政府等机构组成。并非所有政府机构都办有机关报，公开宣称"政府机关报"的传媒较少，政府机关报多以发布行政命令、政府公文为主，期刊居多，发行范围有限，但也有例外。不同地区的政治生态不同，党报、政府机关报、军报的关系也不同。刘峙主政河南期间，河南省政府有《河南民报》和河南广播电台，河南省党部有《河南民国日报》和河南通讯社，陆海空军总司令开封行营有和平通讯社，五家媒体都在刘峙的控制下。党员报数量多、规模小，成分复杂，变动频繁，宣传倾向多元。市县区域中的党员报的生存几乎完全依托国民党党部或政府机关津贴。大中城市有几家党员报生存得不错，如龚德柏办的《救国日报》和陈铭德办的《新民报》发展较好。

军报是国民党报业的组成部分。国民党有庞大的军队，国民政府军事委员会统一编制，由陆军、海军、空军及军事院校组成。实际却是蒋介石中央军一家独大，地方军尾大不掉，蒋介石、张学良、阎锡山、冯玉祥、李宗仁、白崇禧等少数将领分区独霸军权。他们对军队政治工作的重视参差不齐，是造成国民党军报发展不均衡、多门类、多样化的根本因素。为"剿灭"中共和工农红军，蒋在其行营创办了《扫荡三日刊》《扫荡日报》《扫荡报》。《扫荡报》数度变迁，发展为军报龙头和南昌、武汉地区的综合性大报，兴盛一时。蒋介石任委员长的国民政府军事委员会的下属机构先后出版《国民革命军日报》（国民政府军委会、1928 年）、《军事杂志》（军委会，1928 年）、《政治周刊》（军委员会北平分会，1934 年）、《政治训练旬刊》（训练总监部，1929 年）、《中国日报》（海陆空军总司令部，1932 年）、《政务周刊》（鄂豫皖三省剿匪总司令部，1933 年）等，除《扫荡报》外，委员长各地行营还在各地出版了《军政旬刊》（南昌，1933 年）、《军事周报》（武昌，1935 年）、《政训半月刊》（成都，1935年）等军报。军种报刊方面，陆军所办军报占绝对数量优势，集团军、军、师、旅等作战单位大都办有自己的军报，海军、空军、炮兵、军事院校也有各自的机关报。海军报刊有《革命的海军》（中国国民党海军特别党部）、《桅灯月刊》（第 1 集团军舰队司令部）、《海军杂志》（海军部海军编译处，南京，1929年①）等。空军、炮兵报刊有《空军》周刊、《空军》半月刊、《革命空军》《防空杂志》季刊、《炮兵杂志》（南京，1935 年）、《骑兵杂志》、《技术军人》、《军工先声》、《兵工杂志》（南京，1929 年）等。军事院校有《党军日报》《党军周刊》（1928 年）、《党军月刊》、《政治特刊》、《革命与战斗》周刊、《黄埔》（1930 年）、《江浦潮日报》（1930 年）、《当头棒》周刊（1932 年）、《军校周刊》（1933 年）等，其中中央陆军军官学校的《党军日报》办得有一定影响力。

（二）通讯社、广播电台"一家独大"，发展畸形

中央通讯社"一家独大"，抗战前十年建成南京、上海、汉口、武汉、天津、西安、香港 7 个城市的无线电讯网，国内分支机构 35 个，东京、日内瓦、新德里和香港 4 个办事机构，收回路透社等在华通讯社发稿权，成为实力最雄厚的全国性通讯社。除中央通讯社，还有隶属于中央宣传部的国际新闻摄影社，1933 年 10 月在南京成立。该社消息灵通，拍摄了不少政界要人和各类时事照片。"八一三"抗战后迁到武汉，1938 年撤销。地方知名的国民党通讯社主要有江苏通讯社（1930 年 9 月 22 日，镇江）、河南的和平通讯社、河南通讯社、四川的成都新闻编译社等。中央通讯社的一家独大，利于抗衡在华国际通讯社，却也严重挤压了民营通讯社的市场空间。国闻社、申时通讯社等民营通讯社无

---

① 王桧林，朱汉国. 中国报刊辞典（1815—1949）［M］. 太原：书海出版社，1992：341.

法与之抗衡，数量众多、规模小的通讯社生存艰难，发稿时断时续。通讯社创办门槛低、成长成本高的特性也是中央通讯社一家独大的重要因素。

中国幅员辽阔，广播是能够覆盖中国领土的新兴媒体、国际宣传的利器。中央广播电台发射功率75千瓦，覆盖了全国及东亚地区，收音员是国民党县党部、县政府的标配，遍布全国。除中央台外，国民政府交通部、地方政府、地方党部在上海、镇江、杭州、广州、北平、济南、太原、昆明、长沙、开封、西安、汉口、迪化（乌鲁木齐）等城市开办了25座广播电台。① 这些台多是本地区的中心台或第一座广播电台，初创时发射功率一般不高，少数台后扩增至500瓦或1千瓦以上，发射总功率达10千瓦。

二、媒体管理制度化，实际控制派系化

为确保国民党媒体忠实贯彻"本党主义"，抗战前十年国民党建立了党营传媒管理的一系列规章制度，有自上而下的职能机构，实现了媒体管理的制度化。媒体是权力喉舌，国民党权力结构的派系化决定了党营传媒实际控制的派系化。党营传媒是掌控者的喉舌，实质维护掌控者所在派系的集团利益，而不是国民党这个集体的最高利益。

（一）国民党媒体管理的制度化

如第二章所述，抗战前十年国民党建立了庞杂严密的新闻统制制度，以"党化"规制全国新闻业。以往研究多注意这个统制制度对民营报业抑制和中共地下报刊的钳制，较少关注对国民党媒体的制度规训。为确保党营媒体充当蒋介石集团的舆论喉舌，国民党建立了一整套规章制度，主要有：1928年的《设置党报条例》（6月21日）、《指导党报条例》（6月21日）、《补助党报条例》（6月）②、《设置党报条例》（7月23日）四项，1930年修正的《修正指导党报

---

① 赵玉明. 中国广播电视通史［M］. 北京：中国传媒大学出版社，2006：22-24.
② 中国第二历史档案馆. 中国国民党中央执行委员会常务委员会会议录（4册，5册）［M］. 桂林：广西师范大学出版社，1999：432（第四册）、49-50（第五册）.

条例》（3 月 24 日）①、1932 年的《各级党报所辖报社管理规则》（9 月 29 日）②
和《中央宣传委员会直辖报社组织通则》（6 月 7 日）、《中央宣传委员会直辖报
社管理规则》（6 月 17 日）、《中央宣传委员会指导与党有关各报办法》（6 月 23
日）、《中央执行委员会津贴新闻机关办法》（6 月 23 日）等。中央广播电台、
中央通讯社分别建立了相对独立的组织管控制度。1932 年中央通讯社改革后，
中央社的组织大纲、发展计划、经费来源、宣传方针、宣传口径、人事制度等
几乎全部由中常会、中政会及蒋介石本人亲自决定。据统计，中央执行委员会
常务会议历届记录（1928—1938 年）载有关中央社的议案、提议 30 多项，涉及
该社的组织大纲、设立分社、增添设备、宣传经费及违规的惩罚等，最多的是
津贴、补助宣传经费。③ 中央台初由中央宣传部管理，1932 年由中央广播无线
电台管理处专职严格管理。这些规章制度涉及管理规章、经费预算、组织大纲、
媒体宗旨、业务流程、奖惩规则等，实现了国民党新闻媒体管理的制度化。

1. 职责明确，层级分明

中央宣传部（宣传委员会）管理中央直属党报，各级党部设宣传部（科、
股）秉承中央意志管理所属党报。《设置党报条例》《指导党报条例》（含《修
正指导党报条例》）《中央宣传委员会直辖报社组织通则》等都规定，凡直辖
报社均归中央执行委员会宣传委员会管理监督，其他各级党部之各党报得由各
级党部秉承中央意志指导之。《各级党部所辖报社管理规则》规定："各省市党
部所辖报社除受各该省市党部管理监督外，中央宣传委员会得直接指导之，各
县市党部所辖报社除受各该县市党部管理监督外，其主管省党部得直接指
导之。"

2. 媒体内部规章制度细密详尽

《华北日报》《武汉日报》等直辖党报的组织大纲、经济预算、办报宗旨等

---

① 中国第二历史档案馆. 中国国民党中央执行委员会常务委员会会议录（第 11 册）［M］.
　桂林：广西师范大学出版社，1999：177.

② 中国第二历史档案馆. 中国国民党中央执行委员会常务委员会会议录（第 18 册）［M］.
　桂林：广西师范大学出版社，1999：294.

③ 刘继忠. 新闻与训政：国统区新闻事业研究（1927—1937）（上）［M］. 台北：花木兰
　文化出版社，2014：415-477.

由中央常务委员会核定。《直辖报社组织通则》① 和《直辖报社管理规则》②（1932年6月）规定了直辖报社的归属管理机关、经费来源、组织架构、人事安排、经营财务等。指出直辖报社由中央宣传委员会管理监督，经费不足由中央令当地政府津贴，直辖报社采取社长负责制，社长由中央宣传委员会任命，报中央常务委员会备案；社长可兼一部主任，任命经理、编辑等部门主任和报社职员，须报中央宣传委员备案；实行财务独立制，会计员由中央宣传委员会任命，接受社长指导。职员不得兼任社外职务（通讯员除外），职员增减调动须随时呈报；每年须造具职员名册、工友名册，营业状况报告总表（甲乙两种）、资产负债表、营业损益总表、财产目录表呈报中央宣传委员会备查；每月须造具营业状况报告表（甲乙两种）、资产负债表、营业损益表及编辑报告表于次月15日前呈报中央宣传委员会备核；按日须将报纸或通讯稿以最迅速方法寄送中央宣传委员会备核；中央宣传委员会可随时考核报社言论记载，予以奖惩等。江苏、浙江等7省蒋介石统治区域党报效仿中央。如20世纪30年代江苏省党部先后出台《江苏省各县党部设置党报办法》（1932年11月11日）、《江苏省各县市党报社组织通则》（1933年3月21日）、《江苏省执行委员会直辖党报社组织通则》（1933年3月21日）、《江苏省各级党报管理规则》（1934年3月21日）等规章制度。经费营业不足时由主管党部酌给津贴，省市党报社长"以专任为职"，县市党报社长"以专任为原则"，任命由所属党部遴选，报上级党部和中央宣传委员会。

3. 宣传管理日常化、动态化

党报要守党纪，宣传要以本党主义及政纲政策为最高原则。《指导党报条例》等均规定党报要"以本党主义及政策为最高原则""须完全服从所属各级党部之命令不得为一人或一派所利用""对于各级党部及政府送往发表之文，须

---

① 中国第二历史档案馆. 中国国民党中央执行委员会常务委员会会议录（第17册）[M].
　　桂林：广西师范大学出版社，1999：202-203.
② 中国第二历史档案馆. 中国国民党中央执行委员会常务委员会会议录（第18册）[M].
　　桂林：广西师范大学出版社，1999：229-230.

尽先发表不得延迟或拒绝""对于本党应守秘密事件绝对不得发表"。① 为引导舆论，确保宣传效果，堵住信息泄密，中央宣传部在纪念仪式、重大事件、重要问题上等都拟定宣传纲领、宣传标语、宣传要点、宣传指示及时指导党报宣传。仅 1928 年中央宣传部有据可查的宣传大纲就达 40 种②，除宣传标语外，宣传大纲、宣传要点都要求"概不得将文在报纸上公开披露"。总理诞辰纪念日、陈英士逝世纪念、国庆纪念等纪念仪式活动、"九一八"事变、"一·二八"事变等重大事件，中央宣传部均制定了许多宣传文件。派员巡视是国民党宣传管理的发明。1929 年 10 月，针对海外"反动宣传"猖獗，中宣部联合中组部、训练部向海外党部派遣海外党务宣传视察员。③ 1937 年 9 月为动员全国民众抗战，中宣部成立了以方治为团长的"中央宣传工作视察团"分赴各地视察宣传工作。④

中央直辖媒体和上海、江苏、浙江、安徽、河南、江西、湖南、湖北等蒋介石统治区域的地方媒体的管理制度较健全，其中尤以《中央日报》、中央通讯社、中央广播电台管理最严厉，江苏、浙江两省的媒体管理制度最健全、落实也较好，出现问题能及时规制、修正。如 1931 年 10 月中央社误载国际消息"引起社会种种误会"，中宣部副部长的陈布雷、程天放"警告"，中央社主任余惟一"失于督察予以严重申诫"，经手人总干事刘正华"记大过"。⑤ 1933 年中央台引用《申报》电讯《目击国军某旅行经某地》播报时，未将其中的数字删除，军事委员会南昌行营给予批评，此后中央台新闻全采用中央社稿，并经

① 《修正指导党报条例》第十五条基本沿用了《指导党报条例》第十七条，其第二、三款的文字表述略有不同。第二款表述为："绝对服从上级党部之命令并不得为私人所利用"，第三款表述为："各级党部及政府送往发表之文件须尽先发表，不得延迟或拒绝"。

② 刘继忠. 国民党新闻事业研究（1927—1937）［M］. 北京：光明日报出版社，2019：255.

③ 中国第二历史档案馆. 中国国民党中央执行委员会常务委员会会议录（第 10 册）［M］. 桂林：广西师范大学出版社，1999：36.

④ 中国第二历史档案馆. 中国国民党中央执行委员会常务委员会会议录（第 22 册）［M］. 桂林：广西师范大学出版社，1999：165、169-172.

⑤ 中国第二历史档案馆. 中国国民党中央执行委员会常务委员会会议录（第 16 册）［M］. 桂林：广西师范大学出版社，1999：450-451、467.

中央秘书长或中宣部部长核阅签名。①

（二）媒体实际控制权的派系化

国民党建立了详尽细密的媒体管理制度，国民党政治权力的派系化、个人化却消解了制度权威，使党规国法成为派系、个人的工具。国民党媒体实际控制在各派系手中，"法无定规，权随人转"现象在国民党媒体中表现得淋漓尽致。主要有：

1. 军权控制其势力范围内的所有传媒势力范围发生变化，传媒格局随之巨变

江浙地区是国民党统治核心区域，江浙传媒在蒋介石集团掌控之下。"二期北伐"，张学良宣布易帜，国民党党政组织深入东北、华北，党报随之建立。蒋在中原大战中获胜，原冯系、晋系、新桂系控制的河南、安徽、湖南、湖北被蒋占领，河南、安徽、湖南、湖北、江西五省国民党媒体划入蒋记媒体阵营，国民党投蒋的韩复榘控制了山东，宁夏、青海的马氏家族投蒋，山东、宁夏、青海的国民党媒体发展起来，成为制衡地方军阀的工具。晋系退守山西，阎锡山苦心经营山西"模范省"，限制国民党党报；新桂系退居两广，发展并控制国民党党报，两广党报宣传倾向跟新桂系走。1932年，蒋介石发动"围剿"红军战争，国民党党政势力深入四川、云南、贵州，四川、云南、贵州的国民党组织建立，党报随之发展。"剿共"前线的江西南昌、湖北武汉、河南郑州的国民党媒体迅速发展。

2. 地方与中央关系、地方权力格局决定了地方党报生态

环拱首都南京的江苏、浙江、安徽、江西四省和华中的河南、湖南、湖北三省的党报宣传和国民党中央的方针都能保持一致，中央的一些政策总体可顺利贯彻，党报出版繁荣。新桂系在蒋桂战争后溃败，退守两广养精蓄锐，李宗仁、白崇禧等新桂系头头党政军并重，把党报放在重要位置，加之两广有深厚的党组织基础，两广党报发展较有利。广西党报以《南宁民国日报》为龙头，约有党报20种，县党报数种，党报组织严密、工作有序，长期奉行反共抗蒋方针，两广事变后，党报反蒋抗日宣传更趋激烈。广东建立了省、市（区）、县三

① 吴道一. 中广四十年［M］. 台北：中国广播公司，1968：36.

级党报体制，约 25 种，但广东权力结构较复杂，有胡汉民、汪精卫、卸军职后的李济深和西山会议的某些人士，加之宁粤间动荡多变的局势，造成广东国民党党报反复无常。中央直属党报广州《民国日报》朝秦暮楚、今是昨非，随权飘荡，"表现出如此严重的程度，实为他省同类党报所罕见"。四川地方实力派划区而治，表面拥蒋实则严防蒋军政势力进入，党报发展缓慢。1935 年，蒋势力入川后党报发展较快，约有 35 种，发展却受制于各防区军长，形成川省党报没有主干、组织涣散、活动空间狭小的生态。中原大战后，阎俯首拥蒋，经营山西"独立王国"，蒋肯定山西省政建设，蒋、阎关系转入互利协调的阶段。阎淡化国民党党治和党报的思想组织作用，发展山西军政两署机关报《山西日报》，使山西全省在抗战前只有两家国民党党报。韩复榘盘踞山东蓄意建造独立王国，蒋、韩之间是限制与反限制的关系。南京国民党在山东安插刘珍，广泛建立党组织，建 50 余种党报，牵制韩复榘，韩抑制国民党党组织和党报"为全国所罕见"。云南龙云拥蒋不反蒋，利于国民党进入云南各地，1933 年前形成以《云南民国日报》为首的 8 种党报格局，宣传倾向跟蒋走。龙云滋生反蒋之心后，创办省府报纸《云南日报》和昆明市府的《新滇报》，与党报并峙。中原大战后，宁夏、青海的马氏家族投蒋，国民党大举进入两省，两省随之办起省党报《民国日报》，不久，马氏家族上层大批入党进入领导层，使两省党报分化为两个派系，不断上演控制与反控制的斗争。[①]

3. 派系斗争的形式、手段直接左右国民党媒体命运

丁惟汾、彭学沛主持的上海《中央日报》不时偏离南京中央，南京中央将之迁至南京出版。刘庐隐、赖琏等汪派染指《中央日报》，1932 年 5 月蒋介石任命程沧波改组《中央日报》、萧同兹改组中央通讯社，使《中央日报》、中央通讯社掌握在蒋手中，中央广播电台由"蒋家帮" CC 系控制，自成王国。浙江重要报纸和新闻检查大权牢牢掌握在 CC 系手中，国民党元老很难在新闻界插足，进步报刊几乎无立足之地。上海租界享有治外法权，国民党改组派、再造派、第三党、粤系、西山会议派、国家主义派等各派系在上海均有自己的舆论阵地，派系间的舆论斗争异常激烈，国民党不断查封异己派系的传媒，1932 年后改组

---

① 宁树藩. 中国地区比较新闻史（中卷）[M]. 上海：复旦大学出版社，2018：63-67.

派基本销声匿迹，其他异己报刊也多转入地下或民营身份，很少再大张旗鼓地反蒋。作为全国政治中心，首都南京传媒是各派系渗透的重点。四川军阀刘湘津贴南京《新民报》，《新民报》成为刘湘的代言人。陈立夫创办的南京《京报》（1928年4月），1929年跃居南京第一大报，销量达13500份。1930年该报提及民初海军腐败，海军副司令陈绍宽派兵接管，经陈立夫斡旋后才平息。还有人向蒋告状，迫使陈立夫将《京报》移交他人，改名《新京日报》出版。①1931年3月，蒋介石"手令"郑锡麟、唐纵的《文化日报》（1929年）停刊，"手令"内容是"记载不确，造谣惑众，即行停刊为要"，郑锡麟、唐纵等接受陈立夫建议，改名《建业日报》出版，发行不再送中央、国府、总部几处地方。②

传媒与地方实力派、胡汉民、汪精卫等反蒋势力在地方的舆论斗争更是花样百出，使国民党地方媒体命运多舛，频繁被禁邮停刊，改组整顿。报刊朝秦暮楚，倾向随权漂浮现象严重。山西《中报》载文批评蒋介石摧残学生抗日救亡运动，南京中央指令阎锡山执行查禁。阎锡山令《中报》停刊1月，1月后改名《新中报》出版。③山东国民党党报多，韩复榘暗杀山东省党部负责人。国民党党组织和党报深入宁夏、青海，马氏家族集体入党，掌控国民党党组织的领导权。中原大战前，蒋、阎发动旷日持久的电报舆论战，阎锡山查封了平津地区所有亲蒋媒体。胡汉民领导"新国民党"坚持舆论反蒋。新桂系控制的南京中央直辖的广东《民国日报》毫无政治定见，左右摇摆至"两广事变"结束改名广州《中山日报》止。西安事件期间，《西京日报》被张学良、杨虎城接受改组为《解放日报》。

地方党报与地方政府也时有冲突。地方，国民党实行党政双轨制，理论是党"训政"、政府"执政"，实际截然不同。《各级党部与同级政府关系临时办法案》（1928年6月）规定：各级党部对于同级政府之举措，有认为不合时，得报告上级党部，由上级党部请政府依法查办；各级政府对于同级党部之举措

---

① 张珊珍. 陈立夫生平与思想评传 [M]. 北京：中共中央党校出版社，2006：54.

② 公安部档案馆. 在蒋介石身边八年——侍从室高级幕僚唐纵日记 [M]. 北京：群众出版社，1991：27.

③ 方汉奇. 中国新闻事业通史（第2卷）[M]. 北京：中国人民大学出版社，1996：393.

有认为不满意时，已得报告上级政府，转饬上级党部办理。① 党报方面，党报隶属党部，党部控制报社的人事、经营、编辑权，报社资金不足由中央函政府补助。故地方党部与地方政府的冲突，势必连累地方党报。湖南省最为显著，蒋何矛盾，湖南 CC 系和何键两派媒体闹得全省鸡犬不宁。1929 年，浙江省政府越权津贴国民新闻社，并从浙省党部经费预算中扣除。浙省党部请求中央常务委员会，令政府改正。中央常务委员会折中处理。② 地方党报与地方政府的冲突，是地方党报畸形发展、信誉丧失的重要原因。以最发达的江苏党报为例，老报人、江苏通讯社主任黄乐民指出，"比较有历史的报纸，除极少数例外，大多数总无非以报纸为私用的工具"，"江苏省好多县份的报纸，实在不仅'新闻雷同'，甚至有几家报馆合订一个印刷合同。各换一个报头，各印二三十份，标题、排版、甚至短评、广告以及纸面上一切的格局，几乎无一不雷同"。③ 号称"言论公正、消息灵通，记载翔实、印刷精良"的《苏报》（1930 年 11 月），通讯社新闻占半壁江山，"自采新闻限于本市各机关团体，各县新闻由各县通讯员提供"。④ 截至 1934 年，该报先后改组三次，两次因经费困难缩编，一次遵照省党部意见。黄乐民说："自从刘煜生被枪毙，戴捷三被拘禁，苏报社被全副武装、如临大敌地包围着，扣留报纸一天以后，不要说'代表民众''领导舆论'了，就连'九一八'三个字也不能排做大标题！有些投机的朋友也凑火打劫，克尽迎逢的能事，专做掩护鸦片运销与卖官鬻爵等等的新闻买卖。"⑤

国民党媒体实际控制的派系化实是国民党"军权分治下党治为表人治为里"的权力文化的外在表现。派系化、个人化的媒体控制彻底粉碎了国民党新闻媒体管理的制度权威，使国民党庞大的传媒体系陷入权力内斗的"割喉"舆论战争。这是国民党传媒业发展严重不均衡、媒介生态畸形、舆论效能低下的政治根源。

---

① 鲁学瀛. 论党政关系 [J]. 行政研究，1937，2（6）：579-597.
② 中国第二历史档案馆. 中国国民党中央执行委员会常务委员会会议录（第 9 册）[M]. 桂林：广西师范大学出版社，1999：194，431.
③ 黄乐民. 江苏新闻事业的现在与将来 [N]. 1934-01-23.
④ 王振先. 苏报之过去与现在 [N]. 1934-01-23.
⑤ 黄乐民. 江苏新闻事业的现在与将来 [N]. 1934-01-23.

第四章　全面抗战前的民营传媒业

全面抗战前十年，民营传媒业步入繁荣发展时期，规模有所扩大，设备有所改进，业务有所扩展。报业竞争激烈，出现一报多馆、报业联合和兼并现象，1932年民营报纸发行量达到历史最高点。上海是民营传媒的大本营，发展水平最高。天津新记《大公报》崛起，探索出与《申报》《新闻报》不同的"文人论政"办报新模式，天津发展成为全国舆论重镇。北平、南京等大中城市，民营传媒获得长足发展。小型报成功挤入大报行列，晚报一时繁荣，小报获得更大的发展空间。民营通讯社数量众多，申时电讯社、国闻通讯社成为国内知名通讯社。随着对民营传媒业的"规训"和党营传媒业的崛起，民营传媒业的发展空间不断被挤压，1932年后步入了历史下滑轨道。

第一节　上海民营传媒业的多元发展

全面抗战爆发前，上海是中国乃至远东地区公认的商贸中心、金融中心和工业中心，世界知名大都会。1930年上海总人口约31万，1936年达38万多。上海传媒种类最全、竞争激烈、生态复杂，且发展水平遥遥领先全国。报业竞争激烈，大报走向企业化、迈向托拉斯；小报革新、晚报兴起。民营广播崛起，发展成为大众传媒；民营通讯社数量众多，有实力的申时电讯社开始着手建立全国通讯网。政治立场方面，《申报》《新闻报》等大报的民营立场明显，也有一些传媒名义上是"商营"，实为"灰色"的政党传媒。传媒的股权化使传媒的实际控制更为多元化。

一、上海民营大报的企业化与报团实践

上海民营大报主要指《申报》《新闻报》等发行量高达数万份、企业化经营的大型日报。《申报》《新闻报》长期执上海新闻界之牛耳，20 世纪 20 年代已实现了企业化经营，经济基础厚实。1929 年，福开森转让《新闻报》的全部股权，史量才获得《新闻报》50%的股权，拥有了控制权，《新闻报》改为华商持股，编辑、经营权仍由汪氏兄弟掌握。《申报》改革受挫后向文化企业集团方向发展，大办月刊、年鉴，开办图书馆、补习学校、新闻函授学校等。从《申报》走出的张竹平，数年间将《时事新报》《大晚报》《大陆报》和申时电讯社联合起来，成立联合办事处，初具报团雏形。1932 年后，蒋介石集团收紧上海舆论空间，暗杀史量才、劫收"四社"，粉碎了民营大报的报团梦想，民营大报自此走向了历史下坡路。随着国难危亡日重，1935 年至 1937 年，"大报小办"的小型报《立报》跻身于大报行列，从天津南下的《大公报》成功创办《大公报》上海版，改变了上海民营大报的格局。

（一）《新闻报》股权转让

20 世纪 90 年代末，《新闻报》进入鼎盛期，福开森却于 1929 年急于寻找买主转让股权，其因为何？对此福氏的解释是"我把建立在你们国土上的基业，以及最高言论权威还给你们中国人，以偿我的夙愿"。① 这是冠冕堂皇的说辞，实是福氏分析当时形势后做出的的理性选择。一是福氏深谙在中国办报之道在于报纸要与当权者建立紧密关系。福氏与盛宣怀、端方、刘坤一、张之洞、吕海寰等清廷要员关系密切，在民初履任各届政权统治者的"总统府顾问"，常驻北京，但与国民党高层没有什么联络，对"国民政府""南方政权"疑虑重重。国民党进驻上海后在上海租界设立新闻检查所，强迫各报统一刊登其新闻、言论；派徐天放到《新闻报》担任编辑委员，就近监督，② 后几次以停邮相威胁。这让福氏感到《新闻报》前景暗淡。二是福开森是商人，获取利润是商人的本质。《新闻报》鼎盛时期的股份最值钱，是抽股套利最佳时期。三是福氏曾与汪

---

① 汪仲韦，徐耻痕. 我与《新闻报》的关系［J］. 新闻研究资料，1982（2）.

② 方汉奇. 中国新闻事业通史（第 2 卷）［M］. 北京：中国人民大学出版社，1996：453.

伯奇、汪仲韦兄弟谈起愿以 40 万转让其股权，汪氏兄弟认为福氏是测试其忠诚，便连连回绝。四是福氏年事已高，有告老还乡之意。

得知消息后，史量才委托其学生、上海全城银行经理吴蕴斋以北四行（即金城、盐业、中南、大陆四银行的联营机构）的名义收买股权，吴蕴斋请上海《密勒氏评论报》驻津特派员董显光为全权代表，去北京福开森住宅谈判，最终以 70 万成交。1929 年 1 月，双方签订让股草约。福开森绕开汪氏兄弟使其深感沮丧，他们遂在董显光到《新闻报》报馆上任时，张贴"反对报业托拉斯""反对军阀走狗董显光"等横幅，抵制董显光，并从 1 月 13 日起刊登《本馆同人紧要宣言》，动员舆论抵制史量才购买股权。《本馆同人紧要宣言》指责新股东有"把持舆论之嫌，及其他不良背景"。国民党上海市党报趁机介入，支持汪氏兄弟，警告史量才。报界、商界都声援支持《新闻报》收回股权运动。1 月 17 日起，《新闻报》在其"本埠新闻"栏登载各商业团体、商店、同行公会的声援通电等 10 多天，总数达 130 多件。[1] 对此，史量才派陈景韩到南京向国民党中央说明情况，并派人向国民党上海特别市指导委员会解释收买股权系其一人出资，与反动分子无关，取得理解。邵力子劝说蒋介石，不宜插手民间股权纠纷。蒋介石采纳邵力子的建议并派叶楚伧来沪参与谈判。史量才先委托吴蕴斋与汪氏兄弟谈判并主动让股，后亲自邀请汪氏兄弟到其寓所谈判，并诚恳请汪氏兄弟主持《新闻报》，保证绝不无端干涉《新闻报》，取得汪氏兄弟谅解，成功化解了持续 20 多天的股权转让风波。2 月 2 日，《新闻报》刊出《本报全体同人启事》，公布谈判结局，风波平息。

股权转让后，《新闻报》改组为华商股份公司，资本 120 万元，分 2000 股，史量才持股 50%，让出 300 股由银行界钱新之、吴蕴斋、叶琢堂、秦润卿等人承购。《新闻报》成立新董事会，吴蕴斋任董事长，馆务由原总理主持，人事制度、馆内人员保持不动。[2] 此后，史量才及其子史泳赓信守承诺，在汪氏兄弟主持下《新闻报》企业化经营向前发展，日销稳定在 15 万左右。该报大办副刊专刊增刊，提高新闻时效，创办夜报，大量刊登广告，完全成为"在商言商"

---

① 方汉奇. 中国新闻事业通史（第 2 卷）[M]. 北京：中国人民大学出版社，1996：447.
② 方汉奇. 中国新闻事业通史（第 2 卷）[M]. 北京：中国人民大学出版社，1996：451.

的现代化大报企业。随后，在国民党的严厉新闻检查下，《新闻报》进一步迎合市民文化，大量刊登社会新闻、犯罪新闻及消遣性文字，内容更媚俗浅薄，深受读者诟骂。

（二）《申报》改革与转向文化事业

1931 年的《申报》改革对《申报》产生了深远影响。改革前，《申报》已有良好的经济基础和社会信誉。1918 年以 70 万元建造《申报》大厦，1921 年购买两部印报机更新设备，1928 年发行量达 14.3 万份，成为最现代化的大报企业，朝报业托拉斯方向发展。① 改革使老成守旧的《申报》充满活力、倾向进步，《申报》声誉达到民营报业的历史最高峰。改革招致国民党当局的施压，《申报》被迫改变改革计划，转向文化事业，发展成为最为庞大的文化产业。史量才 1934 年 11 月被暗杀后，改革完全终止。《申报》又持保守稳重立场，走向了历史下坡路，蒋介石集团间接控制了《申报》。

史量才改革《申报》，直接动因是 1929 年冬及 1930 年初《申报》总主笔陈景韩、经理张竹平、协理汪英宾等骨干的相继辞职使报社深陷人才危机，深层原因是史量才收购《新闻报》股权扩充事业受挫，与蒋介石集团产生裂痕，加之他与宋庆龄、蔡元培、陶行知、黄炎培、戈公振、艾思奇等进步爱国人士交往甚密，思想有所转变。改革过程中恰逢"九一八""一·二八"事变，使《申报》转向进步立场，抨击国民党"不抵抗"政策，宣传宪政民主思想、抗日救亡运动。

陈景韩、张竹平等人辞职后，史量才任命张蕴和为总主笔、外甥马荫良为经理，躬亲馆务，筹划延揽人才，酝酿改革计划。1931 年 1 月，成立总管理处统辖馆务。史量才自任总经理兼总务部主任，马荫良副之，黄炎培为设计部主任，戈公振副之，陶行知为总管理处顾问（对外不公开），启动改革。9 月 1 日《申报》发表《本报六十周年纪念宣言》，宣称推进社会进步和民族兴盛，实施改革。"九一八"事变前，主要推进了三项改革：一是革新"时评"专栏。经黄炎培介绍，陈彬龢于 1931 年 6 月被聘为《申报》总编辑，主持笔政，着手改革"时评"，一扫陈景韩四平八稳的"太上感应篇"风格。陈彬龢较为激进，

---

① 马光仁. 上海新闻史（1850—1949）[M]. 上海：复旦大学出版社，2014：552.

在其主持下《申报》"时评"联系实际，语言尖锐泼辣，风格多样。二是开设读者通信栏，加强与读者联系。经陶行知提议，《申报》于 1931 年 9 月 1 日在本埠新闻版开辟"读者通讯"专栏，10 月 1 日改为"读者通信"。《申报读者通讯简章》宣布将"根据服务社会的精神"，愿做读者顾问，与读者商榷"求学、职业、婚姻"等"若干切身"问题。"读者通信"在短短四个月收到读者来信1400 多封，最多一天达 48 封。① 三是创办《申报月刊》。《申报月刊》是一份涉及政治、经济、文艺、科学的综合性刊物，由俞颂华主编，1932 年 7 月 15 日创刊。俞颂华曾任《时事新报》副刊"学灯"主编、《东方杂志》编辑、《晨报》访苏记者。该刊经常刊登鲁迅、茅盾、巴金、钱俊瑞等文化界人士的文章，很快成为有影响的杂志。"九一八"事变爆发，原定改革计划被打乱，《申报》转向宣传抗日救亡。"时评"抓住时局症结，在揭露日寇野心、抨击国民党不抵抗政策、要求民主自由、支持学生抗日运动等方面敢言人所不敢言，深受读者欢迎。风格上既有慷慨激昂、感情充沛之言，也有侃侃而谈、阐明哲理之论。三论"剿匪与造匪"时评风靡一时，影响深远。"读者通信"转向讨论抗日救国、民主政治，成为"时评"栏的补充，许多在"时评"中不便讲的话，以读者来信的形式刊载报端。1932 年 1 月 30 日"读者通讯"停刊。截至 1931 年 12 月 31日，《申报》答复及公开发布的信件为 1459 封，其中关于时事方面的计 687封，② 占回复总额的 47%。③ 内容聚焦于要求一致对外、反对不抵抗，抵制日货、发展国货，废除国民党一党专政、保障人民民主权利等。1932 年 11 月 30日，《申报》发表《申报六十周年革新计划宣言》，力求在新闻和广告编排、国内外通讯、自由谈改版等 12 个方面深化改革。

1. 创办或改版众多副刊、附刊

1932 年 12 月到 1934 年 4 月，《申报》创办、改版的副刊、附刊有《妇女园地》《经济专刊》《自由谈》《春秋》等 10 个，拓宽了报纸内容的广度与深度，满足了读者的文化需要，这是《申报》在新闻、言论受压制下自寻生存的重要出路。一些副刊聘请进步人士主编，产生很大社会影响。如《妇女园地》《自由

① 方汉奇. 中国新闻事业通史（第 2 卷）[M]. 北京：中国人民大学出版社，1996：434.
② 读者通讯四个月间之统计 [N]. 申报 读者通讯，1931-12-31.
③ 读者通讯四个月间之统计 [N]. 申报 读者通讯，1931-12-30.

谈》，前者由沈兹九主编，形式活泼，有散文、特写、小说，文笔生动，吸引了一批追求解放的进步妇女；后者由黎烈文主编，成为左翼文化的重要阵地。

2. 副刊《自由谈》改版与曲折发展

《自由谈》1911 年 8 月创办，为鸳鸯蝴蝶派文人的阵地，与《申报》新风格很不相称。在"时评"夭折、民众呼吁抗日御侮、报纸言论空间逼仄的语境下，史量才决意起用 28 岁的青年黎烈文替换任职 12 年的主编周瘦鹃。黎烈文（1904—1972），生于湘潭，留学法国，思想进步，文思敏捷，长期为《申报》撰稿，未加入任何党派、团体，是史量才的世交晚辈。黎烈文接任后决意将《自由谈》办成"一种站在时代前面的副刊，决不敢以'茶余酒后消遣之资'的'报屁股'自限"。他取兼容并包的选稿方针，形成以左翼作家为主的作家群，有章太炎、吴稚晖等革命元老，有鲁迅、茅盾、陈望道、瞿秋白、胡愈之、周扬等左翼或左翼倾向明显的作家，还有陈子展、曹聚仁、赵家璧、施蛰存、穆时英、张资平、沈从文、林语堂、田汉、叶圣陶、郑振铎等不同流派或团体的作家。依托和团结各种进步的文化力量，《自由谈》面貌一新，形成联系时事、文潮澎湃、百家争鸣、体裁多样、以随笔杂文为主特色的新文风。《自由谈》的突出特色是杂文多。鲁迅是"自由谈"的一面旗子，以 40 个笔名发表了143 篇文章，其杂文炉火纯青，笔锋所指，所向披靡。曹聚仁发表 102 篇杂文，陈子展 80 多篇，唐弢 65 篇，徐懋庸 57 篇，郁达夫 45 篇，周楞伽 44 篇，韩侍桁 41 篇，章克标 30 多篇，茅盾、孔另境均 20 多篇。"《自由谈》发表杂文之多，杂文作者面之广，风格之多样，为报刊史上所罕见。"① 经鲁迅和其他作家的提倡和实践，杂文确立了在报刊中不可动摇的地位。担任主编期间，黎烈文和后继者张梓生还组织了诸如"大众语讨论""京派与海派"等 20 多次大大小小的讨论，吸引和凝聚了一大批观点各异的作者，扩大了左翼文化的社会影响。三是文体多样，除杂文外，《自由谈》还刊载有小说、散文、随笔、速写、游记、读书记、小考证、文艺评论、科学小品、短篇翻译等，文体多样，内容丰富。

《自由谈》抨击时弊，鼓吹团结抗战，讽刺独裁腐败，超出了国民党当局的

① 方汉奇.中国新闻事业通史（第 2 卷）［M］.北京：中国人民大学出版社，1996：435.

容忍底线。他们向史量才施压要求撤换黎烈文，史量才先是拒不接受，只是要求黎烈文做迂回斗争，后在封闭报馆的威胁下以张梓生替换黎烈文。张梓生萧规曹随，没有多少改变。史量才被暗杀后，《自由谈》逐渐改用文艺短论代替社会批评，失去尖锐泼辣、针对性强的特色。1935 年 10 月，张梓生遭到国民党的舆论围攻，被迫辞职，11 月 1 日《自由谈》停刊。

3. 发展文化事业

从 1932 年 7 月至 1933 年 12 月，《申报》先后创办月刊、年鉴，开办图书馆、补习学校、新闻函授学校等，发展一系列文化事业。《申报月刊》1932 年 7 月创刊。《申报年鉴（1932）》1933 年 4 月发行，180 多万字，重要统计 700 多种，由 30 多位专家编制 7 个月，为我国编制最早的年鉴之一。"申报流通图书馆"1932 年 12 月初正式对外开业，藏书 1.2 万册，两年内周转量高达 19 万册。"申报新闻函授学校""申报业余补习学校"1933 年 1 月至 3 月创办，吸收了一批在业或失业青年进修。1934 年，《申报》馆形成了以《申报》为中心，由月刊、年鉴、图书馆、学校等构成的文化集团，社会影响不亚于收买《新闻报》。史量才由衷感到高兴："理想之实现，已开其端，固足自相慰藉"。

1934 年 11 月史量才被暗杀，其子史咏赓继承了《申报》馆产业，内部人事，仍保持原样，《申报》改革停止。在张蕴和、马荫良等人的操持下，报馆人事、业务没有出现大震荡，又归保守持重立场。"一二·九"运动爆发后，《申报》爱国民族主义倾向有所增强。1937 年 1 月 10 日，《申报》增设"星期论坛"，宣布自 1 月 10 日起"特请顾颉刚、徐炳昶、冯友兰、陶希圣、叶公超、白寿彝、吴其玉、张荫麟、连士升、吴其昌、吴俊升、李安宅诸先生轮流担任撰述"。同时约请胡愈之、金仲华等人撰写评论，每逢周日刊行。"星期论坛"借鉴"大公报·星期论文"的形式，涉及政治、教育、经济、民族、中外关系及抗战等诸多话题，共刊发 28 篇文章。[①] 1937 年 9 月 30 日，《申报》增设"专论"栏，特约郭沫若、邹韬奋、章乃器、胡愈之，周宪文、金仲华、郑振铎、陈望道等担任撰述。从 10 月 1 日至 11 月 21 日刊发 50 篇文章，涉及抗战前途、军事、国内政治、外交与争取国际援助等内容。"专论"呼吁在南京政府的领导

①　刘永生. 申报的对日舆论研究［M］. 北京：中国言实出版社，2012：27.

下，全国人民做持久抗战的准备。人事方面，1936年出现较大变动。1936年1月1日，总主笔张蕴和因病退休，由副总主笔周梦熊代理。不久，周梦熊辞职，由俞颂华、伍特公、张叔通三人代理。俞颂华实际主持笔政，兼任《申报周刊》编辑。1937年12月15日，《申报》不愿接受日本检查，毅然停刊。

（三）张竹平与"四社"

"四社"是上海《时事新报》《大晚报》《大陆报》和申时电讯社联合办事处的简称，是以张竹平为中心组织起来的现代化报团。张竹平（1886—1944），字竹坪，江苏太仓人，上海圣约翰大学毕业，基督教徒。1914年前后（一说1922年）进《申报》馆工作，长于经营管理，成为史量才的得力助手。张竹平不甘寄人篱下，遂借《申报》资源发展个人事业。1924年起张竹平筹组电讯社并对外发稿，1928年申时电讯社正式创立，1928年冬合伙购下《时事新报》。1930年冬张竹平脱离《申报》独立，1931年1月与董显光等人合股购进英文《大陆报》，1932年与他人合办《大晚报》。

《时事新报》是上海一家有影响力的大报，1907年12月5日创刊，初名《时事报》，1911年改为《时事新报》，曾为进步党研究系机关报。1926年与研究系脱离关系成为股份公司。1928年张竹平会同《申报》汪英宾、潘公弼等人合股5万元购进《时事新报》。张竹平任总经理兼总主笔。1930年6月组成股份公司，重新向实业部注册，资产20万，张竹平任董事长兼经理，董事会由张竹平、汪英宾、潘公弼、程沧波等人组成，1931年10月吸收新股，资金增到35万，董事会由5人增加为7人。该报是张竹平创办"四社"的基石。申时电讯社的稿源主要来自《申报》和《时事新报》，《大晚报》也由《时事新报》代印。英文《大陆报》1911年8月29日创刊，在美国注册，原为孙中山等革命党人创办，后转售英商爱资拉（一翻译是伊兹拉），成为驻沪美侨的喉舌。因继承人经营不善，1931年2月（一说1930年10月）以26万规银转让给张竹平、董显光等人，改组为股份公司，董显光实际负责公司业务，[①] 张竹平占1/3的股份。改组后该报销量和广告收入增加1倍以上，日发行约7000份，读者中约

---

① 胡道静. 上海的日报 ［M］. 上海：上海通志馆，1935：295.

2/3 是在华外侨，1/3 为中国人。①

　　《大晚报》是张竹平看准上海市民急需时局信息，日报无法报道当日下午新闻的市场空当期的产物。该报 1932 年 2 月 12 日创办，销数最高达 7 万份以上（一说 8 万份），为上海晚报之冠。《大晚报》在上海掀起一股"晚报热"。《大晚报》创刊后不久，张竹平便将其主持或参股的四家媒体糅合在一起，在《大陆报》馆三楼设立了"时事新报、大陆报、大晚报、申时电讯社四社联合办事处"，人称"四社"。张竹平一跃成为上海新闻界仅次于史量才、汪伯奇的著名报业资本家，显赫一时。

　　"四社"之间打破壁垒，融合发展，新闻资源合作。申时电讯社稿件优先供给其他三报，三报将每天重要城市的专电和本市要闻供给申时电讯社。成立规模较大的资料室，经费由四家分担，资料由四家共享。纸张、油墨、印刷等互通有无。成立"四社出版部"。附设在《时事新报》内，出版申时电讯社编辑的《报学季刊》《申时经济新闻》，《时事新报》编的《时事年鉴》和其他书籍。《大陆报》制版车间为其他两报制作铜、锌版。成立"四社业务推广部"，为四社做发行推广工作。② 当时人称"四社"为"报业托拉斯"，但"四社"只是业务融合，产权不归张竹平一人所有，除申时电讯社由张竹平独资经营外，其他三家都是股份公司，各有自己的董事会，张竹平在其他三报的股份都不超过三分之一。

　　"四社"的崛起，引起国民党当局的注意。1933 年下半年，张竹平同反蒋介石的"福建人民政府"蔡廷锴等发生联系，商定接受 20 万元投资，为福建人民政府做宣传，发表一系列冷嘲热讽国民党错误政策的社论、文章及抗日救亡的消息。"福建事件"后，蒋介石着手整顿"四社"，下令租界以外禁止"四社"报纸发行及其他活动，策动"四社"骨干成员董显光于 1934 年 9 月和 1935 年 1 月辞去《大陆报》总经理、总主笔职务，借暗杀史量才恐吓张竹平，又通过杜月笙、李毓万等人向张竹平施压。1935 年 5 月 1 日，张竹平刊登启事，以"一病经月，遵医生嘱，急须迁地休养"为由辞去"四社"所有职务，被迫以

①　方汉奇. 中国新闻事业通史（第 2 卷）[M]. 北京：中国人民大学出版社，1996：456.

②　黄卓明，俞振基. 关于时事新报的所见所闻 [J]. 新闻研究资料，1983（03）：81-209.

法币 20 万元出卖"四社"。但劫夺者以"未偿清债务"为名毁约，拒绝付款，张竹平仅得到孔祥熙"赠送"的 5 万元法币。1935 年 6 月 16 日，"四社"同时举行新股东大会，改选董事会，杜月笙任董事长，孔祥熙实际控制了"四社"。"四社"被劫夺，意味着民营大报的托拉斯之梦破灭。

（四）《立报》与《大公报》在上海创办

《立报》严格意义上是小型报，发行量却高达 20 万份，改变了《申报》《新闻报》两报主导的上海大报格局。该报是成舍我小型报理念的成功落地。南京《民生报》停刊后，成舍我来到上海，1935 年 6 月以"报人自己办报"的口号向新闻界名流招股，获得成功。① 遂在望平街选定社址、购置两部卷筒印刷机，成立股份公司，以现代化企业建制，报馆设总管理处，社长全权负责，决定报纸编辑方针、业务规划和人事任免等。萧同兹任董事长、成舍我任社长、严谔声任总经理，张友鸾、褚保衡、萨空了先后任总编辑。1936 年 7 月，成舍我离开上海，报馆由萨空了主持。

《立报》1935 年 8 月 31 日获准备案，9 月 1 日起每晚试刊，9 月 20 日在震动上海的"顾竹轩案"开审之日正式创刊，一周后发行达 7 万份，② 半年后增至 10 万份，"八一三"事变期间发行突破 20 万大关，居全国报纸发行之首。《立报》大获成功，其因有六：

1. 成舍我"大报小办""精编主义"的办报模式击中上海报业市场的软肋。《申报》《新闻报》等大报大办副刊专刊增刊的厚报模式，虽可挤压小报市场、扩大读者群、增加广告刊登量，却有增加纸张成本、浪费新闻资源的问题，在"纸荒"压力下，大报生产成本越来越高，难以为继。小报市场虽在革新，尽力满足读者需求，却有采编人员不足的制约。"大报小办"的办报模式节省了纸张，降低了生产成本，"精编主义"使小型报拥有大报信息量，售价低廉又可替代大报满足读者新闻需求。南京《民生报》也为《立报》的成功提供了宝贵经验。

2. 《立报》创刊大肆宣传，营造吸引读者的良好氛围。创刊之日刊登《我

① 张友鸾，等. 世界日报兴衰史［M］. 重庆：重庆出版社，1982：5.
② 李时新. 上海《立报》研究（1935—1937）［M］. 广州：暨南大学出版社，2012：56.

们的宣言》《立报发刊旨要》《立报三大特色》等文章，大肆报道"顾竹轩案"。《我们的宣言》揭举"报纸大众化"和"以日销百万为目的"两大口号，以读者"能读""爱读""必读"为奋斗目标，启蒙读者树立国家观念。同日在刊登两整版套红广告，声称"以日销百万为目的"，宣称"本报销达 10 万份之前不载广告。""报纸创刊，登载这样庞大的广告，可以说是破天荒的事。"①

3. 根据市场反应及时调整版面布局。《立报》创刊为四开四版一张，一版和二版上半版为评论和要闻，二版下半版是副刊《言林》，三版为本市新闻和副刊《花果山》，四版上为文教、体育新闻和副刊《点心》（后改名《小茶馆》），形成评论、新闻和副刊并举的版面格局。1936 年 3 月 16 日增出晚刊，6 月 1 日停刊，又增出八开一张增刊，版面调整为六版，一版仍为评论和国内外要闻，二版由国际改为国内，《言林》不变，三版承其旧，四版由本市新闻改为国际新闻，五版为新辟的《文化体育增刊》，六版为《花果山》。9 月 1 日又微调版面形成评论、要闻、国内外新闻、本市及文化体育经济新闻、三大副刊齐备的版面格局。还不定期出版《〈立报〉一周年纪念增刊》《〈立报〉二周年纪念增刊》《绥远专刊》等。"八·一三"事变前后，因战局变化，《立报》再次调整版面，自 8 月 14 日改出四版，并取消《经济》和《教育与体育》专刊，停办《花果山》改出本市新闻，《小茶馆》移到四版内，主要刊登反映战时新情况、新问题的读者来信和杂感。为缩短印报时间，报头不再套红印刷。

4. 采编队伍强大。《立报》馆有五六十人，编辑部有十多人，包括总编辑、编辑、记者、练习生和报务员等，南北名家荟萃，"角色极为齐整"，② 编辑经验丰富，"服务报业，多者 20 余年，少亦 10 年以上"，③ 吴中一、张友鸾、萨空了、谢六逸、张恨水、恽逸群、包天笑、徐迈进、吴秋尘、朱虚白、舒宗侨等，都是一时之选。这与成舍我"能知人、能容人、能用人"④ 有关。

5. 消息充实、信息含量高。《立报》采访记者占编辑部人数的三分之一，

① 张友鸾，等. 世界日报兴衰史 [M]. 重庆：重庆出版社，1982：150
② 露轩.《立报》人才集中出世 [N]. 晶报，1935-6-20（02）.
③ 马光仁. 上海新闻史（1850—1949）[M]. 上海：复旦大学出版社，2014：768.
④ 马之骕. 新闻界三老兵 [M]. 上海：经世书局，1986：225.

自采新闻少则一条，多则三五条，经常刊登精彩的本市新闻和战事新闻。① 建立了类似大报的消息采编网，南京、北平等重要城市有特派员或特约记者，有收报电台收听无线电电报或广播新闻，电讯新闻特别多，② 也向各大国际通讯社订购稿件，改写本地报纸和通讯社稿件，还重视重大新闻、独家新闻。如对轰动一时的"顾竹轩案"做了近40次报道，对"七君子"事件先后做了55次报道，③ 对西安事变、"八·一三"淞沪抗战等都做了详尽报道。"七七"事变后，该报以"本报战地特写""本报特约通讯"为专栏刊登了大量独家新闻通讯稿件。"八·一三"淞沪抗战期间，甚至有对彭德怀、周恩来、肖克、朱德、徐向前等中共领导人的报道，仅曹聚仁一人就为《立报》写了50多篇战地特讯。这使《立报》的"新闻不但不比大报少，还要比大报多，不但不比大报慢，还要比大报快"。④《立报》新闻种类繁多、内容丰富、时效性强，既有时政和战事，也关注民生和民情，既描写社会万象，也提供轻松的娱乐材料，内容严肃又不失编排和文笔的活泼，讲究趣味又不落俗，形成雅俗共赏的整体特色。

6. 评论"凭良心说话"，副刊各有特色。《立报》设三个评论专栏，各有侧重，风格各异，都以民间立场为出发点，以服务抗战（包括国家建设、国民精神的培育、民众利益的维护等）为宗旨来立论。"评论"专栏，每天刊登一至三篇评论，配合当日新闻发言。1936年9月1日起"评论"专栏由恽逸群独立负责，他才思敏捷，文笔犀利精辟。近一年内，该栏发表七百多篇评论，短者只有五六十字，长者不过四百字，总计有十五万字左右。举凡国际问题、国内形势、社会问题、个人品性等，"宇宙之大，苍蝇之微"都成为评说的话题。⑤ 严谔声的《小茶馆·小记者》，三言两语，针对时局，有感而发。萨空了的《小茶馆·点心》就读者来信发表个人看法，语言浅显易懂。《立报》副刊各具特色。《言林》是面向文化界和教育界的新文艺副刊，由谢六逸主编。栏目每篇文章平

① 李时新. 上海《立报》研究（1935—1937）［M］. 广州：暨南大学出版社，2012：34-35.

② 郑逸梅. 书报话旧［M］. 上海：学林出版社，1983：264.

③ 李时新. 上海《立报》研究（1935—1937）［M］. 广州：暨南大学出版社，2012：22，129.

④ 马之骕. 新闻界三老兵［M］. 上海：经世书局，1986：229.

⑤ 李时新. 上海《立报》研究（1935—1937）［M］. 广州：暨南大学出版社，2012：39.

均四百多字，有短言、游记、日记、小诗、隽语等。《花果山》是提供休闲娱乐、面向一般市民的旧文艺副刊，由张恨水、包天笑先后主编，连载长篇小说，刊载风物小志、名人轶事、历史掌故、世界珍闻、讽刺小品等。《点心》由吴秋尘主编，是介绍各种知识、报告社会风貌、提供生活参考、增添生活情趣的副刊。吴秋尘离开后，萨空了将之改为《小茶馆》，设有"血与汗"（介绍各行业工人生活、劳动情况）、"新知识"（介绍自然科学和社会科学的名词术语）、"街头科学"（介绍生活小常识）、"苦人模范"（鼓励穷苦朋友恢复自信心）、"读者通讯"（专门登载读者来信）等栏目，使《小茶馆》在上海颇有声望。

综上，《立报》诞生在国难深重之时，顺应时代潮流，以"欲民族复兴必先报纸大众化"为己任，致力"对外争取国家主权独立，驱逐敌寇；对内督促政治民主，严惩贪污"。在存续两年零六十天内始终坚持报纸大众化方向，"宣达大多数民众的公意"，形成重视新闻、评论凸显、副刊各具特色的崭新风格，成功跻身于上海大报行列。1937年11月23日上海沦陷。11月25日，《立报》停刊。

《大公报》上海版是国难危亡下《大公报》为求生存被迫南移的产物。1936年4月1日发刊，日出3大张。社址在爱多亚路181号，在望平街四马路设立代办部。华北事变后，在天津日租界的《大公报》所受威胁益重，为准备退路，《大公报》决意闯荡上海界。1935年10月胡政之与张季鸾一道带领《大公报》南下上海滩考察。① 1935年底《大公报》驻沪办事处主任李子宽受命筹备上海馆。次年春，胡政之、张季鸾率大部人员南下，"一俟沪馆立足已定而北方局面继续恶化，则准备随时撤出，所以，连附属经营的《国闻周报》也搬来上海出版了"。②

上海版由胡政之、张季鸾亲自主持，经理李子宽、编辑主任张琴南、本埠新闻编辑王文彬，队伍基本是天津馆来沪员工。起初，《大公报》上海版遭到上海大报集体抵制。创刊头三天，《申报》《新闻报》二报假报贩之手将之全部收

---

① 丁君匋. 上海《大公报》回忆［M］//上海市政协文史资料委员会. 上海文史资料选辑（第73辑）上海：上海人民出版社，1993：124.

② 徐铸成. 报人张季鸾先生传［M］. 北京：三联书店，2009：103.

购，"一份也不让在市场上流通"。① 胡政之托哈瓦斯通讯社的张骥先转请法租界"闻人"杜月笙出面转圜才摆平。上海版辟有《每日画刊》副刊，《申报》于是每周也发行彩色画报一张，"由于它是彩色版，更易引人注目"。② 《新闻报》则与苏州《早报》开展联合发行，凡长期订阅《新闻报》的苏州读者，自1936 年 3 月 21 日起，每天多花五厘钱，即可获赠《早报》一份，隐然含有同上海《大公报》抢占外埠市场的用意。③ 以介绍学术和思想见长、在言论上首屈一指的《时事新报》④ 则在上海版发刊之日宣布恢复言论版，在社论之外增加选论、来论等。⑤

《大公报》上海版最初沿袭天津版模式，发行只有 2 万份，本埠销量非常有限，"大部分是分发到华中、华北的老销户，卖给天津《大公报》的老主顾"。⑥ 面对上海市民文化和竞争激烈的报业市场，上海版入乡随俗，吸收海派报业的元素，努力成为一份"上海的"报纸。⑦ 首先，针对上海都市文化，开拓本埠市场。重视文教新闻，开辟"大学新闻""中学新闻""文化艺术"等栏目，发表长篇通讯；关注妇女界，每周刊发《妇女与家庭》专刊，不定期连载蒋逸霄采写的"上海职业妇女访问记"，吸引职业女性读者；提升经济新闻报道水平，增加国际商情货价报道，约请商界名流撰写财经社评，将重要经济调查报告登在要闻版显要位置等；重视本埠新闻，除专职记者外，雇请百余名各行各业的"稿友"，包括超过 17 名公雇访员（也称"老枪记者"，以向各报提供本埠社会新闻为业）；⑧ 开辟"本市要闻""本市汇闻"栏目，主要刊登社会新闻。副刊《戏剧与电影》《大公俱乐部》是为迎合市民阶层所创办的，前者由演员唐纳主

① 徐铸成. 民国记事 徐铸成回忆录［M］. 广西：广西人民出版社，2015：218.

② 丁君匋. 上海《大公报》回忆［M］//上海市政协文史资料委员会. 上海文史资料选辑（第 73 辑）上海：上海人民出版社，1993：128.

③ 新闻报苏州读者注意［N］. 新闻报，1936-3-21.

④ 一年来之上海新闻事业［N］. 时事大观，1936-3-21.

⑤ 丁君匋. 上海《大公报》回忆［M］//上海市政协文史资料委员会. 上海文史资料选辑（第 73 辑）上海：上海人民出版社，1993：

⑥ 周雨. 大公报史（1902—1949）［M］. 南京：江苏古籍出版社，1993：38.

⑦ 徐基中，吴廷俊. 城市与媒介：1936 年《大公报》南迁的文化解读［J］. 新闻与传播研究，2017（11）：90-108.

⑧ 王文彬. 新闻工作六十年［M］. 重庆：重庆出版社，1990：27.

编，内容为影坛近况及新片评介等，为天津版所没有；后者由鸳鸯蝴蝶派作家、戏曲评论家冯叔鸾编辑，主要刊登剧评及其他消闲性文字。其次，转变盈利模式，重视广告收入。天津版在北方有广大销路，张数不多，"售卖尚不至亏累"，①不必刻意重视广告，经理部与编辑部平起平坐，编排无须为广告让路。沪上报纸张数多、售价低，赖广告为生命线。胡政之聘请丁君匋为广告科主任，并逐步提高经理部地位，派广告科人员登门拜访上海数十家广告公司和主要行业的同业公会，招揽广告。经丁君匋提议，1936 年 6 月 1 日上海版推出《本市增刊》，大量征求各类广告。上海版还在上海最繁华的四行储蓄会大楼 24 层楼顶设霓虹灯"大公报"三个大字，以广宣传。版面编排也向广告倾斜。至 1937年，《大公报》上海版成为紧随《申报》《新闻报》之后的沪上第三大报纸。②

二、上海小报革新与都市报兴起

在民营大报的挤压下，上海小报数量陡降。1931 年至 1937 年小报约有 100种，较 20 年代的 700 多种减少了许多，影响力较大、出版时间较长的小报仅二三十种，如上海《时代日报》《社会日报》《社会晚报》《小日报》《上海日报》《上海报》《辛报》等。但在国难危亡、左翼文艺发展、新闻统制等多种因素的作用下，上海小报不断革新，出现了新旧文化兼容并存，内容由娱乐消遣转向联系现实的显著特征。又因日报截稿在夜间，不能报道当日新闻，无法满足读者时政新闻的迫切需求，晚报在上海兴起。上海小报的革新和晚报兴起，对北平、天津、南京等主要城市的小报革新和晚报发展产生积极影响。

（一）上海小报的革新

上海小报的革新始于《社会日报》复刊。《社会日报》由胡雄飞、陈灵犀等 10 人集资 500 元，于 1929 年 11 月 1 日创办。因资金短缺、印刷困难，出版两个月即停刊。胡雄飞不甘失败购得其余 9 人股权，于 1930 年 10 月 27 日复刊独办。复刊后，由陈灵犀主编，胡雄飞决定以"报格要力求正派""理论要主持

---

① 王瑾，胡玫. 胡政之文集（下）[M]. 天津：天津人民出版社，2007：1040.
② 丁君匋. 上海《大公报》回忆 [M]//上海市政协文史资料委员会. 上海文史资料选辑（第 73 辑）上海：上海人民出版社，1993：129.

正义"的方针办报，① 复刊词称"兼顾政治新闻，……使本报得发挥督促社会政治之本能"。② 复刊后报纸四开四版，一版新闻，其余三版为副刊。胡雄飞革新报纸，重视新闻和副刊。首先，重视政治新闻和言论。"九一八"事变后，辟"读者茶室"栏刊发请缨杀敌的读者来信，发表《四分五裂的国民党》《民众的力量》《丢了东北还有西北》等文章抨击国民党不抵抗政策，为抗日救亡呼号。其次，革新副刊。副刊刊登旧文艺，也向新文艺作家约稿，形成新旧文艺并存的副刊格局。《社会日报》延续连载小说吸引读者的做法，连载张恨水《春明外史》、漱六山房《大刀王五》、何海明《故都残梦》、汪优游《歌场冶史》等长篇小说以及多人执笔的"集锦小说"、精彩的小品等。还主动向新文艺作家约稿，曹聚仁、恽逸群、郑伯奇、徐懋庸、鲁迅等人为该报撰稿。曹聚仁还参与《社会日报》社论撰写工作，为该报写了 200 多篇文章。鲁迅以"罗抚"为笔名刊发《旧信新钞之一》等杂感。此外，《社会日报》还参与了"国防文学"和"民族的大众的文学"，"大众语讨论"等文坛论争。

《社会日报》革新获得成功，销量最高达 25000 份。1934 年 1 月出版《纪念专刊》，纪念发行一千号。何香凝、林语堂、柳亚子等人撰稿赞誉。《社会日报》成功后，胡雄飞又创办《社会周报》《社会月报》。周报先后由李焰生、冯若梅、钟吉宇主持，发行近 100 期。月报由曹聚仁主编，出版一年。抗战爆发前夕，胡雄飞为筹办《文汇报》出售《社会日报》，总编辑陈灵犀在朋友的资助下，盘进《社会日报》。1937 年 8 月日寇入侵上海，《社会日报》在孤岛维持三年多，于 1941 年太平洋战争爆发，日军开进租界时停刊。

《社会日报》的革新，对上海小报界产生较大影响。一些小报改出日刊，增大时事新闻分量，改进编排、增设副刊，刊登新文艺作品，提高了上海小报的现代化水平。

小报由偏重娱乐消遣、专门领域转向时政或综合性方向。过去小报以风花雪月、鸳鸯蝴蝶及专门信息为生存之本，主要满足城市小市民的资讯娱乐需求。(1) "九一八"事变后，上海市民生活在国难危亡的"不确定"信息环境里，

---

① 陈灵犀. 社会日报杂忆 [J]. 新闻研究资料，1981 (04)：33-44.
② 重与读者相见后之言 [N]. 社会日报，1930-10-27.

对时政信息的需求与日俱增。然而国民党严厉的新闻统制，促使民营大报为规避风险，热衷远离政治的社会新闻，开办知识性、服务性的副刊专刊。小报是国民党新闻统制的薄弱环节，敢于登载"大报所不敢说"的新闻和评论，"不但做了社会大众的读物，且做了朝野党人必要阅看的东西"。（2）上海通讯社的发展使小报刊载重大时政新闻有了可能。许多小报遂转向熔政治、经济、文化和社会新闻于一炉的综合性方向发展。它们呼吁抗日爱国，抨击日本侵华行为，重视采写独家政治新闻，为社会名流、重大事件做特稿、专访。"李济深幽禁汤山""大世界共和厅选举中央委员""观渡庐宁粤和议"等新闻，都是小报率先披露。《文化日报》刊的《共党主席毛泽东》、《社会日报》刊登的《南北人物小志》、《新春秋报》刊登的《新黄陆案》《社会日报胡雄飞案》等都是影响一时的特稿、专访报道。（3）进步作家和中共地下党员的加入进一步改变了小报的旧文化特征。小报"言大报不敢言"是进步作家、中共青睐小报的重要原因。邹韬奋称赞"只有小报肯为大众说话"。鲁迅注意阅读小报，曾向林语堂和邵洵美建议要他们在合编的《论语》杂志上摘登小报比较文雅而贴近生活的幽默泼辣的文章。① 他们为小报编副刊、投稿或创办一批内容健康、格调清新的小报。如《今日之苏联》《文化日报》《南报》《新大陆》等，《今日之苏联》1933 年 5 月创办，以介绍苏联建设为宗旨。成舍我将大报、小报糅合，开创了"大报小办"的小型报模式，上海《立报》的成功创办，大大改变了小报的社会形象。（4）小报还是政治派系释放"流弹"和"匕首"的平台。1928 年 12月 16 日，改组派李焰生在上海创办《硬报》，揭开了党派小报的序幕。较有影响的党派小报有改组派的《硬报》《革命日报》《上海鸣报》《单刀》等；蒋介石派的《锋报》《江南晚报》《精明报》等，第三党的《行动日报》，桂系的《吼报》《响报》《冲锋》等，醒狮派的《闲报》，国家主义派的《黑旋风》，中国青年党的《潜水艇》等。一批与派系有关系的文人见党派小报销路好，专办揭党派内幕的小报。② 由此，增添了小报时事政治的色彩。

小报的刊期、版面编排趋于固定，报纸形态趋于现代化。20 世纪 20 年代小

---

① 鲁迅与小报［N］. 光化日报，1945-5-22.

② 马光仁. 上海新闻史（1850—1949）［M］. 上海：复旦大学出版社，2014：700.

报以三日刊为主，不注重时效。《社会日报》复刊后改为日刊，引起仿效，日刊成了小报的主要形式，三日刊逐渐退出。《晶报》《金刚钻》《罗宾汉》《福尔摩斯》等老牌小报先后改为日刊，《时代日报》《东方日报》《辛报》等新办小报紧跟其后，解决了三日刊无法解决的新闻时效问题。陈灵犀、冯梦云、胡雄飞、吴微雨、姚苏凤、吴农花等小报骨干厉行改革小报版面，朝精编主义方向发展。许多小报馆加强编辑力量，请专人分版编辑，改变采写编一人负责到底的做法。如《时代日报》头版分国内外要闻版，由钟吉宇主编；二版为"假法庭"和"何丽英信箱"专栏，由朱惺公主编；三版先后是"新阵地""瀑布"专栏，由徐大风主编；四版专刊社会趣事逸闻，由庐溢芳主编。小型报更注重版面编排，版面编排技术更高。小报版面编排的现代化，为小报赢得赞誉。小报还效仿大报创设副刊，如《上海报》有36种，《世界晨报》有18种，《社会日报》先后达49种。小报副刊内容多样，新旧参半。影响较大的综合性副刊有《社会日报》的《读者茶座》、《时代日报》的《玫瑰花》、《上海报》的《花雨》、《铁报》的《风景线》、《小日报》的《大都会》等。①

上海小报的革新，主要有五种力量的推动。（1）民营大报的杂志化严重挤压了小报的市场空间，使小报靠风花雪月、鸳鸯蝴蝶及报道行业信息获取生存空间的门槛不断提高。（2）国难危亡，时政新闻旺盛，市民对时政信息的需求与日俱增。（3）国民党加强民营大报监管，小报成为国民党新闻统制的死角、难点。（4）进步人士、民营报人进军小报界，改变了小报界以旧文人为主的格局。（5）国内造纸业不发达，新闻纸严重依赖进口，有新闻理想的报人取"大报小办"方针，小型报于是脱颖而出，引领了小报的革新浪潮。

（二）上海都市晚报的兴起

"一·二八"战事使战时资讯激增加之日报夜间截稿，造成当日新闻无法传播的"空窗"。张竹平看准了新闻市场的这个"时间空挡"，于1932年2月12日成功创办《大晚报》，引领了上海晚报的再次兴起。《大晚报》初名《大晚报国难特刊》，下午4点发行，4月14日起简称《大晚报》，四开一张。4月23日

---

① 方汉奇. 中国新闻事业通史（第2卷）[M]. 北京：中国人民大学出版社，1996：354-356.

正式出版，宣称销量已达5万份以上，5月1日改为一大张，[1] 社址在四川路63号。《大晚报》依股份公司架构，资本初为5万元，1934年增至10万元，社长兼总经理张竹平、总编辑汪倜然、总主笔曾虚白。《大晚报》获得成功，"销数达到每天8万份，创下了当时上海本市报纸销数的最高纪录"。[2] 除抓住当时新闻生态的空白点外，其因还有：（1）突破晚报是日报附庸的观念。《大晚报》创办前，上海大报也多出夕刊或晚报，1927年至1932年主要有：《中国晚报》（1921—1928）、《江南晚报》（1927年2月）、《新中国晚报》（1927年2月）、《民国日报晚刊》（1927年7月）、英文《大晚报》（1929年1月）、《东方晚报》（1929年3月）、英文《大美晚报》（1929年4月）、《三民晚报》（1929年11月）、《中央晚报》（1929年12月）、《星报》（1930年4月）、《救国夜报》（1931年11月）、《观海晚报》（1931年12月）等，但多亏耗不支停刊。《民生晚报》1927年5月11日创刊，10月20日停刊，后迁南京改《民生报》。《观海晚报》1931年12月15日创刊，12月18日停刊。《中国晚报》累赔数十万元之多。《大晚报》创刊称"注重白话，使报纸能普遍流行，成为民众的读物，务求识字的人，都能读本报；注重编制，将同类新闻，汇集一处，标题力求醒目，写述使有系统，事情忙的人，只须一阅标题，即可明了大概，关心某一事件的人，自可前后连贯，作有系统的研究；注重趣味，将各种新闻的描写都用有趣味的笔法，引人入胜"。[3]（2）以日报模式全力办晚报，提高晚报质量。《大晚报》全部使用白话文；本市新闻最优先，重要新闻不分国际国内，一律上头版；新闻与言论并重，强调新闻评论的时效性；建立自己的采访网与发行网，外勤记者要求当日中午12点前用电报或长途电话将重大新闻发至报馆；副刊既有文艺爱好者的严肃作品，也有市民欣赏玩味的轻松读物；重视地方通讯，利用"四社"联合模式，采写大量适合晚报刊登的地方通讯，如社会新闻、轶闻趣事、内幕新闻、文化体育消息的小镜头、小特写等。

《大晚报》的成功引起报界连锁反应。《新夜报》《夜报》《新闻夜报》和中

---

[1] 大晚报正式出版公告［N］. 申报，1932-4-23（02）.

[2] 闵大洪. 曾虚白与上海《大晚报》［J］. 新闻记者，1987（09）：47-48.

[3] 大晚报正式出版公告［N］. 申报，1932-4-23（02）.

文《大美晚报》等一批晚报相继创刊。1932年至1937年全面抗战爆发前，上海开办了60余家晚报，① 主要有《大沪晚报》《华美晚报》《华东晚报》《平民晚报》《中华晚报》《上海晚报》《民众晚报》《生活晚报》等。张静庐评价道，"晚报在上海之成功，是《大晚报》努力所收得的效果"。②

60余家晚报中，除《大晚报》外，《大美晚报》中文版较为成功，《社会晚报》《华美晚报》存续时间较长。《大美晚报》是在美国政府注册，1929年4月在上海创刊的一家英文报纸。1933年1月16日增出中文版。《大美晚报》中文版以美商大晚报公司的名义出版，张似旭任总经理兼总主笔，编辑、记者大都由中国人充任。创刊号采用小型报形式，四开四栏横向印刷，每份16页，同年9月改为对开大报，社址在上海爱多亚路19号（今延安东路、四川南路口）。《大美晚报》中文版适合中国读者阅读习惯，每天刊载译自英文版的大量国内外新闻，没有社论，言论主要译自上海各外报评论或中国报刊的文章社论等。译稿重视中国抗日救亡方面的言论与报道。辟有商业、妇女、体育、电影、评论及读者通信、交通表、漫画等适合各层次读者口味的栏目及专刊、副刊。如"商业栏"刊载国外金融商业行情，"妇女栏"介绍时装、烹饪、保健等常识，副刊有文艺综合性的《夜光》《记者座谈》周刊等。其中《记者座谈》周刊办得很有特色，引起上海新闻界同行的广泛注意。《记者座谈》周刊1934年9月1日创办，自第2期起，每逢星期五出版，1935年改为星期四出刊，1936年5月7日终刊，共出89期。恽逸群、陆诒、刘祖澄负责编辑，袁殊、杭石君、章先梅、吴半农等中共地下党员或倾向进步的年轻新闻工作者为其撰稿。

《社会晚报》1934年3月1日创办，蔡钧徒任社长兼总编辑，社址四马路东华里559号，丰富多彩的副刊是该报一大特点。《华美晚报》1936年8月18日创刊，是《大美晚报》英文版一部分职工脱离该报后创办的。该报在美国特拉华州注册，实为挂洋旗的国人报，发行及董事会主席 H. P. Mills，总经理朱作同，总主笔石招太，社址在爱多亚路172号。

总之，本时期上海晚报办报宗旨较为纯正，内容较健康，创办人多是大报

---

① 马光仁. 上海新闻史（1850—1949）［M］. 上海：复旦大学出版社，2014：784.

② 张静庐. 中国的新闻纸［M］. 上海：光华书局，1928：87.

主持人，有一批进步文化人士参与编辑工作。主持者重视晚报业务，不断根据晚报特点改进报纸业务、经营管理，真正把晚报作为一个报刊品种来办，使晚报得以在上海报界立足。

三、上海的民营广播与通讯社

上海的民营广播、通讯社也领先全国。上海是中国广播电台的发源地。1923 年 1 月，奥斯邦广播电台开播，拉开了中国广播电台的序幕。上海还是民营广播的聚集地，民营电台在全国独树一帜，数量始终保持在年均 30 到 40 座，1935 年收音机达到十余万具，[①] 广播在上海成为一种新型大众传媒。上海通讯社数量遥遥领先全国，出现了初步辐射全国主要城市的国闻通讯社、申时通讯社。在国民党的新闻统制下，加之国民党中央电台、中央通讯社一家独大的生态牵制，上海民营广播、通讯社呈现畸形繁荣态势。

（一）上海民营广播的畸形发展

在外商电台的刺激下，1927 年 3 月 18 日，中国第一座民营广播电台"新新台"在上海开播。新新台是新新百货公司附设电台。"一·二八"事变前，上海还出现了亚美台（亚美公司的上海台）、大中华台（大中华电器行电台）、亚声台（亚声研究社电台）、李树德堂电台、东方台（东方饭店电台）及鹤鸣、国华、天灵、凌云、安定、美灵登、华美等电台。[②] 这些电台多由商业公司开办，为商业公司吸引顾客、推销电器，亚声、凌云等电台是由无线电技术爱好者创办的实验台。这些电台规模小，功率低，不超过 50 瓦，播音不长，几乎没有产生社会影响。

"一·二八"淞沪抗战，电台传播时政新闻的强大功能，让商人嗅到电台商机，以广告为主的商业台大批出现。据统计，战时速办的电台约有 17 座，加之战前已有 11 座（天灵台已停播），战争结束时达 28 座。[③] 加之战后装置收音机

---

① 电探. 征收播音机税改进播音节目 [J]. 电声, 1935, (04) 21.
② 汪英. 上海广播与社会生活互动机制研究 (1927—1937) [D]. 上海：华东师范大学, 2007.
③ 汪英. 上海广播与社会生活互动机制研究 (1927—1937) [D]. 上海：华东师范大学, 2007.

者大幅增加，1932 年 5 月至 9 月，上海平均以每月 3 座电台的速度增长。至同年 9 月 20 日上海广播电台已达 43 座。"创造了我国乃至世界开办电台增长速度、数量的奇迹，并奠定了以后保持在 40 座左右的基数。"① 之后至 1935 年上海电台增幅不大，呈稳定发展态势，电台数量在 40 至 45 座之间浮动，"尤其应注意的，就是没有一座设在新闻社"，② 电台间的商业竞争随之加剧。1935 年国民政府交通部着手整顿民营台，8 家电台被勒令停业，上海电台数量陡降。1936 年下半年月均 38 座，占全国电台总数的 43%。"八一三"事变前 7 个月月均 31 座，月均比例仍高达 38%。1937 年淞沪抗战期间，29 座电台全部坚持播音、宣传抗战，形成了强大的电台宣传攻势。③ 电台数量虽减少，总功率却在增加。据统计，1937 年 5 月上海民营台总功率达 6020 瓦特，比 1932 年 815 瓦特增加了 5025 瓦特。

亚美台是上海民营台中"最成功"的一家。④ 该台是上海第二座国人自建广播电台，历史悠久、宗旨纯正，其发展是上海民营电台的一个缩影。亚美台由苏祖国、苏祖圭兄弟的亚美无线电公司自建。苏祖国、苏祖圭兄弟是上海闽商家庭的无线电爱好者，在家中自设实验室，组装无线电接收器。苏祖国曾考入美国万国函授学校无线电专业。1924 年 3 月，苏氏兄弟发起成立亚美公司，经营、维修无线电器材。亚美公司是中国最早的民营无线电厂。在美商开洛公司电台停播、新新台暂停播音，"上海一下几乎听不见什么广播"⑤、收音机销路大成问题的情况下，早有准备的亚美公司决定自建 50 瓦（后增至 100 瓦）的广播电台，并 1929 年 12 月 23 日开播，呼号 XGAH，台址在江西中路 223 号亚美公司内，初名"上海广播无线电台"。

亚美台以"学术为主、娱乐为辅，并努力于公众事业之广播"为宗旨。该

---

① 汪英. 上海广播与社会生活互动机制研究（1927—1937）[D]. 上海：华东师范大学，2007.

② 任白涛. 综合新闻学 [M]. 上海：商务印书馆，1941：673.

③ 汪英. 上海广播与社会生活互动机制研究（1927—1937）[D]. 上海：华东师范大学，2007.

④ 刘书峰. 苏祖国与亚美电台：从无线电爱好者到爱国广播人 [J]. 新闻春秋，2013（01）：53-57.

⑤ 金康侯. 中国播音协会之兴替 [J]. 无线电问答汇刊·广播特刊，1932（19）.

台每天间歇播音 4 小时，报告新闻、商情，举办无线电技术讲座，提倡国货。常设节目有报告商情（即行情）、气象、标准钟点和市场信息，设有"学术讲演""无线电问答"等知识性专题，著名学者赵元任当时是语言学讲座的常客。还出版专门解答无线电技术问题的《无线电问答汇刊》（后改名为《中国无线电》）。淞沪抗战期间，亚美台积极宣传抗日救国运动。上海沦陷后，于 1937年 12 月 1 日停止播音。

上海民营台的种类齐全，有商业台、宗教台、教育台；数量多，据国民党中央广播事业管理处的调查显示，1936 年 9 月全国民营电台（西人电台除外）65 座，上海 41 座，约占民营台总数的 66%；节目较现代化，1935 年上海一天可 22 小时连续听到广播节目。① 特点是：节目编排、播音内容极力迎合市民收听心理，娱乐色彩浓厚，"有电皆啼笑，无台不说书"现象突出。还利用播音游艺界和滑稽演员招徕听众，节目庸俗化，是上海旧文艺传播的重要平台。节目脱离政治，乐于接受国民党当局的教育节目，制约了广播启蒙民众的功能。严重依赖广告经营，靠吸引听众、出卖"电费"模式获得生存。商业性是民营电台的历史本质，主导了其所有广播活动。②

（二）上海的民营通讯社

作为消息的总汇，通讯社的市场进入门槛最低，成长门槛却最高，只有实力雄厚的通讯社才有可能在全国建立通讯网，进而成为报刊、广播的主要供稿源。这一特性加之国民党中央通讯社的一家独大、路透社等国际通讯社的市场挤压，造成上海民营通讯社的畸形发展。但上海民营通讯社的数量在全国不是最多，发展水平却是最高的，可以收发国际、国内电讯，多数通讯社能每日发稿。申时电讯社、国闻通讯社、新声通讯社等有影响力的知名民营通讯社大都集中在上海，一批略有成就的专业化通讯社首先在上海出现。

申时电讯社是张竹平"四社"的重要组成单位。该社最初没有名字，只是张竹平私自联合《申报》《时事新报》编部人员，工作之余将两馆所得专电拍发给外埠数家关系户的工作坊，1924 年 11 月开始发稿。后因需求旺盛无法同时

---

① 幼雄. 我国广播无线电应有之改进 [J]. 申报月刊, 1935 (2)：4-5.
② 郭镇之. 民营广播电台的商业性质 [J]. 现代传播, 1982 (04)：27-33.

兼顾，遂于 1928 年间扩充资本，聘请专职编辑、翻译队伍，增加采访人员，正式成立申时电讯社，向外编发中英文电讯。1929 年冬，张竹平从《申报》辞职专心经营电讯社，申时电讯社蒸蒸日上，成为国内最具规模和力量的民营通讯社。1934 年，申时电讯社按电讯数量收费，午、晚两稿各收 30 元，《申时电讯稿》发行达 150 份左右，[①] 与申时电讯社订立合同的报馆达 118 家，国内遍布各重要都市，海外有香港、马尼拉、新加坡、爪哇、檀香山等。还出版《申时经济情报》（每日收发电讯平均约有 6 万字[②]）、《报学季刊》、《十年——申时电讯社创立十周年纪念特刊》等刊物。1934 年 2 月改组为股份公司，张竹平任总经理，设电讯股、摄影股、广告股、制版股、出版股、事务股，现代化企业架构初具雏形。

申时电讯社日均收发电讯约有 6 万字，为各方所瞩目。其原因有五：（1）张竹平超强的经营管理能力。张竹平是媒介管理的行家里手，在《申报》馆是史量才的左膀右臂，辞职后又成功组建"四社"。申时电讯社组织架构清晰明确，又重视用户和广告业务。（2）《时事新报》《大陆报》《大晚报》的支持。申时电讯社供给三家报社信息，三家报社同时也将每天收到的电讯供给申时社，资源共享，稿源增大，成本摊薄。"各地委托供给电讯者，乃日增无已，外人电讯社遂不复能如昔日之操纵垄断。"[③]（3）高度重视电讯业务。该社注重一手信息的采集，构建起覆盖面广的信息采集网络，所发电讯全面、敏捷、灵通，"首发率"和"自采率"较高，有较强的内容供应能力，新闻宁缺毋滥，时效性高，还能制作图片新闻。（4）在国内重要都市建有新闻采访网。申时电讯社专任记者遍布全国各重要都市，特约通讯记者几乎遍布国内外各重要都市，边远省区聘有通信员，寄发边陲要闻，还派旅行记者到东北、西北、长江、珠江流域采访，可及时采集到各地重大新闻。其电讯、长篇通讯可与外国通讯社、中央通讯社竞争。"一·二八"事变、福建事变、新疆骚乱等重大事变，申时电讯社都

①　上海等七市通讯社调查（民国二十三年）[J]. 报学季刊，1934（1）：117–124.

②　方汉奇，王润泽. 中国人民大学新闻学院藏稀见民国新闻史料汇编 [M]. 北京：国家图书馆出版社，2012：91.

③　方汉奇，王润泽. 中国人民大学新闻学院藏稀见民国新闻史料汇编 [M]. 北京：国家图书馆出版社，2012：60.

能及时向外拍发翔实、准确、迅捷的稿件，为该社赢得声誉。（5）产品多样化，服务及时到位，满足了内地报刊的需求。根据客户不同需求，该社按稿件内容和字数，将电讯分为甲种（每日约1000字）、乙种（每日约500字）、丙种（每日约100字）、丁种（每日约50字）四类，所需电报费由订户自理。邮讯分普通（各地一律之稿件）、特别（一地每家一种之稿件）两种，有平信、快件两种，需快递或航空邮递者每月另须预缴快邮费5元，不同的收费标准满足各类用户的需求。订稿的报社还可与申时电讯社互相交换，依据稿件优劣酌定各自收费。还为缺乏制版条件的报社提供铜版、锌版、铅版或纸版等版本的新闻照片。① 面对晚报兴起的现象，该社1934年10月11日起每日下午一时至二时增发午刊，争取到了许多晚报用户。张竹平对申时电讯社期望很高，想把该社建设成中国民营通讯社中的翘楚，乃至国际性的大通讯社。然在申时电讯社最兴旺时，却被孔祥熙于1935年强行劫夺。随后抗战爆发，申时电讯社停办。

新声通讯社是上海略有成就的专业通讯社，经济新闻报道颇有特色，1930年8月创办。社长严谔声，副社长吴中一，宗旨是"宣达社会工商建设等真实消息"。严谔声长期担任上海市商会秘书，与上海工商界有广泛联系；吴中一熟知金融界内幕，故能经常发布上海经济方面的独家报道。1933年招募恽逸群等编辑数人，有记者8人，干事7人，重大活动均派记者采访。设立电讯部、广告部、摄影部、出版部，经常发布上海政治、经济、商界等消息及国内各要埠电讯和国际消息。每天发稿两次，第一次为中午12时到下午1时半，第二次为下午3时到午夜3时，重要消息增加一次。1933年8月24日，中国经济学社第十届年会在青岛举行。新声通讯社派恽逸群、朱圭林前往采访，其航寄稿件被京、津、沪各报刊载，轰动一时。

1934年上海国民通讯社、世界电讯社、华联通讯社还建有专事收发国际新闻的国际电线。1936年，新闻通讯社、新上海通讯社、复兴通讯社每日发稿三次以上。② 综上，上海民营通讯社的现代化水平在全国最高，但也有通讯社数量多、时生时灭，不能按日发稿、内容大多雷同等"小作坊"生产的通病。

---

① 方汉奇，王润泽. 中国人民大学新闻学院藏稀见民国新闻史料汇编［M］. 北京：国家图书馆出版社，2012：92.

② 方汉奇. 中国新闻事业编年史［M］. 福州：福建人民出版社，2000：1335.

第二节　北平、天津等北方都市的民营传媒业

民营传媒业是城市化、市场化的产物，发展依赖属地的城市化、政治环境和经济发展水平。长江以北地区基本是蒋介石集团统治的辐射区域，政治势力多元交错，经济发展不如南方。华北基本在阎锡山、冯玉祥、张学良等人的控制之下。西北经济发展滞后，亦在各地军阀控制之内。由是形成北方民营传媒集中在华北，华北民营传媒以北平、天津为中心的空间格局。在国民党地方传媒的生态挤压下，青岛、济南、石家庄、兰州等省会城市"先天不足"的民营传媒发展缓慢，没有占领属地传媒业的主导地位。东北沦陷后，东北地区的民营传媒消失。

一、北方有影响力的民营大报

北方有影响力的大报集中在北平、天津。天津新记《大公报》是全国舆论重镇，北平的《世界日报》报系、《实报》和天津的《益世报》都是华北地区有影响力的民营报纸。恶劣的政治生态、薄弱的传媒基础、经济发展水平加之国民党传媒的生态挤压，东北、西北地区没有出现有影响的民营大报。

（一）新记《大公报》的崛起

1926 年 9 月 1 日，《大公报》以新记公司的名义在天津续刊，期号 8316，以示继承原报"敢言"传统。在吴鼎昌、胡政之、张季鸾"三驾马车"的领导下，《大公报》四五年内便跃为全国舆论重镇，读者群遍布中上阶层，对国民党决策层和知识精英都产生了重要影响，成为民营报业中的声誉卓越的"专业报"。1937 年 8 月 5 日，《大公报》暂告天津。《大公报》是中国新闻史学研究的显学，成果丰硕，对其崛起的分析还不够全面，故本节着重分析该报崛起的主要因素。

1. "四不"方针引领方向

吴鼎昌、胡政之、张季鸾续刊新记《大公报》时就将"四不"方针公之于众。"不党"即"原则上等视各党，纯以公民之地位发表意见，此外无成见，无

背景。凡其行为利于国者，吾人拥护之；其害国者，纠弹之"，意在与政党保持距离，独立发言；"不卖"即"不受一切带有政治性质之金钱补助""不接受政治方面之入股投资"，意在经济自存，维护言论独立；"不私"即报纸"愿向全国开放，使为公众喉舌"；"不盲"即不盲从、盲信、盲动、盲争，"不私""不盲"是对业务水准的职业要求。

"四不"方针在媒体与政党、媒体与资本、媒体与读者三者之间为媒体确立了明确清晰、理性表达的边界，既是吴鼎昌、胡政之、张季鸾三人长期阅历的理论升华，还是三人对政治绑架传媒的顽疾所开的良方。吴鼎昌阅历丰富，认识到"一般的报馆办不好，主要由于资金不足，滥拉政治关系，拿人家津贴，政局一有波动，报就垮了"①。胡政之是民初崭露头角的名记者，采访巴黎和会的唯一中国记者，与《大公报》颇有渊源，还主持过国闻通讯社，办"报纸有政治意识而不参与实际政治，要当事业做而不单是大家混饭吃"②的文人报是其执念。张季鸾是民初知名的报刊评论家，曾任中华民国临时政府大总统秘书，参与《临时大总统就职宣言》起草工作，曾在上海《民立报》、北京《民立报》、上海《民信日报》《中华新报》《国闻周报》等报任职，因揭露袁世凯与五国银行签订善后大借款合同一事，一度陷入囹圄。张季鸾有炽热的新闻理想，批评民初报界"自怀党见，而拥护其党者，品犹为上；其次，依资本为转移；最下者，朝秦暮楚，割售零卖，并无言论，遑言独立；并无主张，遑言是非"。③ 1926 年三人在天津日租界商议时决定组建"新记公司"，吴鼎昌独自出资 5 万，不领月薪，任社长；胡政之、张季鸾以劳力入股，每月领 300 元月薪，年终"由报馆送与相当股额之股票"，张季鸾任总经理兼总编辑，胡政之任总经理兼副总编辑。三人组成社评委员会，意见不合时从张季鸾，商定不担任有俸给的公职，专心按"四不"方针办报，人事则以胡政之的班底为基础。可见，"四不"方针不是"口惠实不至"的口号，而是引领《大公报》发展的宪章，是《大公报》人报刊实践的新闻准则（也有"擦边球"现象）。以"四不"方

---

① 王芸生，曹谷冰. 一九二六至一九四九年的旧大公报 [J]. 新闻业务，1962（09）：46-49.

② 王瑾，胡玫. 胡政之文集（下）[M]. 天津：天津人民出版社，2007：1080.

③ 周雨. 大公报史 [M]. 南京：江苏古籍出版社，1993：27.

针为准绳，《大公报》在中外权势结构联动、错综复杂的政局中自由游刃，拿捏到位，是《大公报》崛起的重要因素。"四不"方针成为"中国资产阶级舆论界走向成熟的一个标志"。①

2. 主持人与蒋介石保持不即不离关系

政治资源决定了一家媒体的言说空间，是一家媒体兴衰的关键因素。吴鼎昌、胡政之、张季鸾早年留学日本，深受资本主义文化浸润，希望中国走欧美宪政道路。新记《大公报》的宗旨是"采欧美宪政之长，而去其资本家专制之短"，②推动中国走向资本主义道路，建立现代化的民主宪政国家。

新记《大公报》续刊初期，处于"关系深的'非正统''正统'的关系尚不深"③的尴尬位置，三人与政学系渊源较深，却厌倦北洋军阀，反对"赤化"，同情共产党，视国民党为新兴势力，同城《益世报》称之为"坐北朝南的某大报"④。《大公报》抨击"清党"运动的残酷，对国民党持怀疑态度，但也坚信蒋介石不会走苏俄道路，遂试探并主动示好。"二次北伐"期间，该报巧妙送走张作霖后转向拥蒋介石。张季鸾于7月1日由冯玉祥介绍与蒋介石初识，随即乘蒋介石的专车一同到北京，随员邵力子、张群、陈布雷与张季鸾多是旧交。抵北平后，《大公报》颂蒋介石为"革命英雄"。9月1日《大公报》两周年之际，表态"今后惟当就人民之立场，以拥护与赞助国民政府之建设"。⑤中原大战前，《大公报》在蒋介石、阎锡山电报舆论战中的态度对各方意义重大。1929年12月28日《大公报》刊登"大公报并转全国各报馆均鉴"的蒋介石"求言诏"通电，确立了全国舆论地位。大战期间，该报在报道南北态势、动作和胜败进退中向蒋介石倾斜，为蒋介石提供了阎锡山、冯玉祥实已离异的情报。因奉行"不抵抗"且依赖国际联盟的外交政策，"九一八"事变后蒋介石陷入内外交困，遭到全国抗日舆论诟骂，迫切需要舆论支持。《大公报》冒"宁牺牲报纸销路，也不向社会空气低头"的风险，反对主战论，其事变初期以"忍辱

① 吴廷俊. 新记《大公报》史稿［M］. 武汉：武汉出版社，2002：104.
② 岁首之辞［N］. 大公报，1928-1-1.
③ 吴廷俊. 新记《大公报》史稿［M］. 武汉：武汉出版社，2002：127-134.
④ 张蓬舟. 大公报大事记（1902—1966）［J］. 新闻研究资料，1981（02）：189-230.
⑤ 本报续刊二周年之感想［N］. 大公报，1928-9-1.

请成"、后期以"明耻教战"和"救亡图存"为宣传基调，对蒋介石隐忍妥协的对日政策起到了舆论分流与引导作用，深得蒋介石信任。为此《大公报》受到"东北留平同乡反日救国会"警告，报馆4次被人掷炸弹。"九一八"后，《大公报》与蒋介石的关系更为紧密，蒋介石个人的外围宣传喉舌身份浮现。

"九一八"事变后，《大公报》和蒋介石建立了不即不离的关系，蒋介石成为《大公报》的影子靠山。蒋介石以"国士"优待张季鸾，张季鸾成为蒋介石不入阁的智囊；吴鼎昌被蒋介石赏识后以经济专家身份入阁，1935年12月出任实业部部长，在入阁后即辞去社长职务；王芸生被蒋介石请上庐山讲课，最后与蒋介石分道扬镳；胡政之与蒋介石的关系始终处在外围。这种关系使《大公报》既能相对独立，拥有当时大多数报纸不具备的言说空间，也能从蒋介石处知晓政局动向获得独家新闻，赢得声誉。也因此，《大公报》背负了"小骂大帮忙"的历史污名。

3.《大公报》人才济济，管理有方

人才济济、管理有方是《大公报》的一大优势。周恩来多次在公开场合说："大公报培养了很多人才"。《中国新闻年鉴》"中国新闻界名人介绍"中的《大公报》编辑记者达60多人，《中国大百科全书·新闻出版卷》列为条目加以介绍的《大公报》编辑记者达12人，几乎占全部人物条目108条的1/10。本时期《大公报》知名的编辑记者，张季鸾、胡政之以下有许萱伯、杨历樵、曹谷冰、曹世瑛、孙昭恺、李清芳、王芸生、赵恩源、费彝民、萧乾、王佩之、李子宽、金诚夫、何心冷、杜协民、徐铸成、范长江等。王佩之、李子宽、金诚夫、何心冷、杜协民被称为《大公报》"开国五虎大将"，何心冷是《大公报》副刊的"拓荒者"，他多才多艺，创办并主编《艺林》《铜锣》《小公园》等综合性副刊，也担纲《电影》《儿童》《体育》《摩登》《妇女与家庭》等专刊编辑工作，为《大公报》副刊"杀出了血路"。① 天津《商报》编辑吴云心说"天津市民尽有人不知道大公报有张季鸾，但不知何心冷者甚少"。② 何心冷因劳累过度，1933年10月29日病逝。曹谷冰是张季鸾老友曹成甫之子，1927年留德回国后

① 伯珍. 温故友——永久难忘的心冷 [N]. 大公报·小公园，1933-11-12.
② 周雨. 大公报忆旧 [M]. 北京：中国文史出版社，1991：128.

任要闻版编辑，1932年3月赴苏采访，所写访苏通信打破了西方新闻机构散布的谣言，客观介绍了苏联的建设成就和社会制度，后汇编成《苏俄视察记》出版。抗战后曹谷冰任《大公报》汉口版、重庆版和天津版经理。王芸生出身寒微、自学成才，1926年任《商报》总编辑，因在《商报》上与张季鸾笔战被张赏识，引入《大公报》。"九一八"事变后，除独立负担编辑《六十年来的中国与日本》，王芸生还撰写了许多社评、答读者问等文章，后汇编成《芸生文存》出版。在张季鸾提携下，王芸生成为《大公报》第二代言论主持人。徐铸成、范长江由胡政之发现引入《大公报》。徐铸成求学时有志于新闻工作，他给胡政之去信建议增加文化新闻，胡政之接信后约谈徐铸成，并让他去跑北京的文化新闻。稍有成绩和经验后又让其去外地采访体育、政治新闻，其间有几次犯规却获得胡政之、张季鸾谅解，抗战后成为《大公报》香港版、桂林版和上海版负责人。范长江在北平求学时为北平《晨报》《世界日报》和天津《益世报》撰稿。1935年春范长江得到胡政之资助，做西北地区旅行采访，一举成名。许萱伯与李子宽、金诚夫是北京大学同学，由金诚夫介绍入北京国闻通讯社任记者，1928年调入大公报馆任要闻版编辑。许萱伯1929年升任编辑主任，1935年改任报馆副经理，后历任天津馆经理、汉馆经理、香港馆经理兼编辑部主任，1938年病逝。杨历樵毕业于圣约翰大学，英文功底好，1927年4月进《大公报》馆任英文翻译。"九一八"事变后执笔写国际问题的评论，成为第一个打破吴鼎昌、胡政之、张季鸾三人"包办"局面的人，[1] 1948年病逝。李清芳1927年进馆，袁光中、王文耀1928年进馆，一直服务于《大公报》馆，为经理部的重要骨干；曹世瑛、孔昭恺1928年9月以练习生身份被录用入馆。赵恩源、费彝民1930年燕京大学新闻系毕业后入馆工作。

　　《大公报》人才济济、管理有方，原因有三：（1）胡政之、张季鸾坚持惟才是举的人才政策，能慧眼识才，大胆用才，精心育才、爱才、惜才，为人才的成长提供了相当宽容自由的环境。胡政之说"养成一个好新闻记者，真比养成学者还难，一须本人有天才，感兴趣，二须国文好，常识足，三须体质强，能忍耐。至于评论记者，需要丰富的知识，热烈的情感，公正的观察，周到的

---

　　① 方汉奇，等. 大公报百年史［M］. 北京：中国人民大学出版社，2004：178.

判断，和一个良好的史官一样，更难培植"。① （2）"四不"方针的精神召唤，"四不"方针被胡政之贯彻到报馆的组织、管理每个环节，后从"四不"方针延伸出"同人公约"。② 报馆内严禁结党，拉关系，虽有中共秘密党员却无组织活动，其他党籍和帮派的人，一经发现或有嫌疑即被辞退。（3）报馆营造了传统大家庭的融洽氛围，有详细规章制度可打消《大公报》人的后顾之忧。

《大公报》还网罗社会名流学者为己所用。副刊多请知名专家学者主持，如清华大学著名教授吴宓主编《文学副刊》、萨空了主编《艺术周刊》、张佛泉主编《现代思潮》、蒋百里主编《军事周刊》、张申府主编《世界思潮》等。1934年1月该报开辟《星期论文》副刊，每周请一位专家学者撰文，论述时政、社会、经济、文化、军事、外交等问题，最初由胡适等8人轮流撰稿，后几乎囊括国统区所有知名专家学者。据统计，《星期论文》刊行的15年里，共发表论文750篇，作者多达200余人，以大学教授为主。③ 撰稿较多者有胡适、丁文江、傅斯年、黄炎培、马君武、郭沫若、费孝通等知名学者。一流的文人学者为《大公报》撰稿，巩固了《大公报》的声誉和地位，扩大了读者面。

4.《大公报》业务上乘，特色鲜明

《大公报》业务做到了"绝无仅有"的高度。④ 1931年5月22日，胡适为《大公报》一万号纪念刊撰文，其中提到《大公报》的成功"不过是因为他在这几年中做到了两项最低限度的报纸职务：第一是登载确实的消息，第二是发表负责任的言论"。胡适抓住了《大公报》业务的两大显著特色。此外，门类齐全、质量上乘的副刊专刊，服务社会的举措也为该报崛起助力不少。

（1）新闻客观准确、流通量大、独家新闻多。20世纪20年代中国报界的顽疾是"外来之新闻多，而自行采集之新闻少""消息不确"。20世纪30年代在国民党新闻检查和商业利益驱动下，《申报》《新闻报》等大报转向"性、星、腥""软新闻"或"黄色新闻"，备受舆论诟病，实力略差的报纸更依赖于通讯社、广播电台。一是《大公报》打破依赖通讯社办报的陋习，建立了一个覆盖

---

① 胡政之. 作报与看报 [N]. 国闻周报，1935-1-1（01）.
② 本报"社训"和"同人公约"的要义 [N]. 大公园地，1943-9-20（08）.
③ 周雨. 大公报忆旧 [M]. 北京：中国文史出版社，1991：78.
④ 方汉奇. 中国新闻事业通史（第2卷）[M]. 北京：中国人民大学出版社，1996：474.

面广、机动性强、反应灵敏的记者、特派员、（特约）通讯员网络，采访触角遍及海内外，地方通讯和本埠新闻几乎全由本报记者和通讯员采写。两个整版的要闻版，本报专电和通讯占一半以上，有时要闻版全用自己的专电，不用一条外稿。1927 年 8 月 1 日关于南昌起义的消息，京津大报均用"东方社电"，唯独《大公报》用"本报上海专电"。1931 年 4 月 15 日西班牙国王下台宣告成立共和政府，《大公报》第一天用"路透社电"，第二天用本报"西京马德里 4 月 16 日特电"。① 二是独家、重大新闻多。1928 年底东北易帜、1930 年张学良通电拥蒋、1930 年 12 月阎锡山兵败潜抵天津、1931 年"九一八"事变等事关时局变动的重大事件，都由《大公报》独家首发。三是实地调查报道丰富。曹谷冰的苏联访问、李烛尘（镜剑生）赴日参观通讯、范长江的西北通讯等影响一时，尤其是范长江的西北通讯，轰动全国，《中国的西北角》9 次再版。② 四是编排以新闻为主，注重长短搭配，标题醒目，广告不染指新闻，版面美观。《大公报》二、三版是国内外要闻，社论放首位，广告与新闻多分排，不像《申报》《新闻报》以广告为中心排版，一条新闻被广告分割在不同栏中。新闻表述客观平和、凝练简洁，毫无空话官话，信息量大，多用春秋笔法。如 1930 年 4 月 7 日《大公报》刊发鹿钟麟领衔的劝蒋介石下野电报，借他人之口骂蒋介石"论者谓善言为先生说完，而恶行为先生作尽"。

（2）社评敢言善言，拿捏到位。坊间流传《大公报》崛起靠"吴鼎昌的资金，胡政之的组织，张季鸾的文章"。"张季鸾的文章"寓指《大公报》社评。《大公报》自复刊起就定下了社评集体写作原则。复刊之初三人共同组成"社评委员会"，共同研究时政问题，商榷意见，决定主张，文章由三人"分任撰述"，最后由张季鸾负责"整理修正"，意见不统一时，以"多数决之"，意见各不相同时以张的意见为准。社评采用不署名制以示代表大公报人的意见。张季鸾为《大公报》撰写了大量社评，被称为"社评圣手"，吴鼎昌、胡政之、王芸生等人也撰写了许多社评。张季鸾的社评语言流畅、浅显易懂，论证缜密周细、情

① 方汉奇. 中国新闻事业通史（第 2 卷）［M］. 北京：中国人民大学出版社，1996：475.
② 蓝鸿文.《中国的西北角》到底出了多少版？［J］. 新闻战线，2008（08）：20-51.

感朴实中肯、文笔犀利透辟，倾倒不少读者，初期有脍炙人口的"三骂"。①《大公报》经常痛骂国民党党政要人、地方军阀，严厉抨击国民党内外政策，勇于提出自己的主张。如1929年3月《大公报》刊发社评主张修改国民党党纲总章，成为孙科在国民党第三次全国代表大会上的提案。但《大公报》维护国民党当局的根本政策，绝不"骂"蒋介石。该报社评一般在重大新闻刊出当日配合发表，有些在次日刊出，很少拖到第三天。对"痛骂"之人也不"一棍子打死"，而是在痛骂之余给被骂者提出诚恳建议。张季鸾社评写作要诀"以锋利之笔，写忠厚之文；以钝拙之笔，写尖锐之文"，② 道出了该报敢言、善言的拿捏尺度。

（3）门类齐全、质量上乘的副刊专刊。报纸杂志化，以副刊专刊丰富内容、服务社会维系读者、挤占杂志空间是本时期大报的普遍做法。《大公报》副刊经历了由综合性向专门性发展，综合与专门副刊并重的发展过程。1926年9月1日复刊之日在八版上半版设立综合性文艺副刊《艺林》，1927年3月创办综合性副刊《铜锣》。1927年专门性副刊初具规模，形成每周固定时间、固定版面、每个副刊出版一期的格局。1928年元旦《小公园》创刊，为该报连续出版时间最长、影响最大的一个综合性文艺副刊，③ 1935年8月31日终刊。1929年元旦后，《大公报》专刊、副刊有了新发展。自1929年元旦到1936年9月复刊10周年，《大公报》先后创办二十多个专业副刊，有《科学周刊》《市政周刊》《社会研究》《医学周刊》《政治副刊》《读者论坛》《社会科学》《现代思潮》《世界思潮》《社会问题》《经济周刊》《军事周刊》《文艺副刊》《明日之教育》《乡村建设》《图书周刊》《史地周刊》《艺术周刊》《县政建设》等，涉及政治、经济、社会、文化、教育等领域，学术色彩浓厚。大公报人陈纪滢说，"大公报开辟各种学术性副刊，是全国所有报纸最成功的一家，直到今天似乎没有

---

① 即骂吴佩孚"跌霸"的《跌霸》(《大公报》社评1926年12月4日)，骂汪精卫的领袖欲的《呜呼领袖欲之罪恶》，(《大公报》社评1927年11月4日)，骂蒋介石不学无术的《蒋介石之人生观》(《大公报》社评1927年12月2日)。

② 周雨. 王芸生 [M]. 北京：人民出版社，1996：210.

③ 吴廷俊. 新记《大公报》史稿 [M]. 武汉：武汉出版社，2002：83.

一家报刊堪与媲美。"①《大公报》的副刊除少数由社内人士编辑外，多数约请社外人士编辑，都有大众性与知识性。《大公报》还适时创办专刊，如根据"明耻教战"的言论方针创办《军事周刊》《经济周刊》。此外还出版《中国地方自治学会成立特刊》《九一八三周年纪念特刊》《电信特刊》等数量众多、种类繁多的特刊。

（4）服务社会的重要举措。《大公报》还是"社会服务机关，国人有难、有求，该报有为之解难、服务之义务"，② 其社会服务成绩斐然。1928 年 6 月大公报同人成立"大公报救灾委员会"，设立读者服务部，在天灾人祸时举行募捐活动，解决民众燃眉之急，后成为该报一项经常性活动。1929 年为天津市郊贫民举办慈善演艺会。1930 年 5 月 12 日起为陕西大旱举行赈款宣传周，共收捐款 10 余万元，此为该报首次举办赈灾劝募活动。③ 1931 年全国遭受水灾，大公报成立"水灾急赈委员会"，8 月 19 日为灾区募捐，9 月 1 日定为"大公报馆救灾日"，至 9 月 20 日除报社捐款外，共收捐款 208046.72 元。1932 年为淞沪抗战募捐，为西安孤儿院代收捐款。1933 年，代收冀南三县黄河水灾捐款，代收山东水灾急赈捐款，代收黄河水灾农赈捐款等。④

《大公报》迅速崛起为全国舆论重镇，意义深远。在《申报》《新闻报》等大报走向都市化、煽情化、市场化的深渊时，《大公报》倡导并实践的"文人论政"一枝独秀，为民营传媒赢得社会声誉，振奋了民营传媒人的职业信心。《大公报》的崛起改变了《申报》《新闻报》为龙头的上海传媒长期独占鳌头、北方难以匹敌的空间格局，故当《大公报》进军上海报界时，遭到了上海新闻界的集体抵制。《大公报》提升了中国民营传媒业的现代化水平。民营传媒在北洋时期已开始现代化，本时期向纵深发展。在经营管理层面，史量才、张竹平、成舍我等人朝报业托拉斯方向发展，遭到国民党狙击后，内容日益偏向都市大众、煽情庸俗。《大公报》则重视经营管理，建立科学管理制度，不断提升新闻质量，其"文人论政"实践提升了民营传媒业的整体业务水平，为当时新闻人

① 赖光临. 七十年中国报业史［M］. 台北：台湾中央日报社，1981：115.
② 本报续刊二周年之感想［N］. 大公报，1928-9-1.
③ 马艺. 天津新闻史［M］. 天津：天津人民出版社，2015：197.
④ 马艺. 天津新闻史［M］. 天津：天津人民出版社，2015：197-198.

树立了可效仿的榜样。

（二）成舍我与《世界日报》报系

《世界日报》报系是成舍我 1924 年起在北平白手起家创办的《世界晚报》（1924 年 4 月 16 日）、《世界日报》（1925 年 2 月 10 日）、《世界画报》（1925 年 10 月 1 日）的简称。为避祸，1926 年成舍我将办报重心转移到南京、上海，也未忽视北平世界日报、晚报、画报三报。世界日报、晚报、画报在本时期渐成华北地区有影响的大报，日销达 2 万份，还为南京《民生报》、上海《立报》提供了不少支持。

受"二次北伐"影响，1928 年春的北京新闻界凋零混乱。3 月 17 日，成舍我以"尊煊"为笔名撰写南京通信《南方政局之剖析》，打破了一年多的沉默，开始复苏。济南惨案发生后，该报连续报道，大字标题呼吁"日人将为人类公敌"。三版辟"读者论坛"栏，刊登反日文章，《蔷薇》周刊改出"国耻号"。教育版刊登各校师生声讨日军侵略暴行的新闻。5 月 10 日，《世界日报》《世界晚报》同时刊发社论，全面展开抗日动员。

蒋介石进驻北京后，《世界日报》自 6 月 11 日在第八版连续刊登孙中山的《三民主义》《建国大纲》和国民党政纲。1928 年 10 月 10 日辛亥革命纪念日，在第四版印红色并另出特刊一大张。1929 年元旦出新年特刊两大张，刊有蒋介石、胡汉民、阎锡山、孙科等 40 余位国民党要人的题词或论文，为《世界日报》空前绝后的大特刊，① 这表明成舍我正式转向南京当局。1929 年 12 月 31 日，《世界日报》转载国闻社"阎锡山赴郑州督师"消息，泄露"阎出晋督师为假，联合冯玉祥是真"的秘密，被阎锡山勒令停刊，经疏通于次年 1 月 13 日复刊。《世界日报》借此提高了声誉，1930 年发行突破 1 万大关。② "在登载新闻和发布社论上，有时还敢于执言，确实能吸引读者，而跃居北京新闻界首位"。③

1935 年后，《世界日报》基础渐趋稳定。成舍我推行"科学管理"制度，

---

① 张友鸾，等. 世界日报兴衰史［M］. 重庆：重庆出版社，1982：79.

② 张友鸾，等. 世界日报兴衰史［M］. 重庆：重庆出版社，1982：139.

③ 贺逸文，左笑鸿，夏方雅. 采纳意见 改进版面——一九三一至一九三七年七月的世界日报［J］. 新闻研究资料，1981（01）：24-51.

在总管理处下设总务、监核、扩充、仓库四组，编辑、营业、印刷改称处，连同会计处共为四处，① 换用新式簿记，建立新的人事管理制度。添置轮转印刷机和万能铸字机，建立电务室，添置收报机，收听天空中的新闻电波，增辟新闻来源。将石驸马大街原址作新闻学校校址，另在西长安街 32 号租用原西安饭店旧址作新社址。《世界日报》销量在"卢沟桥事变前两个月，超过两万份"②。1937 年 8 月 8 日，日军占领北平。《世界画报》于 8 月 8 日出版 108 期后停刊，《世界日报》《世界晚报》8 月 9 日停刊，成舍我率大部分职工离开北平南下。

《世界日报》发展成为华北地区有影响力的大报，原因主要有三：

1. 教育新闻明显优于北平各报。"世界"报系与北平教育界、李石曾等关系密切，成舍我和经理吴范寰曾在北京大学、北平大学兼职，拥有教育资源。《世界日报》《世界晚报》率先创设"教育专栏""教育界"，把教育新闻办成报纸存在和发展的一大支柱。《世界日报》《世界晚报》的教育新闻的特色有三：一是教育新闻准确。除专门记者采访，还在各高校选大学生做特约记者，负责报道各校新闻。成舍我、吴范寰能从教育界中获得许多独家新闻。二是持论公正，敢于直言。北平教育界历来问题多，学潮频繁。如 1928 年 7 月反对设立中华大学及李石曾任校长、1932 年 6 月驱逐校长沈尹默等事件，该报都同情支持学生，进行大量报道。三是形式多样。除"教育专栏""教育界"外，1930 年 10 月增设面向中学生的《春明周刊》，1934 年 9 月增设吸引学生投稿的"学生生活"。1935 年初增辟"学人访问记"，该栏报道了 56 名著名教授和专家学者。

2. 副刊、周刊多种多样，特色鲜明。《世界日报》《世界晚报》出版多种副刊、周刊。1926 年后，形成了每周七天定期出版周刊的版面格局。其中《夜光》《明珠》，出版时间最长，名重一时，为《世界日报》《世界晚报》立下汗马功劳。两副刊由张恨水创办，以诗词、掌故、随笔为主兼连载张恨水的长篇小说。张恨水极富才华，是著名小说家，在报纸上连载了 40 多部中长篇小说。其中《世界晚报》连载有《春明外史》《战地斜阳》《斯人记》，《世界日报》

---

① 贺逸文，左笑鸿，夏方雅. 采纳意见 改进版面——一九三一至一九三七年七月的世界日报 [J]. 新闻研究资料，1981（01）：24-51.

② 张友鸾，等. 世界日报兴衰史 [M]. 重庆：重庆出版社，1982：139.

连载有《新斩鬼传》《荆棘山河》《交际明星》《金粉世家》《第二皇后》等，①其中《春明外史》为《世界晚报》打开了销路，后出版单行本。《金粉世界》刊登 2196 次，历时 7 年之久，风靡京华。②

3. 报馆人才济济。成舍我是办报多面手，自己当过校对、记者、编辑、主笔、经理、总经理、总编辑、社长乃至董事长。他以同乡、同门、同事等关系为"世界"报系聚集了吴范寰、张恨水、左笑鸿、万枚子、张友渔、贺逸文、盛世强、黄少谷、成济安、周邦式等一批新闻人才。吴范寰在《世界日报》任职前后达 15 年，与成舍我合作 30 年，为"世界"报系作出重大贡献。龚德柏留学日本精通外语，先后为《世界晚报》《世界日报》的总编辑，1929 年末离职。张友鸾系总编辑全才，擅长采写、编辑、评论，主编的报纸文章短小精悍，内容充实丰富，标题精炼醒目，版面生动活泼，副刊引人入胜。张友渔是中共地下党员，在《世界日报》工作长达 10 年，担任主笔、撰写社论，主编《教育界》《社会科学副刊》《新闻学周刊》，巧妙地通过《世界日报》传播了许多中共声音。成舍我还创办北平新闻专科学校，为报馆输送优秀员工。

（三）管翼贤与北平《实报》

《实报》1928 年 10 月 4 日发刊，是北方小型报的先驱。《实报》由管翼贤从鄂籍军人徐源泉、陕西督办寇霞、方振武、白崇禧等处筹资一两千大洋创办，③ 社址初设在宣武门嘎哩胡同十四号，时闻通讯社几乎与《实报》同时诞生，二者是一息共生关系。④ 管翼贤（1899—1951），湖北蕲春人，早年留学日本东京法政大学。20 世纪 20 年代初任《益世报》驻京记者和神州通讯社记者，以善于"抓消息"闻名于平津新闻界。管翼贤将大报的新闻性与小报的趣味性结合起来办报，获得成功。北平沦陷后，管翼贤成为汉奸报人，抗战胜利后被处决。

---

① 刘少文. 大众媒体打造的神话：论张恨水的报人生活与报纸化文本［M］. 北京：中国社会科学出版社，2006：225-233.
② 方汉奇. 中国新闻事业通史（第 2 卷）［M］. 北京：中国人民大学出版社，1996：342.
③ 李诚毅. 三十年来家国［M］. 香港：振华出版社，1962：143.
④ 李杰琼. 半殖民主义语境中的"断裂"报格：北方小型报先驱《实报》与报人管翼贤［M］. 北京：中国社会科学出版社，2015：36.

　　《实报》初创时，社长管翼贤负报社全责，其妻邵挹芬任经理，管理全社事务，设编辑、营业、工务三部，有苏雨田、李诚毅、梁梓材、蒋天竞、夏铁汉等员工。发刊辞《实之第一声》以"实"字揭示该报的发行理想和目标，宣称"以发扬党义提倡民生为宗旨，记载力求详实"。① 报纸日出四版一张，头版为时政新闻，二三版为副刊，初为"小实报""特别区"，专载各种小说、诗歌和杂文等，此后名称几经变更，内容有所扩充；四版以社会新闻为主。创刊发行八百份，后增至两千份，1929 年 4 月至七千份，年底近一万份，编辑部因而扩充改组。1928 年 12 月报馆移至和平门内路新帘子胡同 36 号，1930 年春添加机器实行自行印刷，迁往宣武门外大街路西 56 号。②

　　针对北平"大报之读者，多为知识阶层及中等以上之资产者，小报之读者，则大部为劳动者"③ 的现状，《实报》取"小报大办"方针，以平民阶层为目标读者，"新闻力求充实敏捷，文艺杂品力求趣味艺术化"，以大报的新闻和小报的趣味最大限度地迎合读者，兼顾编辑与营业。

　　1. "广采精编"。不同于《实事白话报》《群强报》等小报多剪自前一日大报或晚报新闻，《实报》要闻版大量登载时政新闻，追求时效、准确，获得"消息灵通，报道及时"的口碑。报纸对中原大战、"九一八"事变等重大事件予以大篇幅连续报道，社会新闻多为抢劫、凶杀、吞毒等犯罪新闻或与风月场所有关的里巷新闻，刺激读者目的极为明显。这种煽情手法被读者称为"实报者，一奸盗淫邪之印刷品也"。④ 其"精编"方法主要有三：一是依新闻价值大小安排消息的版面位置及内容详简；二是重要消息多行、大字标题处理；三是不重要消息以"要闻简报"处理。这使得版面清新简洁，便于阅读。日本外务省情报部 1929 年编纂的北平报纸调查中对该报评价道，"记者能够掌握政治新闻和社会新闻两方面的报道要领，因此受到各阶级读者欢迎"。⑤

----

① 苏雨田，夏铁汉. 实报之一年 [J]. 实报增刊（再版），1929：355-357.
② 李杰琼. 半殖民主义语境中的"断裂"报格：北方小型报先驱《实报》与报人管翼贤 [M]. 北京：中国社会科学出版社，2015：39.
③ 萨空了. 北平小报之研究 [J]. 实报增刊（再版），1929：45-54.
④ 蒋天竞. 社会新闻与社会 [J]. 实报增刊（再版），1929：358-359.
⑤ 李杰琼. 半殖民主义语境中的"断裂"报格：北方小型报先驱《实报》与报人管翼贤 [M]. 北京：中国社会科学出版社，2015：41.

2. 重视副刊。《实报》辟有几十种专版、专栏，三版经常连载武侠小说、社会小说及连环画。如副刊《小实报》主要登载文人墨客撰写的与戏剧剧本、演员相关的休闲小品，及与北平、清末之逸事有关的记述文字。"特别区"副刊主要刊载小说和杂文，连载多位当时人气作家的长篇通俗小说等。喻血轮认为《实报》"以社会新闻见长，其副刊采综合编辑法，凡小品、掌故、小说、文艺，包罗万象，尤饶趣味，以是风行一时，脍炙人口，在北平小型报中，几占首要位置"。① 管翼贤"小报大办""广采精编"的方针大获成功，到1936年《实报》发行达至9万余份，《实报半月刊》发行涨到3万份以上，实报丛书出版了20多种，还先后购买了人力平板印刷机、电力卷筒机（每小时印六万份）等设备。② 另有说法称，《实报》最高发行达14.8万份，居华北各报发行之首。③

管翼贤标榜"不祖不偏""站在民众的立场，探索民众的真意"，④ 实则政治投机性很强。该报创刊初期是华北军阀的代言机关，一年后宣告以"发扬党义提倡民生"为宗旨，转向蒋介石集团。中原大战期间偏袒北方反蒋联盟，称蒋介石"祸国""篡党""卖国""殃民"。"九一八"事变后积极宣传抗日救亡运动，刊发社评和报道揭露日本侵华野心，不满国民党当局软弱外交，要求速定对日方针，支持民众抵制日货，同情抗日武装力量，号召打倒一切帝国主义，武力收复失地。陈豹隐、李达、张申府、张友渔、丁玲、沈从文、老舍、刘白羽等为该报撰写社论和文章，呼吁抗日救亡。管翼贤则拥护国民党，反对共产党，多次刊发社评和报道支持国民党"剿共"，配合国民党妖魔化中共，诋毁红军。华北危机，该报言论由激进转向缓和、保守。北平沦陷，《实报》被日伪政府接管。

（四）天津《益世报》的发展

《益世报》是与新记《大公报》地位持平的北方大报。该报具有天主教背

---

① 喻血轮. 绮情楼杂记——一位辛亥报人的民国记忆 [M]. 北京：中国长安出版社，2010：243.

② 李杰琼. 半殖民主义语境中的"断裂"报格：北方小型报先驱《实报》与报人管翼贤 [M]. 北京：中国社会科学出版社，2015：157-159.

③ 姚福申，叶翠娣，辛曙民. 汪伪新闻界大事记（下）[J]. 新闻研究资料，1990（01）：135-144.

④ 与国人共信共守 [N]. 实报，1932-10-4.

景，1915 年 10 月 10 日由比利时天主教传教士雷鸣远和教徒刘守荣（字浚卿）、杜竹萱创办。在《大公报》、《庸报》（1926 年 8 月 4 日）、《商报》（1928 年 6 月 27 日）的挤压下，该报入不敷出、奄奄一息，发行从一万份跌至三千份左右。为打开局面，刘浚卿 1928 年拉刘豁轩进《益世报》任总编辑。在刘豁轩的主持下，《益世报》逐步摆脱困境走向高峰，成为与《大公报》齐名的北方大报，尤其是罗隆基任该报主撰时，影响力大增。刘豁轩（1904/1903—1976），名明泉，号豁轩，生于天津蓟县少林口村的一个天主教家庭。1919 年考入南开中学，后进入南开大学，主修政治学，深受梁启超、张伯苓和胡适的影响。1928 年大学毕业后被堂兄刘浚卿拉入《益世报》编辑部。为与《大公报》竞争，刘豁轩到任后大刀阔斧改革《益世报》，改变了被动局面。1931 年 8 月，据国民党中央宣传部调查，《益世报》已成为日出两大张、发行 35000 份的大报。

1. 网罗人才，增加记者队伍，扩大新闻源。汪心涛、赵莫野、唐际清、吴云心等同学先后被引入报社。这些年轻人素质良好，干劲足，很快成为报社骨干，汪心涛、赵莫野更成为刘豁轩的左右手。刘豁轩还在北平、上海等十余座城市增设特派记者，在河北、山东、辽宁等省市县聘请通讯员，广开新闻源。

2. 企业化经营。经刘豁轩提议，1931 年雷鸣年、刘浚卿组成有限公司成立董监事会，发行股票召集股本。雷鸣远任董事长，掌握报馆最高权力。通过改组报馆增加了 8 万元资金。1932 年，刘豁轩通过刘俊卿向开滦矿务局带息借款，用 5 万元在德国订购一架新机器，取代原有平版机，提升了报馆印刷能力。

3. 高薪聘请离沪北上的罗隆基进馆，放手支持其主持《益世报》社论笔政。刘豁轩先后聘请过近十位社论主笔，限于学识或胆识都无法与《大公报》社评抗衡。"九一八"事变后，雷鸣远支持中国对日开战，刘豁轩遂聘请当时新月派代表人物、主战派罗隆基为主笔。为表诚意，刘豁轩提出"在不危及报纸的生命和不反对天主教教育的前提下，社论主撰有完全的言论自由；二是每月薪金 500 元"。① 月薪五百元，在当时报馆是破纪录的。刘豁轩还答应罗隆基"社论题目一概由他一人定夺，内容全由他一人写就，别人不可置喙；文章写好，笔误错字可以校正，其他概不可改易；报馆设专室，供读者看报写稿，他

---

①　文昊. 他们是怎样办报的［M］. 北京：中国文史出版社，2005：191.

人不得打扰；社论写完就走，何时来报馆，何时离开，他人无权过问"等条件，① 将《益世报》言论权完全交给了罗隆基。罗隆基的抗战社评发挥了很大效应，报纸销量直线上升。罗隆基主持《益世报》笔政的 1932 年 1 月至 1937年 8 月，《益世报》奠定了北方舆论重镇的地位。

4. 创办各种副刊专刊，推行报纸杂志化。《益世报》先后创办过 50 多个综合性和专门性副刊。1929 年至 1932 年是该报创办副刊专刊的繁盛期，副刊专刊不断推出，涉及政治、宗教、文化、人文科技、教育卫生、体育健康、抗战御敌等方面。开设时间最长的综合性副刊是 1915 年 10 月 1 日创办的《益智粽》，1931 年 10 月 10 日第 5536 期改版，开始登载抗日小说，由陈慎言主持。1932 年10 月 15 日改版为《语林》，至 1937 年 7 月《益世报》停刊。此外还有《益世报副刊》《学术周刊》《医药周刊》《医光周刊》《戏剧与电影》《通俗科学》《无线电》《妇女与家庭》《报学半月刊》等数十种，可谓琳琅满目，种类多样，兼容并包。还刊发《新年特刊》《捕蝇特刊》《九一八纪念特刊》等特刊，满足了不同读者需要。1936 年初刘豁轩辞去《益世报》所有职务，《益世报》日渐不振，1937 年 8 月天津沦陷时停刊。

二、北方地区的民营传媒

北方民营传媒业以华北为中心，华北又以北平、天津为中心。东北地区的民营传媒数量有所增加，民营传媒大多爱国抗日，追求进步，随着东北沦陷，东北民营传媒消亡。西北地区民营传媒发展最落后，甘肃、青海、宁夏几无民营媒体，新疆亦是如此。

（一）华北地区的民营传媒

华北是中国传统政治的中心，长期由晋系、冯系、奉系军阀分割把持，经济发展水平不如江浙地区，却高于西北地区。北平是中国传统的政治中心，守旧意识浓厚，文化底蕴深厚，南京国民政府成立后，政治中心南移，政治影响力仍在。天津是北方的经济中心，加之平津地区有较好的民营传媒基础，这使得民营传媒在平津地区有较大发展，北平《世界日报》报系、《实报》和天津

---

① 文昊. 他们是怎样办报的 [M]. 北京：中国文史出版社，2005：191.

《益世报》是影响波及华北的大报，有较高的现代化水平。新记《大公报》是北方唯一的全国性大报。

除影响力较大的《世界日报》《实报》外，晚报在北平也有所发展，出现了《世界晚报》《北京晚报》《大同晚报》《国民晚报》等较有影响力的晚报。《北京晚报》1921年1月1日创刊，是北平老牌晚报，创办人是律师刘煌，社长季翅时，主笔萨空了、蒋龙超。该报社会新闻比其他晚报多，以法院新闻为主，常有"法庭旁听记"之类的报道，很受市民欢迎。萨空了主编该报副刊，经常发表杂文。1937年2月24日该报改名为《北平晚报》，报头下注明"原名《北京晚报》"，社址迁到宣内绒线胡同中间179号，报纸编排没有多大改动，副刊仍是《余霞》。同年8月11日刊登启事"本报因纸源断绝，自明日起停刊"。①《大同晚报》由龚德柏主办，日出四开一张。该报曾与《世界晚报》打笔墨官司，出版不久，因业务困难停刊。《国民晚报》原为黄少谷创办，1927年黄少谷将之卖给张友渔、左笑鸿、张友鸾三人，后左笑鸿、张友鸾忙于《世界日报》从中退出，张友渔约同武新宇、陈显文接办《国民晚报》。1927年11月张友渔被捕后停刊。②

天津主要是《大公报》《益世报》《庸报》《商报》四家报纸竞争市场。《商报》1928年6月27日创刊，总编辑王芸生，又罗致王小隐、唐兰、张厚载、吴秋尘等天津报界人才。该报实为一张综合性报纸，王芸生集编辑、社论撰述、翻译外电于一身，是新闻界后起之秀。报纸立论较严正、中外消息不少，社会新闻也多，经济商情很有特色，受到天津商界注目，并影响河北等地。《庸报》1926年8月4日由叶庸芳创刊，后转让给董显光、张琴南等人，报纸评论及星期评论立论比较严正，注重本地新闻，社会新闻、体育新闻为其特色。在四家报纸的竞争中，《庸报》《商报》因经济实力不足、人才留不住败下阵来。《庸报》1935年被日本特务机关收买，《商报》的王芸生被《大公报》挖走。《益世报》在与《大公报》的竞争中处于守势，刘豁轩辞职后，《益世报》也败下阵来，成为天津地方性报纸。1937年天津沦陷前，《大公报》在天津一家独秀。

① 中国报业协会. 中国集报精品［M］. 北京：人民日报出版社，2013：82.
② 王文彬. 中国现代报资料汇辑［M］. 重庆：重庆出版社，1996：163.

此外，天津在 1928 年北洋军阀垮台后出现了一个小的办报高潮。《大中时报》《新天津晚报》《商报》《新报》《建设日报》《正报》《平津快报》《消闲新闻》8 家报纸创刊。1929 年、1930 年分别有 5 家和 6 家报纸问世，存续两年以上者却不足半数。1928 年后天津有 16 家大报和 20 余家小报和画报，真正有影响力的不多。天津晚报、小报较繁荣。晚报有《新天津晚报》《晚报》《华北晚报》《益世报晚刊》《天津日报晚刊》等。《新天津晚报》由报人刘髯公 1928 年创办，该报独创以剑侠评书代替武侠小说的报纸小说连载模式。① 《益世报晚刊》为《益世报》1930 年创办，由刘辖轩负责，日发行量达到 7000 份。② 《华北晚报》1927 年创办，负责人周拂尘，发行曾达 8000 份。《天津日报晚刊》1929 年创办，在天津日租界福岛街出版发行，发行量 2000 份。《新天津晚报》1928 年 6 月 1 日创刊，栏目主要有国内新闻、本市新闻、小说、游艺。③ 小报有《救市新报》（1928 年 7 月 10 日改为《人言》）、《白话晨报》（1927 年 12 月 13 日至 1928 年 3 月 31 日）、《博陵日报》（1934 年 10 月）等。《博陵日报》由刘震中创办，该报主要采用中央通讯社和国闻通讯社稿，本市新闻用大陆通讯社和国风通讯社稿，也自采新闻，设有《饮冰室》《娱乐园》副刊。"七七"事变后改为《博陵报》，1950 年 8 月 2 日停刊。

五四运动前后，天津已先后办起十几家通讯社，设备大都简陋，多是手工作坊，寿命不长。据《天津志略》1931 年 9 月统计，当时有通讯社 18 家，1926 年成立的 1 家，其余都成立于 1928 年后，1930 年成立的 10 家。据 1934 年 10 月《天津市概要》统计，中国人办的通讯社减少到 11 家，1931 年前办的只剩下 3 家。天津广播电台本时期进入发展时期。1934 年 1 月起先后出现了仁昌、中华、青年会、东方四家民营电台。仁昌台由仁昌绸缎庄所办，1934 年初播音，功率由 7.5 瓦扩至 50 瓦、200 瓦。中华台由上海中华广播无线电研究所天津分社创办，功率由 50 瓦扩至 100 瓦。青年会电台是基督教青年会所办，1934 年 11 月播音，功率由 50 瓦扩至 150 瓦。东方台 1935 年春播音。四座电台都以广告收入为主要经济来源，主要用曲艺节目招徕广告，还播放一些音乐、戏曲、广播剧

---

① 倪斯霆. 旧报旧刊旧连载 [M]. 上海：上海远东出版社，2017：197.
② 罗文达. 在华天主教报刊 [M]. 王海，译. 广州：暨南大学出版社，2013：199.
③ 马艺. 天津新闻传播史纲要 [M]. 新华出版社，2005：214.

等。天津沦陷，四台均于 1937 年 7 月底陆续停播。另南开大学 1934 年春在校内办有 15 瓦的校广播电台。1934 年 10 月，北站体育场临时设有广播电台，用于转播天津第 18 届华北运动会。1935 年秋，中原百货公司设立了一个小型广播电台，北宁铁路局、《益世报》、社会局、教育局等单位也先后筹设无线电台，没有正式播音。1935 年 9 月，天津出版了专门登载广播界消息的《广播日报》，该报是北方第一家专门报道广播界消息的报纸。1936 年 4 月，《无线电日报》开始发行。两家报纸都是四开四版小报，天津沦陷后停刊。

河北官办传媒占垄断地位，民营报纸只是配角。1936 年统计，河北地区（当时河北省、察哈尔省，不含天津、北平）有民办报纸 25 种左右，出版时间都不长。《河北省志·新闻志》记录的本时期民营报纸 20 余种，主要集中在石家庄、保定、张家口、唐山等地、冀县和昌黎县也有日报出现。1928 年后，石家庄民营报纸远多于省会保定。石家庄民营报纸始于 1928 年。这一年有李亚夫的《石门日报》和任国忠的《实业公报》出版，不久两报停刊。1933 年元旦，赵润身等创办《石门日报》，发行达 2000 份。1934 年后有《救国日报》《商报》《正言报》《小石报》《燕风报》《石市晓报》《当天报》《华北晚报》等相继问世。保定有《竞进日刊》《保定小日报》，张家口有《小小日报》等民营报纸。阎锡山控制了山西传媒，国民党党报仅 2 家，晋系传媒占主导地位，民营传媒也是配角。《太原时报》、《平报》（晚刊）、《民报》、《一报》、《抗日半月刊》、《中报》等创刊不久即被扼杀。内蒙古亦是如此，国民党报刊占垄断地位，民营传媒艰难发展。粗略统计，新出报纸至少十四五种，约占全区报刊总数的 1/3。内蒙古报纸兴办最早的是包头，1928 年，有《包头日报》《包头周刊》两家，抗战前，包头共出现 4 种报纸。数量最多的是归绥，除包头 4 家，赤峰 1 家外，全部都在归绥。这些报纸 1932 年以后创办的居多，多为期刊，报纸约有四五种，全是小报，发行量不大。报纸多为汉文版，蒙汉文合刊的大概只有《蒙古新闻》《蒙古向导》两种。内蒙古民营传媒中，第一家民营通讯社是 1933 年的绥远新闻社，第一家晚报是 1934 年左右的《绥闻晚报》，第一个由学术团体主办的学术期刊是 1931 年 12 月的《世界语半月刊》。

山东民营传媒亦受到严重抑制。蒋冯大战前，山东民营报纸不多，有向县域发展的趋势，临沂、利津、威海等地均首次出现民办报刊。大战后，在韩复

架的严厉控制和官办传媒的挤压下，民营报纸发展缓慢，潍坊、沂水等地出现
了民办报纸，济南有《济南晚报》（1930年）、《商报晚报》（1931年）、《市民
晚报》（1932年）、《大晚报》（1933年）、《晚报》（1936年）等晚报出现。

（二）东北、西北地区的民营传媒

东北、西北地处边陲，传媒发展相对滞后。东北与俄国交界，被日本垂涎，
是日、俄争夺的重要区域。1918年奉系张作霖借日本势力统一东北，成为"东
北王"。1928年张作霖被日本在皇姑屯炸死，其子张学良宣布易帜，归顺南京政
府。1931年9月日本发动"九一八"事变侵占东北，东北军执行蒋介石"不抵
抗"政策，致使东北全境很快沦陷。东北地区的民营传媒随之沦陷，备受日寇
欺凌。在日、俄夹缝和奉系军阀控制下，东北民办报纸备受摧残。据统计，
1912年至1931年国人自办报纸共计189种，民办报纸（包括商会和各类民间组
织办的报纸）有148种，占总数的78%，但绝大多数短命，有的只存在一两个
月，只有14家持续出版超过5年，不足民办报纸总数的1/10。而且这10家报
纸大部分都接受官方津贴，属于半官方报纸。真正实行企业化经营，一般不靠
官署按月津贴且长期出版的报纸，只有沈阳《醒时报》、长春《大东日报》、吉
林《新共和报》、齐齐哈尔《黑龙江报》、哈尔滨《东陲商报》和《国际协报》
等。[1] 20年代中期，民办通讯社在东北也有发展，但数量不多。

"九一八"事变前，黑龙江影响力较大的民办报纸有《滨江日报》《东三省
商报》《午报》《黑龙江民报》《国际协报》等。其中《滨江日报》由范聘卿、
范介卿两兄弟于1921年3月15日创刊，该报标榜"倡导实业，研究工艺"，
1932年2月5日日本占领哈尔滨，2月6日停刊，同月19日复刊，宗旨却转向
"拥日"，成为哈尔滨民办报纸中第一家自行复刊的报纸，1937年10月31日停
刊。[2] 哈尔滨《国际协报》1918年创刊，1937年被日本强行停刊，是哈尔滨20
世纪二三十年代出版时间最长、社会影响力最大的一家民办报纸。社址在哈尔
滨市道里区新城大街，宗旨是"志在扶持正义，促进和平"，发行居哈埠中文报

---

① 宁树藩. 中国地区比较新闻史（中卷）［M］. 上海：复旦大学出版社，2018：264-265.
② 张岩，曲晓范. 论哈尔滨近代民营报纸《滨江日报》的特点及其作用［J］. 黑龙江社会
　　科学，2010（03）：108-112.

纸之首。"九一八"事变前，《国际协报》版面由分栏固定模式改为破栏制题排文，增加了新闻图片和漫画等，报纸版面大为改观，新闻报道增加了对重大事件的独家采访。该报维护国家主权，大肆报道"满蒙新五路"和"中东铁路事件"，社长张复生每日社评"文笔畅达、立论卓拔——甚为中外当局所注目"。该报副刊后来居上，主编赵惜梦组织成立绿野文艺社，吸收灿星、蓓蕾、蔷薇、塞上、五分钟等文艺社，每周轮流出版多种文艺副刊，汇聚和造就了一批左翼作家和东北作家群，赵惜梦被誉为"哈尔滨文艺界的保姆"。《东三省商报》提倡加强国际贸易，通俗小报《午报》专载本埠社会新闻。《黑龙江民报》1929年元旦在齐齐哈尔创刊，使黑龙江多年来报业不振的局面有所改变。吉林的民营传媒亦受压制，民营报纸数量少，发行量只有几百份，最多的不过2000份左右，维持长期出版的有《新共和报》等几家报纸。吉林沦陷后，《新共和报》《东北实业日报》《吉长日报》等坚持抗日立场的民营报纸被迫停刊。辽宁民营报业略好于吉林，"九一八"事变前主要有《东北商工日报》《新亚日报》《东北民众报》等。《东北商工日报》是一份代表民族资产阶级利益的报纸，该报是奉天商会机关报，1920年创刊，实际主持人是东三省民治俱进会总会长高崇民。1927年9月，奉天商工总会和该报负责人发动沈阳几万市民示威游行，反对日本在临江县设领事馆，首次举起反对日本侵略的旗帜。张学良执政后，该报态度更加激进，除刊登经济信息外，不断揭露日本侵略东北的罪行。《新民晚报》是张学良为对抗日本舆论宣传，于1928年9月20日创办的报纸，主编王益知是张学良的秘书。《东北民众报》是爱国知识分子陈言集集资在沈阳创办的进步报纸，1929年10月创刊，以爱国爱乡为宗旨，不断揭露日本侵华罪行。1930年8月23日，辽宁省报界联合会在沈阳成立，这是辽宁地区最早的报界联合组织。辽宁沦陷后，爱国的民营报纸和组织消散于无形。东北民营报纸，处境艰难。

　　西北地区是少数民族聚集地和边陲地区，历史悠久，经济落后，地域差异明显，近代报业起步艰难，发展迟缓。大革命失败后，冯玉祥国民军控制了陕西、甘肃、宁夏、青海四省，四省报业格局基本一致，除陕西一地尚有少量民办报纸外，甘肃、宁夏、青海三省几乎都是清一色的官办报纸。中原大战后，杨虎城出任陕西省政府主席，冯系报纸被接受，国民党报纸占绝对优势，民营报纸受到抑制，主要有《秦风日报》《工商日报》《秦风日报·工商日报联合版》《老百姓》《经济快报》《民众导报》《新妇女》《儿童旬刊》《孩子报》等。西安事变期间，民营报纸追求进步，在西北地区乃至全国产生了巨大影响。《秦风日报·工商日报联合版》经常转载《解放日报》《新华日报》的重要社论，报道国内和陕西爱国民主运动及抗日战争的真实情况。李敷仁主编的《民众导报》、武伯纶主编的《经世》及《新妇女》《儿童旬刊》《孩子报》等报刊亦是如此，它们壮大了爱国民主运动的声势，给国民党当局造成很大的舆论压力。西安事变后，上述报刊遭到国民党当局的扼杀。

甘肃在以刘郁芬为代表的国民联军控制下，官办传媒占绝对优势，民营传媒只有张慎微 1934 年创办的《中心报》（三日刊）及三陇通讯社、航电通讯社。在马步芳、马鸿逵家族控制下的青海、宁夏，马氏家族的御用报纸和国民党报纸占绝对地位，民营传媒数量极少。1934 年 1 月 20 日成立、1 月 28 日发稿的青海电讯社是民营通讯社，社长陈秉渊。宁夏只有党、政、军办报，本时期尚没有民办传媒。

第三节　南京等南方的民营传媒业

南方民营传媒主要集中在上海。上海民营传媒业的一家独大，既辐射江浙皖地区的民营传媒，也抑制了这些地区的传媒发展。随着国民党传媒的崛起，南方民营传媒有所发展，除上海外，其他城市的民营传媒大都被边缘化。

一、南方有影响力的民营大报

（一）南京《民生报》的创办与夭折

《民生报》是成舍我南下寻找出路的产物。成舍我到南京后与李石曾、吴稚晖等人往来密切，就在南京办报事宜与李石曾一拍即合。李石曾希望借此拉拢成舍我，使成舍我为其效力。1927 年 10 月 21 日，《民生报》在南京问世，蔡元培题写报名。社长成舍我，经理周邦式，总编辑张友鸾，陶铸青、左笑鸿等先后接任总编辑。骨干多来自《世界日报》，社址南京汉西门石桥街公字 40 号。

《民生报》以"传播新闻、驯养政令，开通文化，启迪民智，继承孙中山遗志，实现孙中山三民主义"为宗旨，① 按照成舍我"小报大办"的原则"精选精编"，重视言论，广用图片，内容充实，编排合理，印刷精致，使读者耳目一新。报纸初为四开一张，一版为广告和社论，二三版为世界新闻，四版为副刊，后改出两张，最多出过四张，版面调整后一版为广告和社论，二三版为世界新闻，四版为副刊《三眩》《星火》，五版为本市新闻，六版为社会写生。

《民生报》标榜立场坚定、态度公正，独立办报，以消息灵通、批评时事尖锐著称。从 1928 年 2 月至 1934 年 7 月共发表 688 篇社论，其中只有 1930 年 10 月 13 日的《国民会议与党治》和 10 月 15 日的《怎样才能刷新政治》两篇为南京政府唱赞歌，其余都是对时事的批评，大部分直指南京政府的内外政策。② 《民生报》初时发行 3000 份，一年后达到 1.5 万份，多时达到 3 万份，销数超过南京《中央日报》，③ 为"当时南京最有影响的民营报纸"。④ 成舍我对《民生报》寄托厚望，曾计划在南京组建中国报业公司。1934 年 5 月 24 日该报因刊发《某院处长彭某辞职真相》被罚停刊三日，并引发轰动一时的"彭成诉案"，触怒与《民生报》早有间隙的汪精卫。7 月 20 日刊发《蒋电汪于勿走极端》，被汪精卫"密电"蒋介石。蒋介石即命令南京警备司令部于 7 月 23 日以泄露"军事机密"为由拘捕成舍我并查封《民生报》。经多方疏通，同年 9 月 1 日记者节，蒋介石才释放了成舍我，永久查封《民生报》。成舍我曾对前来"劝降"的汪精卫亲信说，"我可以做一辈子新闻记者，汪先生绝不能做一辈子行政院长。"⑤

（二）后起之秀的南京《新民报》

《新民报》1929 年 9 月 9 日创刊，由首都新民报社出版，社址南京洪武路，1930 年迁至估衣廊 73 号。该报由陈铭德、刘正华、吴竹似等国民党员发起创办。陈铭德（1897—1989），四川长寿县人，家道清贫，北京法政大学毕业后回

---

① 卢立菊，付启元. 南京新闻出版小史［M］. 南京：南京出版社，2013：59.
② 王丽娜. 南京《民生报》及其政治主张研究［D］. 南京：南京师范大学，2008.
③ 赖光临. 中国新闻传播史［M］. 台北：三民书局，1987：174.
④ 陈昌凤. 从《民生报》停刊看国民党民国南京政府控制下的民营报业［J］. 新闻研究资料，1993（01）：185-195.
⑤ 成舍我. 报学杂著［M］. 台北："中央文物供应社"，1957：131.

四川，先在成都法政专科学校教新闻学，后任成都《新川报》总编辑和重庆《大中华日报》主笔。1928 年受同乡余惟一邀请任中央通讯社编辑，因不满中央通讯社刻板工作方式和国民党钳制舆论萌生办报念头，得到同乡刘正华、吴竹似、余惟一支持。报名取《新民报》意在"作育新民"，继承和发扬同盟会机关报《民报》精神，9 月 9 日创刊是为了纪念孙中山领导的第一次武装起义。"新民报"三字系缀集孙中山的墨迹而成。社长陈铭德，总编辑吴竹似。吴竹似不久后因肺疾离职，改由中央通讯社陈正华兼任总编辑。1929 年冬改聘张友鸾任总编辑，1933 年张友鸾离开《新民报》，谢崇周、崔心一、赵纯继等接任总编辑。

《新民报》初创时，日出四开一张，经营不善，发行量低；沪宁铁路局印刷厂承印，质量差且拖延出报时间。张友鸾任总编辑后，明确该报以青年群体为主要读者。1931 年得到重庆工商界李奎安、温少鹤等人的资助，办起"明明印刷厂"，除印报纸外还对外接纳业务，《新民报》由四开一张改为对开一张。1935 年经理、编辑两部迁至新街口北中山路 102 号，印刷厂仍在估衣廊。1936 年春发行量达 1.6 万份左右。后在刘航琛资助下从东京《读卖新闻》购得旧轮转印刷机并更换新字模，同年 8 月下旬改为轮印，成为南京报业的佼佼者，报纸也改出对开两张，发行量上升到 2 万份左右，步入民营大报行列。1937 年，邓季惺建立了一套较为完整的报社管理制度，走上了企业化道路。同年 6 月 20 日变更组织方式，成立南京新民股份有限公司。董事长萧同兹，常务董事梁寒操、王漱芳、彭革陈，总经理陈铭德，经理邓季惺，完善了财务、发行、广告、印刷、会计、稽校等制度，延请会计师，至 1937 年称有资金 5 万元，奠定了发展的基础。

《新民报》主张"为办报而办报，代民众立言，超乎党争范围之外"。[1] 草创期却接受四川军阀刘湘及国民党的津贴。刘湘每月补助 700 元，国民党中宣部以代送《七项运动》周刊为名每月津贴 800 元，孙科从中山文化教育馆经费中一次拨款 2000 元。这使该报受各种势力制约乃至成为刘湘的南京代言人。"九一八"事变后，《新民报》转向抗日宣传，刊发评论与消息，谴责日本侵略

---

[1]　新民报七周年纪念词 [N]. 新民报, 1936-9-9.

者，呼吁团结抗日。1935年6月罗承烈任主笔后，宣传抗战态度更鲜明。

《新民报》讲究版面编排、标题制作，副刊富有特色。该报首个副刊《葫芦》，由金满成主编，经常刊登揭露社会不良现象、嘲讽达官贵人的短文，受到读者欢迎。1933年至1934年，《新民报》走上报纸杂志化道路，副刊最为繁盛，有《妇女》《儿童》《西医》《电影》等周刊，还有《国际》《社会科学》《国医常识》等半月刊，连同《新民副刊》《南京》两个综合性副刊，共11种之多，各具特色。1934年8月调整为九种，1935年基本稳定在七种左右。这其中的佼佼者是1935年12月1日创刊的《新园地》副刊，该刊由总编辑赵纯继兼任主编，实由阳翰生、田汉主持。《新园地》得到左翼支持，郭沫若、田汉、马彦祥、洪深、徐悲鸿、华君武等人经常为其撰稿。创刊后即配合全国戏剧公演，为"中国舞台协会"一连推出九期特刊，轰动南京。1936年1月初阳翰生以"子静"为笔名写了《养狗篇》和《打狗篇》，发起打击汉奸的"打狗"运动。2月1日围绕"国难艺术运动"展开讨论，并在高尔基、鲁迅、聂耳逝世一周年之际出版专刊。1937年5月3日《新园地》出至第761号，次日与南京版副刊合并为综合性的《新民副刊》。"七七"事变后，《新民副刊》改为《战号》，意为国家民族吹响抗战的"战号"。阳翰生、田汉在《新园地》刊发《洪水》《复活》等六七部长篇剧本及五六十篇短小精悍的诗文，为该报增色不少。此外，《新民副刊》《新妇女》《读者呼声》相互配合，共同宣传抗日运动，产生较大影响。戈公振赞誉《新民报》"纸张少、编辑精，最合时代需要，是日报改良之先趋。"① 1937年11月27日南京陷落前16天，《新民报》西迁重庆。

二、南方地区的民营传媒

南方民营传媒比北方繁荣，数量远超北方。除上海、南京外，杭州、广州、武汉、成都、南昌、南宁、福州等省会城市却鲜见影响力大的民营大报，晚报、小报也在南方重要都市出现，存续时间都较短。民营通讯社的数量多，发展水平良莠不齐，没有出现有较大影响的地区性民营通讯社。国民党或属地军阀在当地建立了省、市、区（县）三级党营传媒体系，挤压了民营传媒的生存空间。

---

① 赵纯继. 抗日战争前的新民报 [J]. 新闻研究资料，1981（01）：203-235.

恶劣的政治生态、畸形的资本主义经济及国民党的新闻统制、民营传媒的基础薄弱等因素，使民营传媒在当地畸形发展，生存困难。它们要么具有国民党当局或属地军阀的政治背景，或接受津贴，苟延残喘。纯粹的民营传媒较少，鲜见经济独立、敢于公正发言的民营传媒。

（一）江浙皖地区的民营传媒

江浙地区传媒处于上海和南京大报的包围中，由于江浙地区工商业发展较快，城市人口迅速增加，民营传媒一度出现发展高潮，增长数量在全国居首位。据许晚成《全国报馆刊社调查录》（1936 年）载，南京共出版 280 种报刊，其中日报 37 种。不完全统计，在南京的民营通讯社多达 36 家，镇江 16 家，南通、扬州各有 6 家，徐州、无锡、苏州分别有 3 到 5 家。① 民营广播电台为数也不少，但未形成较大规模。南京办得好、影响力较大的报纸，除《民生报》《新民报》外，还有张友鸾的《南京人报》、王公弢的《朝报》、张友鹤主编《南京晚报》和《救国日报》等。如《新民报》《扶轮日报》《中国日报》《新京日报》《救国日报》等日销 1 万余份，《朝报》更高达 9 万份，远超过了日销 3 万份的《中央日报》。② 另外无锡的《人报》、苏州的《吴县日报》和镇江的《新江苏报》在当地均卓有声望。南京有《南京晚报》《人民晚报》《大华晚报》《大夏晚报》《南京夜报》《京华晚报》《正风晚报》《中国晚报》《新南京晚报》9 家晚报。其中《南京晚报》1929 年 5 月 16 日创刊，日刊，发行人张友鹤。《人民晚报》1932 年 3 月创刊，四开一张，日刊。《大华晚报》1934 年 5 月 1 日创刊，对开一张，总编辑崔心一、编辑主任穆逸群、负责人殷再权。《大夏晚报》1936 年 7 月创刊，四开两张，社长鲁觉吾。《南京夜报》《京华晚报》1936 年创刊。③

浙江《宁波民国日报》《东南日报》、浙江杭州电台、国民通讯社等党营传媒独大，加之受上海、南京大报的市场挤压，这使浙江纯粹的民营传媒更少，且大都出现在郊县。萧山地区有《萧声报》（1928 年）、《萧山日报》（1929 年 8

---

① 宁树藩. 中国地区比较新闻史（中卷）[M]. 上海：复旦大学出版社，2018：615.
② 宁树藩. 中国地区比较新闻史（中卷）[M]. 上海：复旦大学出版社，2018：616.
③ 王文彬. 中国现代报资料汇辑 [M]. 重庆：重庆出版社，1996：275.

月 23 日）、《萧山商报》（1933 年 10 月 10 日）、《浙东公报》（1933 年）等。余杭有《新余杭报》（1929 年 8 月）、《余杭民报》（1932 年 4 月 7 日）、《余杭商报》《余杭新报》（1936 年）等，富阳有《富阳日报》（1927 年 10 月），建德有《建德旬刊》（1933 年 4 月）、《严州民报》（1933 年 9 月 25 日）、《寿昌民报》（1936）、《艾潮周报》（1936）等，临安有《青年导报》（1933 年 6 月）、《武肃报》（1933 年 10 月），淳安有《新淳安报》（1933 年 12 月）等。① 略有特色的民营报纸主要有《浙江商报》《中国儿童时报》等。《浙江商报》1921 年 10 月 10 日创刊，日刊，为杭州市商会机关报。陆启（佑之）创办，许廑父长期主持社务。1934 年改组成立董事会，得到杭州市商会和各商业同业公会支持，因刊登高质量的经济论文声誉大振。1937 年 11 月，日寇进逼杭州"暂时停刊"，抗战胜利后复刊，1947 年 4 月 30 日停刊。《中国儿童时报》是少年儿童课外阅读的报纸，全国第一张儿童报。② 1930 年 6 月 1 日在绍兴越王台畔创刊，田锡安筹资创办并自任社长。1931 年 9 月迁杭州并更名为《中国儿童时报》，四开四版，每周一、周六出版。宗旨是"培养社会儿童与科学儿童相结合的新中国儿童"，希望把报纸办成"小学时事教学的辅助教材，儿童课外阅读的补充读物"。该报语言通俗、版面安排有特色，发行遍及江浙沪地区，还有不少旅居日本、朝鲜、泰国及东南亚地区的华侨儿童也汇款订阅，最高达 2.5 万余份。③ 1932 年日本东京的一家刊物整版介绍了《中国儿童时报》的情况。1935 年部分留日学生组建《中国儿童时报》东京分社。④ 杭州陷落后停刊。

　　此外，杭州还有《杭州午报》《杭州晚报》《杭州人报》《小阳秋》《浙江潮》《小花园》《大晚报》等各色休闲小报，存世较短的休闲小报更多。如休闲小报《浙江潮》1934 年 12 月 1 日创刊，创刊词称"不带任何色彩与背景"，"肩着宣扬救国主义（三民主义）及一切新政设施之使命，民众之喉舌，替社会服务，不敢后人"。休闲小报的大量出现，活跃市民生活，但也使大量失真、诲

---

① 何扬鸣. 民国杭州新闻史稿［M］. 杭州：杭州出版社，2013：147.

② 何扬鸣. 民国杭州新闻史稿［M］. 杭州：杭州出版社，2013：161.

③ 何扬鸣，冯章国. 简析 1927—1937 年的浙江新闻事业［J］. 浙江传媒学院学报，2016，23（03）：10-15.

④ 何扬鸣. 民国杭州新闻史稿［M］. 杭州：杭州出版社，2013：161.

淫诲盗的社会新闻充斥各报，实碍杭州"善良风俗"。①

　　与江浙相似，安徽民营传媒亦呈现上升趋势。安庆的《民岩报》《皖铎报》《安徽商报》和芜湖的《皖江日报》《工商日报》继续发展，本时期安庆记录在案的个人报纸有《安庆小报》《快报》《国事快闻》等约 20 种，芜湖有《芜湖镜报》《芜湖大公通讯》等约 16 种，两市虽有新报频出，却无法长期维持。②蚌埠从 1928 年起陆续有《蚌埠日报》《新蚌埠日报》《淮民导报》《皖北时报》《绿牡丹》等十多种民营报纸，其中《淮民导报》由安徽旅沪同乡会等捐资于 1928 年 12 月创办，经济实力较强，日出对开一大张。因鼓吹刷新皖政，革除时弊，销数日升，次年被国民党党部勒令停刊，器材没收转给国民党省党部机关报《皖北日报》。出版时间长、发行量较大的是《皖北时报》。该报 1932 年 1 月创刊，日出四开一张，1937 年底蚌埠沦陷停刊。《皖北时报》创办人戴九峰是国民党蚌埠市党部委员，实为国民党党员报。《绿牡丹》是蚌埠出现较早的消闲性小报，1934 年春创刊，日出八开一张，专载歌女趣闻、诗词文艺，主办人是当地知名报人杨叔和，后因经费不足停刊。芜湖、安庆、蚌埠三市还出现了早报、午报、晚报。其中芜湖有《六点钟晚报》，《工商日报》于 1932 年增出晨报和晚刊，及时报道淞沪抗战消息，安庆有《长江晚报》《民众晚报》《国民晚报》《皖江晚报》《安庆早报》《安庆午报》，蚌埠有《蚌埠晚报》。其中《六点钟晚报》创办最早，1927 年创刊。《民众晚报》出版时间最长，该报前后出版 8 年，1938 年停刊。

　　值得注意的是，经济较发达的徽州出现了有影响力的民营大报《徽州日报》。《徽州日报》由上海、杭州、苏州、南京等地旅外徽商集股于 1932 年 10 月 10 日在屯溪创刊，该报聘上海《新闻报》余空我任名誉总编辑，以"宣扬文化，促进地方建设，沟通地方消息、冀国内外徽州人士，共同努力创建新徽州"为宗旨，主张"为民众喉舌，声讨土豪劣绅"，社论、副刊多由名家执笔。该报向国内外发行，在省内安庆、芜湖等地及上海、北平等 22 个大中城市设立分馆或代派处，还直接发往欧美及日本。当年在伦敦举办的世界报纸展览会上就有

① 何扬鸣. 民国杭州新闻史稿［M］. 杭州：杭州出版社，2013：158–159.
② 宁树藩. 中国地区比较新闻史（中卷）［M］. 上海：复旦大学出版社，2018：695.

该报。1936 年，屯溪青帮头目马民导任社长，该报背离初衷，后倾向国民党。1949 年 4 月终刊，历时 17 年有余，是新中国成立前徽州历时最长、发行面最广的一家报纸。①

合肥有《民声报》《新民报》《淝津报》《皖商周刊》等民营报纸，铜陵有《新大通报》《鹊江日报》《大通日报》等民营报纸，其中 1929 年 4 月 1 日创办的《新大通报》影响力较大，该报是铜陵历史上最早的报纸，四开铅印，设有收音设备和"大通市印刷所"，1938 年停刊。全椒有《野声周报》，广德有《广德日报》，贵池有《贵池商报》，宣城有《宣城晚报》等民营报纸。此外，安徽还出现了大量学校报刊，总数约近 30 种，主要集中在安庆。

通讯社方面，安徽记录在案的通讯社达 70 家，安庆最多，有案可查的 37 家，其余在芜湖、蚌埠、贵池、休宁等地，安庆的通讯社多出版刊物，报、社不分，有些通讯社鱼目混珠，空挂招牌，虚假繁荣，在国民党的严厉限制下通讯社数量有所减少。民营广播有芜湖的"大有丰广播电台"和"亨大利广播电台"两家。亨大利台是安徽最早的广播电台，大有丰电台功率仅 10 瓦，两名工作人员，以文艺节目为主。芜湖沦陷，两台停播。② 河南地区的国民党官办传媒占绝对优势，民营传媒有所发展，但不如安徽、江浙地区。

（二）两湖、两广、福建、四川等地区的民营传媒

两湖、两广、福建，江西、四川等地区的经济发展水平不如江浙皖地区，政治生态也较多元复杂，且时有战争爆发。湖南、湖北虽归蒋介石集团控制，新桂系的势力也不容忽视，民营传媒不甚发达。武汉，国民党新闻统制严厉，《武汉日报》《扫荡报》等国民党官报独大，民营传媒受到抑制，未出现有影响力的民营报纸。晚报主要有《扬子江晚报》（1929 年 11 月）、《新汉口晚报》（1931 年 12 月 1 日）、《国民晚报》（1932 年 1 月）、《武汉晚报》、《汉口晚报》、《武汉日报晚刊》（1933 年 6 月）、《救国晚报》（1937 年）等。③ 1929 年至 1935 年间小报蜂拥而起，办报水平良莠不齐，其中不乏主持公道，得社会信仰的小

---

① 宁树藩. 中国地区比较新闻史（中卷）［M］. 上海：复旦大学出版社，2018：697.
② 宁树藩. 中国地区比较新闻史（中卷）［M］. 上海：复旦大学出版社，2018：695-699.
③ 唐惠虎，朱英. 武汉近代新闻史（下卷）［M］. 武汉：武汉出版社，2012：612-617.

报，不久也遭到国民党摧残。《光明报》《春秋报》《江声报》《碰报》《醒报》等被管雪斋1936年所写《武汉新闻事业》一文列为"得社会信仰的"报刊名录。湖南民营传媒深受蒋介石、何键矛盾之苦，民营传媒数量多，生态恶劣，存续时间较短，纯粹的民营传媒少，也有不少民营传媒在夹缝中抨击国民党，传播进步声音。《全民日报》《晚晚报》《市民日报》《霹雳报》《力报》《湘流报》等以敢言著称。长沙晚报较兴盛，主要有《湘江晚报》（1931年，日刊）、《湖南晚报》（1930年，三日刊）、《大晚报》（三日刊）、《晚晚报》（三日刊）、《天风晚报》（1928年）、《长沙晚报》（1929年）、《星光晚报》（1930年）、《楚广晚报》（1930年）、《晚晚报》（1931年）、《湘声晚报》（1933年）、《新闻夜报》（1933年）、《晨报晚刊》（1933年）、《长沙市晚报》（1933年）、《晨光晚报》（1933年）、《长沙夜报》（1933年）、《大晚报》（1934年）、《现代晚报》（1934年）等。① 其中《潇湘晚报》是欧阳性初于1935年秋在衡阳创办的，编辑彭墨安，记者刘公达。该报文字新颖，思想较进步。国民党衡阳县党部记恨该报，不久彭墨安被捕，刘公达逃出衡阳，该报仅出3个多月就被迫停刊。

广东、广西、福建是新桂系的地盘。新桂系建立了省、市、县三级传媒体系，在新桂系的严厉控制下，民营传媒的数量有所增加，政治背景却多元化，背景有新桂系，也有蒋介石集团和其他派系。在蒋、桂夹缝中，两广传媒的政治意识淡化，商业意识增强，报纸管理企业化日趋成熟，采编业务有了较大改进。通讯社的数量有所增加。两广也有晚报，广州有《大华晚报》《西南晚报》《时事晚报》《广州大晚报》《自然晚报》《西南晚报》《民众晚报》《中山夜报》等。其中《大华晚报》1929年8月创刊，总编辑杨劲伯，经理麦乙楼，日出纸两张。

福建民营传媒主要是侨办报纸。本时期，华侨在福建又创办了6家报纸，其中《星光日报》实力最雄厚。该报由星系报纸创办人、著名华侨胡文虎在厦门于1935年创办，日出三大张。该报拥有福建最先进的印刷设备（胡文虎花费20万银圆从德国购得的每小时印4000份轮转机），还自备汽车，把每天的报纸送到漳州、福州等沿海发行点。福建沦陷前，该报发行量达2万份。福建也出现了晚报、小

---

①　长沙市志编纂委员会. 长沙市志（第十三卷）［M］. 长沙：湖南出版社，1996：532；
　　王文彬. 中国现代报史资料汇辑［M］. 重庆：重庆出版社，1996：410.

报。全面抗战前，福建先后办过 12 家晚报，其中 7 家在厦门，3 家在福州。这些晚报存续大多数月甚至一月，最长一两年，且均由几家大报所办。如《江声报》的《厦门晚报》，《星光日报》的《星星晚报》，《华侨日报》的《夕刊》，《福建民报》的《小民报》。1928 年至 1929 年间厦门有 6 家休闲性小报，存续时间都未超过一年。福州《华报》1930 年创刊，是一张休闲性、知识性的四开四版小报，发行达到 3000 份以上，颇受知识阶层欢迎，抗战爆发前停刊。①

四川、云南、贵州等地区军阀报业在当地主导地位，民营传媒难以生存。不少报社接受军阀津贴，苟延残喘。江西民营传媒亦是如此。晚报、小报在重庆、成都有所发展。重庆有《渝州晚报》（1934 年 3 月）、《三江夜报》（1934 年 3 月）、《新生活晚报》《扬子江晚报》（1934 年 5 月）。其中《新生活晚报》1934 年在重庆创刊，社长陶冶民，同年 7 月因陶冶民离渝停刊。② 成都有《西方晚报》（1933 年 7 月 4 日）、《成都晚报》（1934 年 5 月）、《新闻夜报》（1936 年）、《民声晚报》（1937 年 12 月）等。③ 成都小报有《阳春小报》。该报是综合性刊物，1935 年 9 月 13 日创办，日刊，八开二张四版，以电影、戏剧文字研讨和评述为主，设有消息、川剧评述、舞台美术、演员轶闻等栏目，终刊不详。

---

① 宁树藩. 中国地区比较新闻史（中卷）［M］. 上海：复旦大学出版社，2018：732.

② 王绿萍. 四川报刊五十年集成 1897—1949［M］. 成都：四川大学出版社，2011：311.

③ 王绿萍. 四川报刊五十年集成 1897—1949［M］. 成都：四川大学出版社，2011：407；王文彬. 中国现代报史资料汇辑［M］. 重庆：重庆出版社，1996：459.

第五章　全面抗战前中国共产党、
左翼的进步传媒

中国共产党自成立起即规定党报"均应受到中央执行委员会或临时中央执行委员会的监督""均不得刊登违背党的原则、政策和决议的文章"。国民党"清党"运动重创了中共及其报刊，使其几无立足之地。面对血腥镇压，中共"八七会议"确定土地革命和武装斗争的总方针，重建报刊网络。在白色恐怖的国统区，中共党报建设以上海为中心，初步形成了以中共中央机关报为主体，省级党报为支持的全国报刊网络。这一地下报刊网络遭到"左倾"路线的破坏和国民党的摧残，难以发挥动员群众的效果。帮助之争取城市青年学生、小资产阶级的是以鲁迅为精神领袖的左翼进步报刊。随着农村革命根据地在闽浙赣等南方八省交界处开拓，根据地出现了无产阶级传媒业。在战争环境下，这一崭新的传媒业随着苏区的伸缩而伸缩。1934 年 10 月红军长征后，南方苏区传媒基本丧失。红军会师陕北，奠定了陕甘宁边区传媒的空间基础。

第一节　全面抗战前中共中央的机关传媒

中共中央机关传媒特指中国共产党中央委员会、中华苏维埃共和国临时中央政府、中共中央宣传部、少共中央等中共中央直属机构的报纸、杂志、通讯社等。中共中央机关传媒以报刊为主，报刊与通讯社是两个牌子、一个机构。国民党的围剿封杀使中共暂时无法拥有广播发射机，但建立了无线电网络。全面抗战前，中共中央所在地几经播迁，中央负责人、组成人员变动频繁。"七一五"政变发生后，中共中央在武汉难以立足，迁回上海。1931年中共中央政治局遭到严重破坏，多人被捕叛变或离开上海，被迫成立临时中央政府。1933年临时中央政府在上海无法立足，被迫迁至江西中央苏区。红军长征开始后，中共中央随军长征，并随红军长征"落户"到陕北延安。中共中央机关传媒随中共中央所在地的变迁而播迁。

一、上海时期中共中央的机关传媒

1927年7月15日，汪精卫在武汉响应蒋介石，发动"七一五"政变，大革命至此全面失败。1927年初迁至武汉的中共中央立即陷入险峻形势。8月7日中共"八七会议"在汉口秘密召开，会议批判和纠正了陈独秀右倾机会主义错误，选举了临时中央政治局，确定土地革命和武装斗争的总方针，通过《中共"八七"会议告全党党员书》《最近农民斗争决议案》《党的组织问题决议案》等决议，决定"建立壁垒森严的秘密组织"，使之成为"能斗争的秘密的党的机关"。[1] 会议决定派提出"枪杆子里出政权"的毛泽东去湖南领导秋收起义，决定瞿秋白任中央宣传部长、农委主任兼党报总编辑，主持中央常委工作。面对被破坏殆尽的全国报刊网络，8月21日，中共中央要求积极筹备出版党内外刊物。通告称"自从第五次大会以后，中央的宣传和鼓动更陷入停顿的状态，近来武汉政变，全国反动，全党的宣传和鼓动尤其少，几乎等于零"。[2] 通告提出了新的宣传工作大纲，对报刊的出版和发行工作作出具体部署。1927年9月至10月初，中共中央领导机关陆续迁至上海，上海具备了创办中共中央机关刊物的条件。在瞿秋白领导下，《布尔塞维克》《红旗》《上海报》等中共中央政治局机关报相继创建，中共中央各直属机构在上海也纷纷创办各自的机关报，1927—1932年上海成为中共革命报刊的活动中心。由于国民党残酷镇压和"左倾"错误，1932年后中共中央在上海的报刊网络被破坏殆尽，随着临时中央政府迁至江西瑞金，1934年3月中共中央唯一的机关报《红旗周报》停刊。中共中央机关报在上海的历史暂告结束。

---

① 中央档案馆. 中共中央文件选集（第3册）[M]. 北京：中共中央党校出版社，1983：265.

② 方汉奇. 中国新闻事业通史（第2卷）[M]. 北京：中国人民大学出版社，1996：333.

（一）中央中共理论机关报《布尔塞维克》

1927 年 10 月 22 日，中共中央发出第 11 号通告决定出版中央机关报《布尔塞维克》，规定瞿秋白、罗亦农、邓中夏、王若飞、郑超麟组成编辑委员会，瞿秋白任主任。中央各委员都有参加编辑工作投稿的义务，"南、北、长江各局及各省委必须定期通讯（地方政治工农通讯）于布尔塞维克"。规定"布尔塞维克报当为建立中国无产阶级的革命的思想之机关，当为反对资产阶级思想及一切反动妥协思想之战斗机关。布尔塞维克报并且要是中国革命新道路的指针——反对帝国主义军阀豪绅资产阶级的革命斗争的领导者，他应当做工农群众革命行动的前锋"。① 10 月 24 日《布尔塞维克》周刊在上海正式出刊，瞿秋白题写刊名，编辑部设在上海兆丰花园（今中山公园）东面愚园路亨昌里 418号（今愚园路 1376 弄 34 号）。

《布尔塞维克》是继承《向导》的中共中央理论机关报。② "刊物前 28 期在版式设计、栏目设置、作者群体方面与后期的《向导》几乎完全相同"。③ 在白色恐怖的笼罩下，《布尔塞维克》依托中共交通网络，采用《少女怀春》《中央半月刊》《爱的丛书》《经济月刊》《平民》《BOLSHEVIK》等伪装封面秘密发行。刊物经常遭到搜捕查禁，中间曾几次休刊，刊期由周刊改为半月刊、月刊、双月刊、不定期。1932 年 7 月出至第 5 卷第 1 期后停刊，共出 5 卷 52 期，历时5 年，载文 404 篇（不包括"寸铁"短文），累计 255 万余字。④ 据刘志靖研究，中共早期主要领导人瞿秋白、蔡和森、李立三、沈泽民、张闻天先后担任《布尔塞维克》编辑委员会主任，编辑委员会成员主要由中共中央各委员及各地方

---

① 中国社会科学院新闻研究所. 中国共产党工作文件汇编（上册）[M]. 北京：新华出版社，1980：29. 通告标注时间是 1925 年，讹误原因待考。

② 1927 年 10 月 22 日《中共中央通告第十一号》称"布尔塞维克报当为建立中国无产阶级的革命的理想之机关，……要是中国革命新道路的指针"。同年 12 月 1 日中央通告称"中央机关报《布尔什维克》为全党的思想教育机关"。1929 年 6 月六届二中全会决议称为中共中央理论刊物。王健英. 中共中央机关历史演变考实 1921—1949 [M]. 北京：解放军文艺出版社，2004：101，105，125.

③ 陈龙. 承上启下：《布尔塞维克》在中国共产党发展史上的重要作用与意义 [J]. 新闻春秋，2019（04）：35-42.

④ 刘志靖.《布尔塞维克》编撰群体研究 [J]. 求索，2012（08）：126-128.

党的重要领导人组成，最多时编委会名单成员有向忠发、周恩来等37人，① 囊括了当时中共中央各部委主要领导人和各地方党的主要负责人。此外还刊登列宁、斯大林、布哈林、米夫、莫洛托夫等共产国际、联共（布）核心领导人的文章。在白色恐怖的笼罩下，要想召集各地编委会成员定期开会，风险高、成本大，故刊物编辑委员会是虚设的，主要编务工作由编辑委员会主任和几个主要编辑如郑超麟、黄文容、罗绮园、曹典琦、潘东周等人负责。② 五任编委会主任中，瞿秋白对《布尔塞维克》贡献最大。瞿秋白主编23期《布尔塞维克》（1927年10月至1928年6月），撰写了第1卷1期至19期全部社论（第11期社论除外），发表53篇文章，占刊文总数的13.12%。主编期间，瞿秋白每周来编辑部一次，既代表中央常委主持编辑工作，传达中央意见指导工作，又代表编辑部参加中央常委会议，向中央汇报编辑部工作情况。《布尔塞维克》与党联系紧密，可谓"同呼吸、共命运"。其他编委会主任亦都把《布尔塞维克》视为宣传其政治倾向的喉舌，这使该刊不断陷入纠正"左倾"宣传错误的泥沼。③

在中国革命未来走向迷茫的生死存亡关头，《布尔塞维克》坚守革命阵地，加强了党的思想建设，忠实记录了中国共产党探索革命道路的5年艰难历程，指明了中国革命前进的道路，传播了"工农武装割据"等重要思想，但也宣传了"左"倾错误路线，是研究马克思列宁主义早期中国化的重要史料。

（二）中共中央机关刊物《红旗》系列

《红旗》系列涵盖中共中央机关报《红旗》《红旗日报》《红旗周报》。《红旗》1928年11月20日创刊，由中共中央宣传部主编，初期由谢觉哉负责，中央出版部发行。1929年6月19日第24期起改为三日刊，每逢星期三、星期六出刊，共出126期，开本有16开、32开、8开单张，曾用《快乐之神》《红妮

---

① 王健英. 中共中央机关历史演变考实（1921—1949）［M］. 北京：中共党史出版社，2005：128.

② 刘志靖.《布尔塞维克》编撰群体研究［J］. 求索，2012（08）：126-128.

③ 蔡和森主编5期（1928年7月至1928年10月）、沈泽民主编1期（1931年1月至1931年2月）任期较短，政治宣传倾向不很明显。李立三主编了17期（1928年11月至1930年6月）宣传了比共产国际"左"的指示更"左"的冒险路线；张闻天主编6期（1931年3月至1932年7月停刊），使《布尔塞维克》成为王明"左"倾教条主义的宣传者。

姑娘艳史》《经济统计》《五一特刊》等化名伪装。主要撰稿人有李立三、谢觉哉、罗登贤、恽代英等。刊物初期重心是评述"国家大事"，强调发挥政治鼓动作用，同现实的革命活动联系较少。数期后，强调发挥指导作用，大量刊载中共中央文件，第40期起明确为"全国政治机关报"，指导实际斗争，也评述政治形势。第100期是"党报问题专号"，专号批评《红旗》办报实践，要求党员读党报、发行党报和替党报做文章。此时"一共只发行二千六百份，大部分还在上海"。①

1930年5月中原大战爆发。6月11日中央政治局通过《新的革命高潮与一省或几省首先胜利》决议案，李立三"左倾"冒险路线形成。中央政治局决定自8月15日起将《红旗》三日刊和《上海报》合并，公开出版《红旗日报》，总编辑（主编）潘文育。主笔王稼祥，② 采访部主任潘汉年，③ 编辑谢觉哉、冯乃超、吴永康、周天僇等，④ 铅印。《红旗日报》日出对开一大张四版，设有"社论""专论""各地通讯""革命根据地来信""莫斯科通讯""欧洲通信""国际消息""红旗俱乐部"等栏。1930年10月30日增辟副刊《实话》。《实话》发行13期，每5日1期，随《红旗日报》发行，共发表文章约60篇，半数以上是直接批判"立三路线"的⑤，1931年3月5日停刊。《实话》负责人杨善南，主编王稼祥，编辑杨尚昆，⑥ 撰稿人主要有李立三、关向应、张闻天、周恩来、瞿秋白等。

《红旗日报》报头左侧印有"中国共产党中央委员会机关报"，创刊号刊登《〈红旗日报〉发刊词——我们的人物》（向忠发）提出"报纸是一种阶级斗争的工具"，宣布"本报是中国共产党的机关报，同时在目前革命阶段中必然要成

---

① 问友. 过去一百期的红旗 [N]. 红旗, 1930-5-10 (100).

② 王健英. 中共中央机关历史演变考实 1921—1949 [M]. 北京：解放军文艺出版社, 2004：157.

③ 王健英. 中共中央机关历史演变考实 1921—1949 [M]. 北京：解放军文艺出版社, 2004：161.

④ 本刊编辑部特别启事 [N]. 红旗. 1930-8-2 (126). 一说《红旗》三日刊原主编李求实任编辑。

⑤ 方克. 中共中央党刊史稿 [M]. 北京：红旗出版社, 1991：297.

⑥ 王健英. 中共中央机关历史演变考实 1921—1949 [M]. 北京：解放军文艺出版社, 2004：163、172.

为全国广大工农群众之反帝国主义与反国民党的喉舌""本报出版的任务，不仅是要登载每日的全国的政治事变，传达各地的革命活动，并且要根据着马克思列宁主义的原则，发布中国共产党对革命斗争中各个问题的观点与主张"。

为扩大发行和影响，中央要求在各地成立《红旗日报》代派处。无论个人还是团体，只要愿意负责建立代办处，填写一张表格和申请书，经报社认可，即可成立报纸代派处。1930 年 9 月 9 日该报指出"在上海，几乎每一个工厂中，在每一个有赤色工会的地方，都曾建立了我们的代派处，都曾有我们的通信员，都曾通过了拥护《红旗日报》的决议。""发刊不久，本报即发行到一万两千以上。"①

《红旗日报》也陷入纠正"左倾"错误宣传的泥沼。1930 年 8 月 5 日—9 月 6 日主要宣传李立三"左倾"冒险路线，鼓吹公开暴动；1930 年 9 月 7 日至 1931 年 1 月 22 日又批判李立三"左倾"错误路线；1931 年 1 月 23 日至 3 月 8 日宣传王明"左倾"机会主义路线。② 《红旗日报》遭到敌人严重戕害，出版 20 天，国民党便衣搜查队先后抓捕发行员四五十人，印刷所遭到四次破坏，印好的报纸被全部没收，连订户家里也遭到搜查，甚至行人手上被发现有一份《红旗日报》也会被逮捕。③ 1931 年 2 月，该报只能缩小为 4 开 1 张或 16 开 1 张，④ 印 1000 多份。1931 年 3 月 9 日，中共中央兼江苏省委机关报《红旗日报》终刊，共出 182 期。

1931 年 1 月 27 日，中共中央政治局《关于党报的决议》决定：《红旗日报》为中央机关报，《实话》为中央经济政治机关报，《布尔塞维克》为中央理论机关报，《党的建设》为中央关于组织问题的机关报。各报设主笔 1 人，四报主笔组成中央党报编辑委员会。同时成立中央党报委员会，负责中央党报一切领导问题。1931 年初，张闻天从莫斯科回国出任中共中央宣传部部长。不久，《红旗日报》终刊，改出《红旗周报》。《红旗周报》3 月 9 日出刊，铅印秘密出版，罗绮园主编（一说张闻天），编辑华少峰（华岗）、萧保瑛。第 1 至 9 期以

① 本报宣言［N］. 红旗日报，1930-9-9.
② 马光仁. 马光仁文集［M］. 上海：上海社会科学院出版社，2013：135-149.
③ 王润泽，王鲁亚. 第一家中共中央机关报——《红旗日报》［J］. 新闻前哨，2017：10.
④ 金耀云. 中国大百科全书·新闻出版［M］. 北京：中国大百科全书出版社，1990：144.

报纸形式出版，第 10 期起改书册式，不定期出版。曾使用《实业周报》《平民》《佛学研究》《摩登周报》等 16 种假封面发行。① 1933 年中共临时中央政府由上海迁往江西苏区，《红旗周报》停刊 5 个月后于 8 月 31 日在中央苏区出版第 59 期，半月刊，改由张闻天主编，至第 64 期终刊，另出附刊 13 期。②

（三）中共中央直属机构的机关刊物

随着中共中央宣传部、共青团中央、中华全国总工会等中共中央直属机构在上海恢复，各直属机构的机关刊物也相继创办。中共中央宣传部除参与编辑中共中央政治局机关报外，还创办了《党的生活》，是当时"全国最好的报纸"，③ 还有《上海报》《环球半月刊》《宣传者》（1931 年 2 月月创刊，专供宣传干部阅读）④ 及中国工农通讯社等。《党的生活》为党内秘密刊物，1929 年 1 月 1 日创刊，不定期，铅印，32 开。主要撰稿人有向忠发、李立三、刘少奇、胡锡奎、邓颖超、潘向友（潘冬舟）、余鸿泽等。第 5 期后停刊 1 年，1930 年 4 月 1 日接续出版第 6 期，改半月刊。曾用《南极仙翁》《小学国语读本》《知难行易浅说》等化名封面。1930 年 6 月 15 日停刊，共出 12 期。⑤《环球半月刊》为共运刊物，1929 年 12 月 10 日创刊，上海环球旬刊社编印。第 6 期起改为半月刊，实为不定期，主编吴黎平（吴亮平）。该刊主要介绍国际共产主义运动和各国民族民主革命的情况，1931 年 1 月被查禁。

《上海报》是面向工人大众的通俗报纸，为中共江苏省委或中共中央机关报。⑥ 1929 年 4 月 17 日创刊，主编李求实（李伟森），初名《白话日报》，5 月 19 日改名《上海报》，秘密编印半公开发行。编辑有谢觉哉、吴永康（庞大恩）、李炳忠、陈为人、萧洪升、韩哲等人，报社经理陈为人。《上海报》以启

---

① 唐正芒.《红旗周报》的封面伪装［J］. 新闻研究资料，1990（02）：85-86.

② 韩同发，横朝阳. 瞿秋白与《红旗周报》述论［J］. 党史研究与教学，2017（01）：71-76.

③ 发行革命报纸是一种群众性的政治斗争［N］. 红旗（三日刊），1930-5-27（105）.

④ 方汉奇. 中国新闻事业通史（第 2 卷）［M］. 北京：中国人民大学出版社，1996：270.

⑤ 钱承军. 建国前中国共产党报刊研究［M］. 北京：中国文联出版社，2009：111-112.

⑥ 罗瑞芳，罗一恒.《上海报》呼唤工人革命斗争［J］. 黑龙江档案，2000（03）：40-41；王健英. 中共中央机关历史演变考实 1921—1949［M］. 北京：解放军文艺出版社，2004：125.

发工人觉悟，呼唤工人革命斗争为宗旨，文字和排版适应工人大众阅读习惯，有社论、短评、消息、通讯、问答、读者来信、小品等栏目，配以漫画插图。副刊《海上俱乐部》（谢觉哉主编）办得红火，刊登了反映工人斗争的独幕话剧《我们的力量》，短剧《打死黄狗》等，还增出彩色的图画增刊。主编李求实提出："编辑部人员须注意学习工人的习语及工人的生活情形，随时征求读者对于文字技术方面的批评"。①《上海报》坚持从工人中发展培养通讯员。1929年4月至12月有工农通讯员62名。1929年5月至1930年4月，增至76名。②发行最初由报贩公开发行，五卅运动期间创造了5个小时售出8000份的记录，这是前所未有的现象。③《上海报》在国民党警察逮捕报贩、没收报纸后转入地下发行，建立了发行网，使用《海上日报》《沪江日报》《晨光》《小白话》《海上俱乐部》等伪装封面秘密发行。最困难时日销600份左右，通常3000份左右。④ 1930年4月17日出版《上海报周年纪念册》，全面总结《上海报》一年来的工作经验。1930年8月14日，中央决定将《上海报》与《红旗》三日刊合并出版《红旗日报》。

中国工农通讯社，1931年春创办。初名中国工人通讯社（Chinese Worker's Correspondence，CWC），次年改为中国工农通讯社（Chinese Worker's Peasant Corresppondence，CWPC）。记者外出活动时曾用过"时间通讯社"之名。最初成员有林电岩、童我愉、朱伯深、冯达等人，负责人先后为林电岩、朱镜我、董维键、李少石，潘企之、廖梦醒等人也参与工作。该社每周或10天左右发稿一次，每期3000至4000字，中、英文发稿，以英文稿为主。中文稿一般用复写纸复写七八份，秘密发给国统区的中共党报及工人报刊。英文稿油印后寄发国外报刊。内容主要是中共政策和江西苏区的建设情况、根据地工农红军的战况、各地工人运动的消息、风起云涌的抗日救亡运动、国民党的反动政策及黑暗统治，以及针对当前各种社会思潮的分析评论。⑤该社和旅居上海的外国记者、进

---

① 求实. 本报编辑工作之过去与未来［N］. 上海报周年纪念册，1930-04-17.
② 方汉奇. 中国新闻事业通史（第2卷）［M］. 北京：中国人民大学出版社，1996：274.
③ 方汉奇. 中国新闻事业通史（第2卷）［M］. 北京：中国人民大学出版社，1996：275.
④ 方汉奇. 中国新闻事业通史（第2卷）［M］. 北京：中国人民大学出版社，1996：276.
⑤ 方汉奇. 中国新闻事业通史（第2卷）［M］. 北京：中国人民大学出版社，1996：280.

步作家如史沫特莱、尾崎秀实、伊罗生（美籍犹太人）等人保持密切联系，得到应修人、丁玲、洪深等作家的帮助。史沫特莱曾将工农通讯社的报道内容选载入其著作，并注明据 CWC 发稿的油印原件。1935 年负责人被捕，被迫停止发稿。

中共中央组织部的机关刊物有《组织通信》《组织通讯》《党的建设》。《组织通信》1929 年 8 月 25 日创刊，周日刊，1930 年 1 月改名为《组织通讯》，中共中央秘书长、秘密工作委员会成员余泽鸿主编，编辑吴静焘，曾用多个化名出版，终刊不详。共产国际执行委员会机关刊物是《共产国际》，也称《国际月刊》，中文版 1930 年 2 月 25 日创刊，月刊，1936 年改为双月刊，同年 10 月停刊。中共中央秘书处、中央组织局机关刊物是《沪潮》，1930 年 4 月 10 日创刊。

共青团中央机关刊物有《中国青年》《少年先锋》及内部刊物《团中央通讯》和《学习》等。《中国青年》1927 年 7 月秘密迁回上海，10 月停刊，11 月 7 日改名为《无产青年》出版，不久停刊，仅见 5 期。1928 年 10 月 22 日改名为《列宁青年》。《列宁青年》由陆定一主编，采用《青年杂志》《青年半月刊》《光明之路》等伪装封面发行，1930 年 8 月 24 日第 41 期起为报纸形式，1932 年上半年团中央随党中央迁往江西苏区后停刊。《少年先锋》秘密出版两年左右。

中华全国总工会机关刊物有《中国工人》、《工人宝鉴》（1929 年 2 月 1 日）、《全总通讯》月刊（1930 年 2 月 15 日）、《劳动》周刊等。《工人宝鉴》刊载介绍工人运动的文章，仅见两期。《全总通讯》由全总秘书处创办，专供工会干部阅读，仅见 5 期。中华全国海员工会机关刊物是《赤色海员》，1930 年 9 月 7 日创刊，其他不详。

中国共产党领导的中国革命互济会全国总会机关报是《海光报》，1930 年 12 月创刊。全国苏维埃代表大会中央准备委员会机关报是《中国苏维埃周报》，1930 年 8 月 15 日创刊，仅见 1 期。①

此外，中共中央（含直属机构）的机关报还有：中共中央党内政治刊物《中央政治通讯》（亦称《中央通讯》《中央通信》），《政治周刊》，1926 年 8、

---

① 方汉奇. 中国新闻事业通史（第 2 卷）[M]. 北京：中国人民大学出版社，1996：272.

9 月间由中共中央在武汉编辑出版，由中央秘书处、中央组织局承办，是"八七会议"前"是党内最机密最重要的政治刊物"，印数和发行范围很少，每期只印 14 份。"八七会议"后于 11 月 7 日迁至上海重新编号出版，成为不定期的党内刊物，多刊登中共中央文件，1930 年 6 月与上海《沪潮》合并，改名为《政治周刊》，登载全党工作报告和斗争经验，多带策略上的指导性，停刊不详。①该刊物填补了《向导》周刊停刊至《布尔塞维克》出刊前的空档，油印或铅印，16 开或 32 开，曾用《昭觉禅师传》《催眠术》《离骚》等伪装封面，1928 年 7 月 30 日终刊，共出 30 期。中共中央党内讨论刊物《党的生活》，中共六大前已创办，现存 1929 年 1 月 1 日第 1 期至 1930 年 6 月 15 日第 11 期和无号的 1 期，②由党报编辑委员会领导，有李立三、潘文育等编辑。中共临时中央机关刊物《斗争》，1932 年 1 月 21 日创刊，油印，16 开本，不定期出版，主编张闻天。③中共中央关于组织问题的党内刊物《党的建设》，1931 年 1 月 25 日创刊，1933 年 3 月 8 日停刊，现存第 1 至第 12 期。该刊铅印 32 开本，曾伪装成《建设杂志》《光明之路周报》等封面发行。④

二、江西苏区时期中共、中央政府的机关传媒

"八七会议"决定采取土地革命和武装斗争的总方针。在毛泽东、朱德等人的领导下，赣南、闽西、湘鄂赣、鄂豫皖等十几块农村根据地相继建立，遍布十多个省的边界地区。1931 年打破国民党三次"围剿"后，鄂豫皖、湘鄂西、湘赣、湘鄂赣根据地连成一片，有了一定规模。中共中央遂决定以赣南闽西根据地为依托，建立苏维埃中央政府。1931 年 11 月 7 日至 20 日中华苏维埃第一次全国代表大会召开，选举产生 63 人组成的中央执行委员会，宣告了中华苏维埃共和国临时中央政府的成立。江西苏区瑞金成为中共中央和中华苏维埃政府所在地，1933 年 1 月，上海临时中央迁至江西苏区，5 月完成与苏区中央机关

---

① 姜中卫. 中共中央机关报刊历史沿革考述 ［J］. 党的文献，2013（01）:: 84-89.
② 方克. 中共中央党刊史稿 ［M］. 北京：红旗出版社，1999：277.
③ 王健英. 中共中央机关历史演变考实 1921—1949 ［M］. 北京：解放军文艺出版社，2004：202.
④ 方克. 中共中央党刊史稿 ［M］. 北京：红旗出版社，1999：301.

的合并，改为"中共中央政治局"。① 1934 年 10 月中央红军被迫长征，中共中央在江西苏区的历史至此结束。红军长征到达陕北后，中共中央所在地随红军长征转移到陕北延安。

江西苏区时期，红色中华通讯社和《红色中华》《红星》《青年实话》《斗争》《苏区工人》《时刻准备着》《少年先锋》《反帝拥苏》等中央机关传媒相继创建，在江西瑞金形成了以《红色中华》为中心的中共中央机关传媒网络。

（一）中华苏维埃临时中央政府的机关传媒：《红色中华》与红色中华通讯社

《红色中华》是中华苏维埃共和国临时中央政府机关报，江西苏区影响力最大的一份报纸。1931 年 12 月 11 日在江西瑞金创刊，1935 年 2 月终刊，所见最后 1 期是第 264 期。江西苏区时期，《红色中华》分为三个时期，即第 1 至 35 期（1931 年 12 月 11 日至 1932 年 10 月 16 日）为草创期，第 36 至 49 期（1932 年 1 月 16 日至 1933 年 2 月）为中期，第 50 至 264 期（1933 年 2 月 10 日至 1935 年 2 页）为后期。②

第 1 至 35 期，由周以栗、何叔衡、项英、王观澜负责。周以栗是临时中央政府内务委员会委员，主持编务时间不长；何叔衡是工农检查人民委员会委员，周以栗生病请假期间暂为代理；1932 年 1 月下旬由临时中央政府实际负责人项英监管。《红色中华》初创时编辑部设在瑞金叶坪的一所民房里，条件简陋，人手紧张。报社设有编委会，下设编辑部、通讯部和发行科，编辑人员只有王观澜、李伯钊等两三人，尚未建立稳定的通讯员队伍。版面经常变动，创刊号 4 开 2 版，第 2 期变 4 开 4 版，以后大多每期 6 版。稿件多时出 2 张 8 版或 2.5 张 10 版，乃至 3 张 12 版。栏目设置不固定。1932 年 7 月 29 日第 29 期"专电"栏刊登《蒋介石大调飞机、轰炸苏区之布置》《国民党军阀筹备扩充空军，榨取工农血汗来进攻苏维埃和红军》等消息，"左派"借之指责实际负责业务的主编王观澜为敌人吹喇叭，吓唬根据地人民，有"托派嫌疑"。王观澜被开除党籍，

① 王健英. 中共中央机关历史演变考实 1921—1949［M］. 北京：解放军文艺出版社，2004：233.

② 陈信凌. 江西苏区报刊研究［M］. 北京：中国社会科学出版社，2012：80-103.

《红色中华》停刊三个星期。

1932 年 10 月 16 日，李一氓进入《红色中华》编辑部，从第 36 期接手主编职务，开启该报第 36 至 49 期时期。本时期，编辑部除李一氓外，只有李伯钊协助编辑、校对工作，在李一氓的主持下，该报逐渐成形并趋于规范，社论日趋稳定，几乎每期有一篇。栏目设置较固定，有"社论""特载""前方捷电""特约工农电讯""中央文件""突击队""苏维埃法庭"等。《红色中华》创办一周年时，第 44 期刊发《本报一周年的自我批评》，称《红色中华》是"中国苏维埃运动的喉舌"。第 49 期第四版宣告第 50 期起改为三日刊，宣称《红色中华》是党团政府与工会合办的机关报。

1933 年初，中央根据地形势日趋严峻，《红色中华》第 50 至 264 期进入起伏变化较大的最后时期，第 50 期由沙可夫接替李一氓主持，改出三日刊。沙可夫是诗人、戏剧家，时任中央教育人民委员会副部长兼艺术局局长，主持《红色中华》两三个月。《红色中华》改为中共苏区中央局、中华苏维埃临时中央政府、中华全国总工会、中共青年团中央的机关报，实际仍为苏维埃中央政府机关报。① 在沙可夫主持下，《红色中华》成立了新的编委会，编辑有谢然之、任质斌、徐名正、贺坚等，建立了工农通讯员队伍；形式变得更随性、多变，表达文学色彩较浓，新闻色彩有所淡化，"铁棍""铁锤"栏目替代了"突击队"，增设了"从火线上来""在田野里""红角"等新栏目。沙可夫离开后，谢然之接替。他常以"然之"为署名在《红色中华》发表文章。1934 年 1 月前后，谢然之调离，瞿秋白兼任负责人至《红色中华》终刊。瞿秋白任命任质斌为红色中华通讯社秘书长，负责《红色中华》日常工作，约半年后，任质斌因"迟登了博古的文章"被撤去秘书长职务，徐名正接替。② 此时《红色中华》人手很少，1934 年 7 月"本社工作人员连新闻台在内才 12 人"。③ 瞿秋白接手编务后，《红色中华》基层稿件增多，报纸形式、版面、刊期方面有所革新。第 149 期起改为双日刊，周二、周四、周六出版，每期均是 4 开 4 版，有时出 4 开 6 版或 8

---

①　陈信凌. 江西苏区报刊研究［M］. 北京：中国社会科学出版社，2012：94-95.

②　新华社新闻所编写组. 土地革命时期的新华社（社史资料汇编第 1 辑）［M］. 北京：新华出版社，2004：17.

③　红色中华社［N］. 红色中华，1934-7-12（213）.

版；第 177 期推出"党的生活"专版，关注党建工作，弥补了该报党建不足的问题。1934 年 10 月，留守苏区的苏区中央分局宣传部部长、红色中华通讯社负责人瞿秋白与韩进、徐名正等继续编辑《红色中华》，因环境恶化发行量锐减。1935 年 2 月，根据中央指示终刊。

作为苏维埃中央政府的喉舌，《红色中华》努力将列宁"党报是集体的组织者、宣传者、鼓动者"理念落实到办报实践中去，坚持为苏区群众办报，报道领域主要有四：（1）大量刊登苏维埃政府的政策、法令、决议、指导文件、动态消息，学习苏维埃建设经验、社会状况、成果，分析缺点与问题等，发挥党报组织作用，引导苏区群众保卫苏维埃政权。（2）刊登红军前方捷报的专电、消息、通讯，宣扬红军保护苏区的英雄事迹。（3）分析国内国际形势，揭露帝国主义、国民党军阀的暴行与阴谋。（4）受王明"左倾"错误路线影响，宣传了不合苏区实际的土地政策、工商业政策、劳动政策和肃反政策等，出现过"布尔什维克式的春耕"等八股味十足的语言。① 限于战争环境，《红色中华》在苏区外没有采访人员，国内国际新闻报道摘录改编自"白区"《申报》等报纸，发行主要在苏区，人手也不足，但该报坚持在实践中不断改进工作，取得了最高发行量达四五万份的耀眼成绩。

红色中华通讯社是江西苏区第一家也是唯一一家中央级通讯社，简称红中社或红色中华社。1931 年 11 月 7 日中华苏维埃第一次全国代表大会开幕日正式对外发稿。当晚，红中社向全国播报了"一苏"大会胜利召开的消息。红中社与《红色中华》是一个组织机构、两个牌子，负责人和编辑人员相同，主要有周以栗、王观澜、李伯钊（杨尚昆夫人）、梁柏台、李一氓、杨尚昆、沙可夫、任质斌、徐名正、韩进、贺坚、瞿秋白、谢然之等。红中社的工作人员，初期两三个人，最多十余人。红军电台技术人员王净、刘寅、曾三等承担电台的文字广播，发射机是反"围剿"战争中缴获的功率 100 瓦的无线电台，设在离"一苏"大会会场七八十米远的一户老乡家里，后通过中央军委电台、苏维埃中央政府电台播报。呼号是中华苏维埃无线电台（Chinese Soviet Radio）的英文缩写 CSR，该呼号使用到 1956 年改用汉字摹写广播为止。

---

① 方汉奇. 中国新闻事业通史（第 2 卷）[M]. 北京：中国人民大学出版社，1996：298.

红中社坚持每天对外发稿，初期只播发二三千字。主要是中央政府受权发布的声明、宣言、通电、文告、法律、法规，根据地建设的新闻和红军部队的战斗捷报，以及改编的国统区消息和国际新闻。① 随着苏区无线电网络的建立，红中社发稿能力不断提升，湘赣、赣东北、鄂豫皖、湘鄂西、川陕、闽浙赣等苏区都有电台抄收红中社电讯，刊登在本地区报纸上。② 红中社播发的电讯传播到国统区甚至海外。从1931年开始中央苏区通过电台在上海的中央局建立了无线电联络，有些新闻电讯是"上海中央局抄收的"，③《红旗周报》关于苏区的材料，很多源自红中社。天津中共北方局、隐蔽在国民党第十七路军中的中共地下电台都曾抄收红中社电讯。中共在苏联出版的《苏维埃中国》一书和在巴黎出版的《救国时报》上，都曾刊载红中社播发的新闻。一些外国驻华记者曾据红中社电讯，对外发稿。④

红中社还负责抄收中央通讯社及外国通讯社播发的新闻，编印成《无线电材料》和《无线电日讯》，供给苏维埃中央政府和红军领导人参阅。《无线电材料》等为油印，逐日出版，每期2到8页，发行量四五十份。初期抄收和播发新闻均由军委电台兼为承担，1933年5月，红中社成立专门抄收新闻电讯的新闻台。"这部新闻电台可称是我党我军的第一部新闻电台"，⑤ 任务是抄收中央通讯社每天播发的电讯，直接送红色中华社，由译电员李柱南译成中文，油印后送给中共中央、中央军委负责同志参阅。新闻台的行政领导归中央军委，业务领导归红中社，负责人先后是岳夏、黄乐天。

红中社重视工农通讯员的队伍建设，成立了专门负责与通讯员联系的通讯部，并出版指导通讯员写作的刊物《工农通讯员》。对通讯员的来稿，不采用的及时退稿并说明理由，还给通讯员寄发纪念品以调动其积极性。瞿秋白兼任红中社社长后，红中社工农通讯员队伍从初创时期的200多人发展到近1000人。⑥

① 新华通讯社史编写组. 新华通讯社史（第1卷）[M]. 北京：新华出版社，2010：11.

② 万京华. 从红中社到新华社 [J]. 百年潮，2011（08）：58-64.

③ 新华社新闻研究所. 新华社回忆录 [M]. 北京：新华出版社，1986：14.

④ 万京华. 从红中社到新华社 [J]. 百年潮，2011（08）：58-64.

⑤ 新华社新闻研究所. 新华社回忆录 [M]. 北京：新华出版社，1986：22-23.

⑥ 万京华. 从红中社到新华社 [J]. 百年潮，2011（08）：58-64.

（二）中央党、政、军、群的机关刊物

江西苏区时期的中央机构比较健全，1933年年底至1934年年初的中央党、政、军、群各机构相对稳定。中共中央政治局有中央组织局、秘书处、宣传部、妇女部、党务委员会等机构，临时中央派出机关有中共驻共产国际代表团、中共湘鄂西中央分局和湘鄂西革命军事委员会等。中央中华苏维埃共和国临时中央政府有外交、军事、财政、劳动、土地、教育、司法、内务、工农检查、司法、国民经济、劳动与战争委员会等21个部门，军队隶属于中华苏维埃共和国，其最高机构是中华苏维埃中央革命军事委员会。革命群众组织主要有中国共产主义青年团中央局、中国少年先锋队中央总队部、中华全国总工会中央执行局、中华全国雇农工会中央委员会、中华全国店员工会中央委员会等。在物质紧张的战争环境下，各中央机构努力在江西瑞金创办自己的机关刊物，数量高达66种之多，① 中央机关报网络在江西瑞金初具规模。其中《红色中华》、中央革命军事委员会机关报《红星》、中共中央局机关报《斗争》、中共青年团苏区中央局机关报《青年实话》存续时间长、影响较大，被称为"中央苏区四大红色报刊"。②

1. 中华苏维埃中央革命军事委员会机关报：《红星》

《红星》1931年12月11日创刊，由军委总政治部主办。社址在江西瑞金叶坪乡洋溪村，后迁至瑞金沙洲坝乡（今沙洲坝镇）沙洲坝村白屋子，③ 1935年8月3日停刊。在3年零8个多月内，该报三次停刊，两次重新出版，重编期号，分为江西瑞金（1931年12月11日至1934年10月）和长征途中（1934年10月至1935年8月）两个阶段。

江西瑞金时期，《红星》共出版124期，张如心、李弼延先后担任主编，确切时间已难考证。④ 编辑部一直由三五个人组成，主要依靠作者队伍办报，拥有一支500多人的专职通讯员队伍，包括党和军队的各级领导、基层连队干部和战士，周恩来、王稼祥、贺昌、罗荣桓、罗瑞卿、萧华、张爱萍、毛泽东、

---

① 陈信凌. 江西苏区报刊研究 [M]. 北京：中国社会科学出版社，2012：4-5.

② 陈信凌. 江西苏区报刊研究 [M]. 北京：中国社会科学出版社，2012：46.

③ 陈信凌. 江西苏区报刊研究 [M]. 北京：中国社会科学出版社，2012：322.

④ 王健英. 中革军委的由来与演变 [J]. 党史文苑，1995（04）：4-9.

朱德、李富春、陈云、彭德怀等红军领导干部是积极写稿的通讯员。[①] 据统计，《红星》署名社论 21 次，博古 3 篇，周恩来 7 篇，张闻天、王稼祥、杨尚昆、李维汉、聂荣臻、陈云、滕代远、邓发、贺昌都有社论出现，未署名 18 篇，部分出自邓小平。[②] 中央革命军事委员会印刷所承印。出版周期、印刷方式、报纸编号有较大变动。刊期主要有 5 日刊、不定期刊，短则 2 天、长则 15 天出版 1 期，印刷、纸张因时而异，采用过毛边土纸、毛边纸铅印，手刻蜡板油印，开本一般为 4 开 4 版，也有 2 版或 6 到 8 版。《红星》的宗旨是贯彻党和红军的方针路线。发刊词《见面话》指出要"加强红军里的一切政治工作""提高红军的政治水平""完成使红军成为铁军的任务"，将《红星》比喻为"大镜子""大无线电台""政治工作指导员""政治工作讨论会""俱乐部""裁判员"。设有"社论""要闻""专电""捷报""前线通讯""党的生活""扩大红军""红军家信""群众工作""列宁室工作""读报工作""自我批评""诗歌"等 20 多个栏目和文艺副刊《俱乐部》，增出《红星附刊》随报附送。内容主要是探讨思想政治工作的理论文章与宣传工作经验，关于战事动态、关键战役、红军战斗英雄的报道，服务于红军战士的军事知识与技能、打仗行军的卫生知识，第四次反"围剿"战争的重大胜利等。第五次反"围剿"期间，《红星》曾宣传"左倾"机会主义错误，遵义会议时纠正。《红星》以红军指战员为主要读者对象，同时面向根据地的党政机关干部和民众发行，部队发行工作由总政治部及 1933 年设立的出版发行科负责，工农红军书局（江西瑞金县城）也负责报纸销售业务。报纸订阅大洋 3 厘，零售铜圆 1 枚。[③] 1933 年底《红星》在中央苏区发行 1.73 万份。[④]《红星》所刊登的文章短小精悍，战斗性和指导性强，通俗朴实，版面活泼，文图并茂，红军指战员赞誉其为"革命战争的号角"。

1934 年 10 月中央红军开始长征，《红星》随军长征，共出 28 期，是长征中最重要、最有影响的报刊。初为五日刊，后不定期出版，毛泽东曾为《红星》

① 黄少群. 邓小平在中央苏区（下）[J]. 百年潮，2004（07）：11-16；金耀云.《红星》报伴随红军长征到延安 [J]. 新闻与写作，2005（10）：30-31.

② 陈信凌. 江西苏区报刊研究 [M]. 北京：中国社会科学出版社，2012：334.

③ 程沄. 江西苏区新闻史 [M]. 南昌：江西人民出版社，1994：58.168.

④ 中共中央文献研究室. 毛泽东新闻工作文选 [M]. 北京：新华出版社，1983：34.

亲笔题词和撰文。① 张心如、邓小平、陆定一担任主编。邓小平主编《红星》时"差不多是唱独角戏"（1933 年年底至 1934 年 10 月），② 为《红星》撰写了许多消息、社论与重要文章，多数没有署名。周恩来、王稼祥、贺昌常为该报修改、审定或撰写重要社论和理论文章。遵义会议后陆定一接编《红星》（一说长征时陆定一即任主编），期印七八百份，发往连队。《红星》作者队伍基本是中央苏区领导人、中央工农红军的各级领导干部。

因《红色中华》停刊，《红星》成为中共中央和中央革命军事委员会共同的喉舌。该报及时传达中共中央的政策主张、战斗号令，刊载红军在长征途中的胜利喜讯，报道了遵义会议、红军强渡乌江、攻占遵义、抢渡大渡河等重大事件，在中央红军长征中发挥了重要的指导作用。

2. 中共中央局机关报：《斗争》

《斗争》1933 年 2 月 4 日在瑞金创刊，由原《实话》和《党的建设》合并而成，初为旬刊，1933 年 8 月 15 日第 22 期起改为周刊，有时脱期，中央印刷厂铅印出版，16 开；每期页数不定，一般为 16 页，少则 12 页，多则 32 页；根据地发行，每期发行约 27000 余份。③ 1934 年 9 月 30 日停刊，共出 73 期。该刊是中央指导苏区工作的政治理论性刊物，注重马克思主义的理论宣传、经常发布中央局的各种公文、工作指导、形势分析与社会研究等。所刊载文献、论文、新闻通讯和署名文章 356 篇，其中包括马列著作译文、共产国际、中共中央和苏区中央局的各种决议、指示和中央领导的文章约 110 篇。另有反映党、政、军、群及地方基层单位活动的新闻通讯、工作报告、调查报告、经验总结及从共产国际杂志和其他苏区报刊上转载的文章。④ 第 38 期所载张闻天《关于我们的报纸》一文，是中共苏区报刊工作的一篇重要论文。该刊刊登的有关党的建设和党内斗争的文章约 58 篇，基调是宣传"左倾"路线与方法，曾连篇累牍地发布所谓罗明机会主义逃跑路线的批判文章。

① 毕耕，谭圣洁. 红军长征中的报刊宣传 [J]. 中国出版，2016（19）：11-14.

② 金耀云. 永恒的鼓舞，无限的怀念——忆小平同志关于《红星》报史研究的回信 [J]. 新闻战线，1997（04）：10-11.

③ 陈信凌. 江西苏区报刊研究 [M]. 北京：中国社会科学出版社，2012：46.

④ 钱承军. 建国前中国共产党报刊研究 [M]. 北京：中国文联出版社，2009：145.

3. 中共青年团苏区中央局机关报：《青年实话》

《青年实话》1931 年 7 月 1 日在江西永丰县龙岩创刊，是少共苏区中央局（1933 年 4 月改为少共中央局）机关报。总编辑是阿伪（魏挺群），少共苏区中央局宣传部长陆定一（一度兼任总编辑）、少年先锋队中央总队长王盛荣等为编委，主要撰稿人是顾作霖、何凯丰、张爱萍、曾镜冰、陈丕显、罗华民、肖华等红军政治工作和青年工作的领导。吴亮平、陈荣、冯文彬、王盛荣、钟飞涛等为该刊撰写过稿件。①《青年实话》总编辑部设在江西雩都，1933 年 1 月编辑部迁至瑞金。因第三次"围剿"，刊物只出两期就停刊，同年 12 月 10 日复刊，初为半月刊后改旬刊、周刊。1934 年 9 月 30 日红军长征时终刊，共出 3 年零 3 个月 113 期。《青年实话》卷、期和号变动大。第 1 至 32 期为第 1 卷，1933 年 1 月 15 日至 11 月 6 日统称第 2 卷，每期称号，共 32 号。1933 年 11 月 13 日至 1934 年 6 月 30 日第 3 卷，改卷称期，共 32 期。1934 年 7 月 5 日至 9 月 30 日又称期，不称卷和号，依次是总第 97 期至第 113 期。② 样式和出版周期也不断变换。第 1、2 期"可装订可张贴"，第 3 至 9 期改为 8 开壁报，1932 年 2 月 15 日第 10 期改为油印 32 开小册子，有插画封面，第 2 卷以后由旬刊改为周刊，篇幅增加了 3/5。

作为"苏区团的最高的报纸"，《青年实话》创刊号《建立团报的领导作用》称该报"要成为苏区团的工作和群众工作的领导者，成为团在青年群众中扩大政治影响的有力工具，成为青年群众的组织者"。刊物坚持"文字作风的青年大众化"，编排形式活泼、内容多样、文字通俗，具有鲜明的青年特色。设有"青年生活素描""白区青年生活""青年卫生顾问""自我批评""轻骑兵""工农大众文艺""悬赏征答""歌剧"等栏目，还增出"国际青年画刊""八一增刊""瑞金增刊"等。主要刊登中央对青年团的指示、团中央会议文件和公告等，宣传马克思列宁主义理论，组织青年展开春耕竞赛、共产党"礼拜六"义务劳动、反对迷信和赤色体育等运动，也开展反对贪污腐化、官僚主义的舆论斗争。刊登的《十劝郎当红军》《共产青年团礼拜六歌》《打倒日本帝国主义

① 王其森. 苏区散论 [M]. 厦门：鹭江出版社，1993：161-168.
② 陈信凌. 江西苏区报刊研究 [M]. 北京：中国社会科学出版社，2012：211.

歌》等在青年中广为流行，被读者看作是苏区"青年惟一的读本"。

《青年实话》建立了较完备的工农通讯网和发行网，设立总发行所、分发行所、代售处、叫卖队。总发行所设在福建长汀，1934 年 1 月和印刷所一道迁至瑞金，分发行所、分销所设立在各级团部、红军各军部及其他青年团；委托各合作社及各商店设立代销处，制定批发优待的办法来发展订户。总发行所与邮电总局订立免费寄稿、寄书的合同，保证报刊能定期运输。要求支部组织朗诵班，读团报给群众听，提倡读报运动，组织读报组，开展读报会等活动。发行由 8000 份增加到 10000 份，直至 28000 份。①《青年实话》仅次于《红色中华》，深受苏区青年喜爱，被誉为"战争动员的武器，是团员工作的指导者，青年工农的喉舌，是青年最喜读的报"。②

4. 党、政、军、群等中央机构的其他机关报

除上述中央传媒外，江西苏区的中央机关报刊还有中共中央与中共苏区中央局所属报刊《战斗》《实话》《党的建设》《布尔塞维克》等。《战斗》是中共苏区中央局最早的一份机关报，1931 年 7 月 1 日创刊于江西宁都，铅印，16 开本，周刊，主要刊登苏区中央局的文件。1932 年 2 月 14 日改为《实话》。《实话》在江西瑞金出版，不定期，铅印，16 开，仍是苏区中央局的机关刊物。《党的建设》由苏区中央局组织部 1932 年 6 月 5 日创办，铅印，32 开本，不定期。1933 年 2 月 4 日，中央决议将《党的建设》与《实话》合并更名为《斗争》。《布尔塞维克》由中共临时中央局于 1933 年 1 月从上海迁至江西瑞金，于1934 年 7 月间开始出版，从第 1 期开始重新排列期数。新出的第 1 期为铅印，32 开本。封面标有"共产党中央理论机关报"字样，封底有"中共中央局出版、中央发行部发行、中央印刷厂印刷"等字样。

除《红色中华》外，中华苏维埃政府所属报刊还有《工农报》。《工农报》1934 年 3 月初创刊，是瞿秋白到江西苏区后的产物。该报 4 开 4 版，铅印、旬刊，以中央通讯协会筹委会机关报的名义出版，该筹委会接受《红色中华》报编委会领导。《工农报》辟有"新闻""通讯""短评""连环画""故事""笑

---

① 方汉奇. 中国新闻事业通史（第 2 卷）[M]. 北京：中国人民大学出版社，1996：303.
② 李玉琦. 中国共青团史话 [M]. 沈阳：辽宁人民出版社，1992：59.

话"等栏目，是一份通俗易懂、生动活泼，适合识字少的工农群众阅读的报纸。
中央政府各部门所办报刊有：中央人民委员会的《苏维埃文化》《教育通讯》、
中央土地人民委员会的《春耕运动画报》、中央政府俱乐部的《突击》、中华苏
维埃共和国邮政总局的《赤邮通讯》等。此外还配合重要会议出版短期刊物，
如第一次全国苏维埃代表大会秘书处日报股的《中国工农兵苏维埃第一次全国
代表大会日刊》，第二次中华苏维埃全国代表大会筹委会的《选举运动周报》
《选举运动画刊》。中央政府所办报刊各具面目，形态不一，主要刊登政府法令
条例、决议通告，政权建设的工作经验、成绩与问题等。

　　除《红星》报外，中央革命军事委员会及直属部队所属报刊还有《红星画
报》、中国工农红军第一方面军总司令部的《红色战争》、中国工农红军总政治
部的《革命与战争》《政治工作》《战士》、中国工农红军第一方面军的《铁
拳》、中国工农红军学校的《红军战士》等。其中《红星画报》由红星社编辑
出版，与《红星》报同属一个机构，不定期，32 开，绘图石印，中国军事博物
馆保留了第 1 至 7 期。

　　群众团体纷纷在中央苏区创办自己的机关刊物。少共中央局在瑞金出版的
有《青年实话》《少年先锋》《时刻准备着》《儿童战线》《列宁少年》《加紧准
备大检阅画报》等。《时刻准备着》是苏区中央儿童局机关报，前身是《青年
实话》"儿童"栏，1933 年 5 月创刊，主编是胡耀邦，[①] 半月刊，封面三套色彩
印，初为石印，后改铅印，32 开本，每期少则 20 页，多则近 30 页。该刊聘请
二三十个特约通讯员、撰稿者、绘画者，其中有何凯丰、胡耀邦、黄亚光等，
主要在中央苏区发行，也行销闽赣、湘鄂等根据地，每期发行 4000 份，最高达
到 9000 份，1934 年 7 月 25 日停刊，共出 18 期。《少年先锋》1932 年 8 月 1 日
创刊，是苏区少年先锋队中央总队的机关报，半月刊，铅印，32 开，张爱萍曾
任主编。1932 年 11 月停刊，共出 6 期。

　　中华全国总工会苏区执行局机关报是《苏区工人》，1932 年 5 月在福建闽
西汀州（今长汀县）创刊。初为 8 开 4 版，石印，半月刊，后不定期出版，6 版
一张半，有时出 4 版、8 版或 10 版，由全总苏区执行局宣传部部长倪志侠负责，

---

① 秦晓鹰. 时刻准备着［N］. 新民晚报，2010-6-2.

1933 年 1 月停刊。中华全国总工会从上海迁至瑞金后，刘少奇为执行局委员长，在刘少奇的领导下，《苏区工人》于同年 6 月在瑞金出版，半月刊，不定期，刊期重编，16 开本，刊头时常改变，主要作者为刘少奇、顾作霖、陈云等人。1934 年 5 月 25 日起为 8 开 4 版小报，长征前夕停刊，共出 26 期。《苏区工人》报道苏区和全国工人运动消息，刊登工作经验报告和指导性的论文，指导各级工会工作。设有"社论""新闻""职工运动指导""苏区工人斗争""革命竞赛""扩大红军""批评与指导""红板与黑板""自我批评""反对贪污腐化""世界与中国"等栏目。刊物内容丰富、篇幅短小精悍、文字通俗易懂，版面设计不拘一格，注意使用插图和其他装饰性图案，适合苏区文化水平较低的工人读者阅读。中央苏区反帝大同盟机关报是《反帝战线》，1932 年 8 月 1 日创刊，铅印，8 开 4 版，半月刊，1933 年停刊。中央苏区反帝总同盟机关报是《反帝拥苏通讯》，1933 年 7 月—8 月间创刊，16 开，油印。中央苏区互济会筹备委员会机关报是《互济画报》。群众团体的中央报刊经常刊登诗歌、散文、小故事、活报剧、图画识字、游戏运动等，体裁多样、形式活泼，兼顾指导性与文化娱乐性。

第二节　全面抗战前中共地方组织的传媒活动

"四一二"政变，国民党残酷杀害共产党员。1927 年 4 月至 1928 年 6 月 5 日，死难的工人、农民和共产党员达 25 万人之多，加之脱党、叛变的人，近 6 万人的党员队伍锐减到 1 万多人。[①] 中共组织系统严重萎缩，工会、农会系统支离破碎，全国传媒网络被破坏殆尽。"全党的宣传和鼓动尤其减少，几乎等于零。"[②] 八七会议决定"建立壁垒森严的秘密组织"，使之成为"能斗争的秘密

---

① 陈龙. 承上启下：《布尔塞维克》在中国共产党发展史上的重要作用与意义 [J]. 新闻春秋，2019（04）：35-42.

② 中国社会科学院新闻研究所编. 中国共产党新闻工作文件汇编（上）[M]. 北京：新华出版社，1980：35.

的党的机关"。会议将全国划分南方局、北方局、长江局,① 分别领导并恢复地方党组织。随着中共地方组织的秘密恢复,白色区域的中共地下报刊活动随之展开。随着农村革命根据地的不断开辟,南方八省革命根据地的传媒活动随之活跃起来。1934 年 10 月红军长征后,南方八省根据地的绝大多数传媒被迫停刊或转入地下。加之各省的白色恐怖、中共地方组织的完善程度、党员的数量、"左"倾路线影响程度的不同及革命根据地是否存在等因素,致使中共在全国各地的新闻传媒活动严重不均衡。不同时期,各省的中共报刊活动力度不一样;同一时期,各省的中共报刊活动力度也不一样,有些省苏区报刊发展好,有些省地下报刊艰难生存,活动很少。基于此,本节以南方、北方两大地理空间简要描述中共地方组织的新闻传媒活动。

一、南方地区的中共新闻传媒活动

江苏、浙江、安徽、江西、河南、湖南、湖北七省和上海市是国民党蒋介石集团统治的核心区域,浙江、安徽、江西、湖南、湖北、河南、福建、广东八省是中国工农红军和游击队三年游击战争的活动区域。新桂系势力范围在福建、广东、广西。云南、贵州、四川分别由其属地军阀掌控。1934 年 10 月,红军长征经过云、贵、川三省,国民党追击红军,趁势将其势力深入。故本文将上述地区纳入南方地区。

---

① 1927 年的八七会议决定成立中共中央南方局、北方局、长江局、上海局。南方局 1927
　年 8 月 10 日成立,10 月 23 日撤销,负责广东、广西、闽南及南洋一带特支;北方局
　1927 年 8 月 9 日成立,11 月 11 日撤销;长江局负责湖南、四川、陕西、河南、湖北、
　江西、安徽七省,1927 年 9 月 28 日成立,11 月 11 日撤销。1930 年 7 月 13 日中共中央
　政治局再次决定成立中央北方、长江局、南方局和江苏省总行动委员会。长江局
　1930 年 8 月 7 日在汉口成立,同年 12 月 16 日撤销;南方局 8 月 2 日在香港成立,北方
　局 8 月中旬在天津成立,同年 12 月 9 日撤销;中共江苏省总行动委员会 7 月 14 日在上
　海成立,中共满洲总行动委员会 8 月 6 日在沈阳成立。其中,1930 年 8 月 20 日的《中
　共中央北方局通知第一号》称"中央划出顺直、河南、山东、山西、热河、察哈尔、
　绥远、陕西、甘肃九省集中到北方局的指导之下"。见王健英. 中共中央机关历史演变
　考实 1921—1949 [M]. 北京:解放军文艺出版社,2004:98-99、151、154、157-159、
　163.

（一）上海、江苏、浙江地区的中共新闻传媒活动

中共中央非常重视上海、江苏的组织和报刊活动。八七会议后至1933年1月，上海成为中共中央政治局所在地、中共江苏省委所在地。中共中央还酝酿成立中共中央上海局，1930年专门成立了中共江苏总行动委员会。江苏、浙江是蒋介石集团统治中心，舆论控制非常严厉，上海因其特殊的政治文化，成为中共报刊活动的中心。江浙两省的革命报刊受到严重抑制，八七会议后至1933年前，中共在上海建立了地下报刊网络，成功领导了左翼文化运动，1933年后上海革命报刊受到严重摧残。中共江苏省委的报刊活动主要在上海。1927年中共江苏省委在上海成立，却屡遭破坏。江苏省委及其所属系统创办的报纸主要有：省委机关报《前锋》（1927年9月）、党内机关刊物《江苏省委通讯》（1927年11月）、对外宣传刊物《多数》（1928年9月10日）、《群众日报》（1931年）、《大中报》（1932年，应修人主编）、《真话报》（1932年，潘梓年主编）、《理论与实际》（江苏省委宣传部，1931年9月1日）。中共中央机关报《红旗日报》也曾是中共江苏省委的机关报。共青团江苏省委有《少年真理报》《转变》《先锋》等。上海工会系统有《上海工人》《工人报》《电话工人》等，其中，《上海工人》由上海总工会主办，原名《新世界》，1927年8月23日改为本名，铅印。初为双日刊，第1—59期为8开4版小报，1928年2月3日第60期起改为不定期64开小册子。设有"短评""时事新报""俱乐部""漫画""革命常识"等栏目。曾用《散花舞》《时新毛毛雨》《滑稽大王》等化名，终刊不详。各工厂、学校出版的油印小报和情报时断时续，数量不少。①

中共江苏地方组织也创办了一些报刊。如溧阳特支的《溧阳日报》（狄超白主编）、盐城县委的《海霞半月刊》和《文艺青年》（以综流文艺名义出版，乔冠华主编）等多种报刊，存续时间都较短。② 共产党人还渗透到江苏国民党党报系统内部，借国民党报刊宣传进步声音。皋县党部党报《皋报》先后由共产党员徐家瑾、叶胥朝任编辑主任，叶胥朝和进步青年俞铭璜等组织"春泥社"，先后在该报开创《谷雨》《炮火》副刊。镇江《江声日报》排字工朱自强是地

---

① 方汉奇. 中国新闻事业通史（第2卷）[M]. 北京：中国人民大学出版社，1996：272.
② 宁树藩. 中国地区比较新闻史（中卷）[M]. 上海：复旦大学出版社，2018：614-615.

下党员。国民党元老林森出资创办国民政府机关报《金陵日报》，1937年共产党人陈同生进入该报任社长兼总编辑，党组织派何云、朱穆之担任编辑，以上因素使《金陵日报》一度成为共产党宣传团结、抗日、民主的舆论阵地。

　　浙江是蒋介石的老家，也是国民党拥蒋势力的大本营。"四一二"政变发生后，中共革命刊物很难在浙省新闻界立足，中共地下报刊在1927年—1928年间曾出现，有中共浙江省委的《省委通讯》（1927年9月，油印）、《每周通讯》（1928年3月，油印）、《钱江怒涛》（1927年10月，油印）、中共杭州市委的《前进》（1928年4月后，不定期，油印）。富阳1927年曾有《晨钟》（1927年，6、7期）、① 上虞有《石榴报》、宁波有《火曜》等进步报刊。值得一提的是杭州城内小车桥的浙江陆军监狱出现过中共地下刊物《伊斯科拉》，这足以证明共产党人注重革命宣传。浙江陆军监狱因禁过1508位共产党员（整个浙江有1740位党团员）。② 1928年起，中共浙江陆军监狱特支宣传委员裘古怀开始编辑出版《伊斯科拉》（"伊斯科拉"是俄文汉译，意为"火星"）《洋铁碗》。《伊斯科拉》经常刊登一些中共党内情报通报一类的内容，读者对象是"政治犯"和知识青年。《洋铁碗》以宣传中共理念和辅导学习文化为主，读者对象为"政治犯"中的工人、农民和"军事犯"。裘古怀牺牲后，狱友们继续编辑出版，《伊斯科拉》出版四五期后，改名为《衣食苦拉》。此外，还有文艺刊物《苦笑》《宇宙风味》。③ "七七事变"后，共产党和进步人士创办的抗日民族报刊才得以公开问世。如杭州的《战时生活》《抗战导报》，绍兴的《战旗》，温州的《平报》和萧山的《萧山日报》等。④

　　据统计，1927—1937年中共在上海、江苏和浙江地区共创办53种报刊，⑤占全国288种报刊的18.4%。上海因其特殊的政治经济环境成为革命报刊的中心，数量最多；毗邻上海的江苏、浙江却因国民党严厉控制和"左"倾错误的干扰，中共地下组织生存艰难，屡遭破坏，致使中共地下报刊、进步报刊数量

---

　　① 中共浙江省委党史研究室. 中共浙江党史（第1卷）［M］. 北京：中共党史出版社，2002：218.

　　② 李杞龙. 杭州英烈（第5辑）［C］. 杭州：杭州市民政局，1990：58.

　　③ 何扬鸣. 民国杭州新闻史稿［M］. 杭州：杭州出版社，2013：461-462.

　　④ 宁树藩. 中国地区比较新闻史（中卷）［M］. 上海：复旦大学出版社，2018：661.

　　⑤ 钱承军. 建国前中国共产党报刊研究［M］. 北京：中国文联出版社，2009：81.

不多，存续时间短。传单、小册子及伪装发行成为中共与国民党斗争的主要形态。

（二）河南、安徽、湖北地区的中共新闻传媒活动

湖北、河南、安徽三省相连，这三省初被地方势力占据，后被纳入南京中央的势力范围内，三省的政治文化具有相似性：有较好的革命基础、三省交界处是鄂豫皖革命根据地、白区是"围剿"苏区根据地的前沿阵地。

河南在北伐军到达前后，中共报刊有所发展，有河南省委的《猛攻报》、中共潢川特别支部的《潢川国民》、中共濮阳县委的《白杨书札》、临颍县委的《红旗报》、杞县县委的《农民之路》、南阳特委的《唐河潮》等。"宁汉合流"后，河南在冯玉祥的控制下"清党"，河南中共报刊转入地下，不久后停刊。蒋冯大战后，河南在蒋嫡系刘峙的控制下，新闻审查异常严厉，20 世纪 30 年代初期，河南白区出现了《河南报》《豫中红旗》《郑州红旗》《许昌红旗》《京汉铁路红旗》《中州新闻》《郑州新闻》《火车头》《妇女生活》等中共地下油印报刊。这些报刊发行量很少，刊期不固定，寿命短暂，有的只出了几期，有的甚至未发行即被破获，多湮没无存，只能从国民党查禁资料中管窥一二。如1931 年 1 月，国民党河南省党务指导委员会密令各县党部严格查禁《河南红旗》《火花报》《豫南红旗》《河南列宁青年》等中共报刊，1932 年密令查禁当地出版的《红旗副刊》及《鄂豫皖省苏维埃政府革命法庭训令》，1933 年 9 月密令查禁信阳发行的《红旗周报》等。

1927 年 5 月，中共安徽省临时委员会成立遭遇困难，曾两度取消，同年 8月迁至芜湖，柯庆施任书记。同年 9 月即创办《每周通讯》，由省临委王心皋负责。此外还有《红旗》《工作生活》。《每周通讯》是目前所知省内党组织出版的最早刊物，主要宣传贯彻八七会议精神，研究土地改革与交流工作情况等。1931 年 2 月中共安徽省委成立，随即出版《安徽红旗》周刊。中共在安徽各县市也出版了一些报刊，主要有中共怀宁县临委的《新生活》、中共怀宁县委的《血光报》、皖北特委的《工作通讯》、芜湖中心县委的《宿县周报》《新闻周报》《红旗报》《工农兵》《无为周报》《赤色报》、芜湖共青团的《沙漠周刊》、阜阳中心县委的《布报红旗》、桐城县委的《火花》三日刊、含山县委的《工农小报》、中共长淮特委的《士兵的话》《红旗报》等。这些刊物多油印，印数

少（如《新生活》，每期只印三四十份），刊期不固定。受"左"倾路线影响，1931 年—1932 年安徽党组织遭到极大破坏，报刊纷纷被停刊。1932 年安徽白区的中共报刊已不多，主要集中在中共力量较强的皖北地区，如寿县县委的《皖北布尔什维克》《皖北真理报》《皖北红星》、凤台县县委的《皖北红星》、涡蒙县委的《涡蒙布尔什维克》等，1934 年均停刊。安徽国统区进步报刊主要有《怒潮》半月刊、《长江晚报》《皖报》等。《怒潮》由凤阳县省立第五中学中共地下党组织 1928 年第二季度（一说 8 月[①]）创办，四开四版，第 4 期后改名《五中学生》。1929 年 4 月 17 日，学校党组织被破坏后停刊。《长江晚报》1929 年 3 月 1 日在安庆创办，社长是左派进步人士许习庸（一说是共产党员[②]），总编辑刘文若，编辑徐觉生、牛雨樵是中共地下党员。同年秋，该报配合爱国将领方振武展开反蒋宣传活动，连载刘文若《党国人物的过去与现在》，揭露蒋介石的种种恶行，引起轰动，报纸发行后由上千份激增至万份。1929 年 10 月 1 日被查封，方振武被拘禁，许、刘被捕杀。另据载，1930 年底芜湖的《皖江日报》突然刊出"共产党万岁"标语，被勒令停刊，次年冬才复刊。[③]

1927 年初至"七一五"政变，湖北武汉是中共中央所在地，全国革命报刊活动中心。"七一五"政变后，中共中央在汉口紧急召开八七会议，决定将中共中央转移到上海。湖北中共党组织转入地下进行斗争。在武汉国统区，除中共中央机关报的《中央通讯》外，还有中共湖北省委的《大江报》《长江》。1927 年春，中共著名妇女领袖向警予从苏联回国，到武汉出席中共五大后留在中共汉口市委宣传部和湖北省委工作。"七一五"政变后，向警予出任中共湖北区委地下报纸《大江报》主编。同年年底接办湖北省委宣传部党刊《长江》，任主编。1927 年底湖南暴动失败，《大江报》《长江》在敌人的疯狂搜捕下被迫停刊。为纪念二七惨案，1928 年 2 月 7 日，《大江报》采取油印方式复刊，又持续出版 20 多期。同年 3 月 20 日晨，因叛徒出卖，向警予被捕，《大江报》停刊。除《大江报》外，武汉地区武阳县区委在 1929 年先后出版《冷报》《碰报》和《犀报》。《犀报》1930 年在武汉创刊，由中共武汉市委宣传部主办。受"左"

---

① 王传寿. 安徽新闻传播史 [M]. 合肥：合肥工业大学出版社，2014：118.

② 王传寿. 安徽新闻传播史 [M]. 合肥：合肥工业大学出版社，2014：118.

③ 宁树藩. 中国地区比较新闻史（中卷）[M]. 上海：复旦大学出版社，2018：695.

倾错误影响，上述报刊存续时间都很短暂。"一二·九"运动期间，中共地下党领导的武汉学生组织创办了《武大学生》（原名《救中国》）。《武大学生》由武汉大学救国会、武汉大学敌后援会主办，负责人有李厚生（李锐）、钱祝华（钱闻）、潘乃斌（潘琪）等。①

　　在河南、安徽、湖北三省交界的大别山区，中共领导红军武装起义建立的豫东、鄂豫边、皖西三块根据地在 1930 年初连成一片。1930 年 6 月，鄂豫皖特区苏维埃政府成立，首府在河南新集（今新县）。鄂豫皖根据地以大别山为中心，全盛时期有 20 多个县，350 万人口，4.5 万多名红军。鄂豫皖苏区的报刊数量达 20 多种。②

　　1929 年 12 月下旬，红三十二师解放商城县城，创办了河南苏区的第一份报纸，即《红日报》。1931 年共青团商城县委出版《少年先锋报》。1931 年春鄂豫皖苏维埃政府成立后，中共鄂豫皖省委机关报《列宁报》1930 年底在首府新集创刊。该刊初为鄂豫边特委主办，1932 年初省委成立后，改由省委主办，中共鄂豫皖中央分局成立后，《列宁报》改为中央分局机关报，省委宣传部部长成仿吾曾任主编，发行达 2000 多份。除《列宁报》外，河南苏区还有《工人周报》《鄂豫皖苏维埃报》（1930 年 2 月—1932 年 8 月）、《共产主义 ABC》、《少年先锋报》（少共中央分局）、《鄂豫皖红旗》（中共鄂豫皖中央分局）、《赤色儿童》（中央分局儿童局）等。皖西根据地建立后，中共六安中心县委组建党报委员会，创办了中心县委机关报《红旗报》。1931 年春，皖西成立中共皖西特区委员会，辖 19 个县。皖西北特委随即组建了特委党报委员会；同年 5 月，特委机关报《皖西北日报》和《红旗周报》《火花》半月刊创办，其中，《火花》半月刊发行达 1590 份，《红旗》达 3880 份。③《苏维埃周报》（皖西北特区苏维埃政府）、《党的建设初步》半月刊（皖西北特委组织部）、《赤色先锋》《团的建设 ABC》（皖西北少共特委）、《卢森堡》（皖西北妇委）等报刊相继创办。这一年，《怒吼报》《雪花报》（霍山县委）、《红光日报》（霍邱县委）、《红日报》《咆哮》旬刊（商城县委）、《群众》（黄安县委）、《战斗》（麻城县委）、《火

①　钱承军. 建国前中国共产党报刊研究 [M]. 北京：中国文联出版社，2009：101.
②　方汉奇. 中国新闻事业通史（第 2 卷）[M]. 北京：中国人民大学出版社，1996：309.
③　宁树藩. 中国地区比较新闻史（上卷）[M]. 上海：复旦大学出版社，2018：694-695.

红》（孝感县委）等县一级中共党报纷纷创办。湖北苏区则有《红旗日报》《工农日报》《湘鄂西苏维埃》《鄂东南实话》《阳新红旗》《红旗》《暴动报》《工农兵》《铲锤周报》《铁军报》等 50 多种报刊。[①] 鄂豫皖根据地全盛时，政党军、工青妇、经济文化教育机关，有不少县、区、师、团都出版报刊，建立了鄂豫皖苏区报刊发行网络，保证报纸送到乡、村苏维埃、连队，还组织工农群众进行阅读。这些报刊多油印，刊期不定，发行量不高，遗存至今的数量不少。1934 年 10 月，主力红军撤离皖西根据地后，鄂豫皖苏区的报刊活动随之结束。

（三）江西、湖南、福建地区的中共新闻传媒活动

江西、湖南、福建三省是蒋介石集团与地方实力派交界的区域，这三省革命基础好，中共在三省交界处开辟了以江西瑞金为中心的中央苏区。三省国统区革命报刊活跃度不高，苏区革命报刊发展繁荣。

这一时期，江西国统区的一些城市曾出版过地下报刊，数量少，存续短。1927 年 11 月，中共安源市委创办机关报《新萍周报》秘密发行，不久停刊。次年，中共赣南特委在赣州秘密出版《红旗报》，因主编萧华燧被捕牺牲而停刊。湖南在 1927 年 5 月 21 日 "马日事变" 前的革命报刊主要有：中共湖南省委的《战士》周报、国民党湖南党部的《湖南民报》和湖南通俗教育馆的《湖南通俗日报》。其中，《湖南民报》于 1926 年 7 月创刊，日出对开一张半到两张半，"马日事变" 后由成为全省工农革命运动的总喉舌、共产党员谢觉哉、龚饮冰主编。《湖南通俗日报》由共产党员熊亨瀚主持，这两张报纸对湖南工农运动的发展起了重大作用，但也有严重的 "左" 倾的 "幼稚病"。"马日事变" 的发动者许克祥 "宁肯错杀一千，不可放过一个"，残酷屠杀革命群众，湖南由农民运动的中心沦为血腥的屠场。中共地下报刊在湖南国统区几乎没有立足之地。何键主政湖南时，湖南的报刊在蒋、何的矛盾斗争中多有批评 "剿共" 活动和同情鲁迅等进步报道。福建国统区和湖南的情况差不多。国民党右派发动反革命事变后，共产党和国民党的左派报刊被查禁，共产党福建各级组织转入地下并开始武装斗争。1927 年，中共福建临时省委在厦门创办机关报《红旗》，不久，省委领导机关被破坏，《红旗》被迫停刊。一些共产党员通过各种关系打入了福

---

① 宁树藩. 中国地区比较新闻史（上卷）[M]. 上海：复旦大学出版社，2018：924.

建国民党报刊业内，掌握了一定的编辑权力或成为这些报刊的经常撰稿人。如国民党省党部的福建《民国日报》副刊，共产党人在一段时间内争得一角。①

江西、湖南、福建三省苏区，革命报刊随着根据地空间扩展，发展趋于繁荣。据统计，江西苏区 1929 年至 1934 年出版的报刊共 203 种。② 随着闽西、闽北、闽东根据地的相继建立，中共福建省委、闽浙赣省委、闽赣省委都办起自己的机关报，分别为《福建红旗》《红色东北》《红色闽赣》。特委、中心县委以及部分县委也有自己的报纸。苏维埃政府、青年团和红军也有办报的。这些报刊分布在全省 16 个市县，其中 10 个是山区县，闽西苏区最多，有 30 多种报刊。陆定一曾在这里担任主编，他先为共青团闽粤赣特委、后为共青团闽粤赣省委机关报的《列宁青年》的主编。福建主力红军长征后，福建共产党人开始了极其艰苦的三年游击战争，先后创办了《红色福建》《捷报》等 5 种报刊。不论在苏区、游击区办报，还是在国统区办报，共产党人均处在敌人封锁包围之中，条件极为恶劣，创办许多报纸系油印，刊期较长且不固定。

（四）广东、广西、四川、云南、贵州的中共新闻传媒活动

广东、广西、四川、云南、贵州的政治文化具有相似性，这五个地区名义上归属南京中央，实际在地方实力派的控制之下，两广是新桂系的地盘，云南在龙云的控制下，贵州在王家烈、四川在刘湘等地方军阀的控制之下。1934 年10 月，红军被迫长征后，蒋介石集团在"围剿"红军的过程中将其势力深入到云贵川地区。这五个地区的革命群众少、传媒基础较薄弱，在地方实力派压制下，中共新闻传媒活动不如上海等中心城市活跃。

广东、广西是新桂系的核心区域，新桂系"清党"且反共，与蒋介石貌合神离，曾公开打出抗日反蒋的旗号，新桂系统治下的广东、广西社会较稳定，人民生活有较大改善，国民党新闻业较发达。两广地区的中共白区报刊活动与国共合作时期不可同日而语。广东"清党"后，中共报刊转入地下。1927 年 11月，中共广东省委出版《红旗》半周刊，16 开 4 版，铅印，以报道和评论广东革命斗争为主；1927 年 12 月 12 日，即广州起义当天，《红旗》半周刊改名为

①　宁树藩. 中国地区比较新闻史（上卷）［M］. 上海：复旦大学出版社，2018：731.
②　宁树藩. 中国地区比较新闻史（上卷）［M］. 上海：复旦大学出版社，2018：757.

《红旗日报》，印刷 25 万份，在全市各街头散发与张贴，起义失败后停刊。之后，中共广东省委相继出版过《红旗周报》《红旗特刊》《南方红旗》《学习》半月刊、《红五月》《两广实话》《半周大事记》《觉悟特刊》等地下刊物。① 中共在当时隶属于广东管辖的琼崖地区建立了革命根据地，成立了琼崖苏维埃政府（1928 年 12 月至 1935 年）。琼崖根据地有中共琼崖特别委员会的《琼崖红旗》（土纸油印小册子，1930 年 7 月 10 日—1932 年 1 月 5 日，共 15 期）、特委的党内刊物《布尔塞维克的生活》（1931 年 12 月 7 日止，6 期）、琼崖苏维埃政府和乐会县苏维埃政府的《工农兵报》（土纸油印小册子，1929 年 9 月）、共青团琼崖特委的《团的生活》（1931 年 10 月 30 日止，共出 7 期）、少年先锋队琼崖总队的《赤光报》（1931 年秋）等报刊出版。②

　　"清党"结束后，广西新闻界成为新桂系的一统天下，中共在广西白区的报刊活动较少，有中共广西特委以广西农民协会名义秘密出版的《广西农民》，1929 年 8 月在南宁创刊，三日刊，由中共广西特委委员张第杰负责；中共陆川县委的《劳农报》《集锦报》，1932 年前后创刊，油印，16 开，1929 年 12 月在龙州公开出版的 21 师的《群众报》。在广西西部左江、右江和洪水河流域，邓小平、张云逸、韦拔群通过百色起义建立左右江根据地。左右江根据地存续两年多（1929 年 12 月至 1932 年冬），大约出版 11 种报刊：有中共广西特委的《特委通讯》（1928 年年初）、中共两广委员会的《红旗》（1927 年秋）、中共梧州地委的《战报》（旬刊）、红七军的《右江日报》（1929 年 11 月 5 日，日刊）、红八军的《工农兵报》（1930 年 1 月 29 日，龙州，周二刊）及《左江红旗》、右江革委会的《红旗日报》（1930 至 1931 年 3 月）、中共 21 师的《红旗报》（1931 年 11 月）等。③

　　在云南，龙云投蒋后，镇压了中共云南地方组织，王德三、李鑫等云南党组织负责人被杀，革命群众团体被解散。中共在云南的新闻活动遭到严重摧残，本时期坚持进步的只有《云南民众日报》一家报刊。该报刊 1928 年冬由省财政

---

①　宁树藩. 中国地区比较新闻史（下卷）［M］. 上海：复旦大学出版社，2018：1002.

②　邢谷宜. 琼崖早期革命报刊［J］. 海南大学学报（社会科学版），1986（02）：81-86.

③　彭继良. 广西新闻事业史（1879—1949）［M］. 南宁：广西人民出版社，1998：241-243.

厅长卢汉支持创办，对开一大张，四版，日刊，1929 年年底停刊。李生庄（艾思奇之兄）、杨正邦、徐嘉瑞、刘尧民、王有元等中共地下党员参与编辑，主编李生庄。该报利用中央社电讯传播了红军和苏区胜利的消息，还对昆明 1929 年 7 月大爆炸案做了详细报道。艾思奇回昆明养病期间曾参与《云南民众日报》副刊、《象牙塔》《杂货店》《银光》等报刊中众多栏目的编辑工作，发表了许多文章。①

四川、贵州长期受地方军阀霸凌，各派系军阀冲突不断。国共合作期间，四川革命运动有长足发展，1927 年 3 月 31 日，四川右派制造"三三一惨案"，残杀了多名四川革命进步人士。中共四川地方组织和报刊活动被迫转入地下。中共四川临时省委不久成立，10 月在重庆出版临时省委机关刊物《四川通讯》，11 月对外宣传的省委机关刊物《川潮》旬刊创办。1928 年 10 月，临时省委遭到破坏，中共四川省委迁往成都。在重庆，中共地下组织创办、领导的报刊主要有《新社会日报》《万县日报》《万州日报》《新江津日报》《枳江日报》《人民日报》《红军日报》。其中，中共川东特委（一说中共四川省委和川东特委联合，还有一说是中共四川省委军委）主办的《新社会日报》于 1929 年 4 月 1 日创刊，对开两张，社址在商业场新大街 1 号。《新社会日报》由地下党员川军第 24 军刘文辉部师长张志和主办，罗承烈任社长兼总编辑。在国民党中央的重压之下出版仅两个月，抨击蒋介石集团，舆论影响不容低估。② 1930 年，中共四川报刊活动中心由重庆移到成都。在成都，中共出版了《锦江日报》《成都新闻》《四川红旗》《转变》《四川晓报》等。其中，《四川晓报》于 1931 年创办，坚持出版至 1934 年。四川地下组织还利用田颂尧二十九军的《西南日报》宣传进步思想，但不到一年就被勒令停刊。刘文辉被刘湘赶往川康边境后，在雅安创办了《川康新闻》。《川康新闻》的社长与正、副总编辑均为共产党人。除重庆、成都外，川北有《灯笼火把报》《岳池泪》《嘉陵江》等报刊，川东有《红军日报》《国难周刊》等报刊，川南有《反日会刊》《川南新闻》等报刊，川西有《广汉学生》《晨曦》半月刊等报刊。1932 年年底，红四方面军进入川北，

---

① 宁树藩. 中国地区比较新闻史（下卷）[M]. 上海：复旦大学出版社，2018：1306.
② 蔡斐. 重庆近代新闻传播史稿（1897—1949）[M]，重庆：重庆出版社，2017：95.

建立川北根据地。中共川陕省委、川陕省苏维埃政府和西北革命军事委员会等党、政、军领导部门，都相继创办了自己的机关报，如《川北穷人》《共产党》《苏维埃》《战场日报》《红军》《不胜不休》《少年先锋》《经济建设》等。①1935年4月，红四方面军撤出，历时两年多的川北报业随之解体。

贵州长期在黔系军阀霸凌下，1935年才归属南京中央，革命基础薄弱。在红军长征经过贵州时，随军出版的《红星报》在贵州撒下了革命种子。

二、北方地区的中共新闻传媒活动

北方是蒋介石集团统治的薄弱区域，权势结构错综复杂。东北在"九一八"事变前由奉系张学良掌控，事变后沦陷为日本殖民地，绥远、察哈尔、内蒙古不久被日伪控制。"二次北伐"后，北平、天津、河北、陕西等省归顺南京，却在张学良、阎锡山的阴影之下，山东由冯系投蒋的韩复榘控制，山西成为阎锡山的地盘，陕西先后由西北军和杨虎城控制，甘肃、宁夏、青海、新疆由当地军阀掌控。1935年红军长征到达陕北，胜利会师，陕甘宁成为中共新闻传媒活动的中心。华北在日本的染指下陷入沦陷危机。在中共抗日救国统一战线的号召下，全国各阶层爱国力量的共同推动，国共两党终于在西安事变后携手共同抗日。北方还是北洋军阀的势力范围，国共合作期间，革命群众运动展开不如南方，群众基础较为薄弱。北洋军阀被打倒后，北方各省由当地地方实力派分别控制，蒋介石开始"清党"反共，地方实力派紧跟蒋"清党"步伐，残酷镇压革命进步群众。八七会议后，中共中央成立北方局领导北方革命活动，不久撤销。1930年7月，中共重建北方局，"划出顺直、河南、山东、山西、热河、察哈尔、绥远、陕西、甘肃九省集中到北方局的指导之下"②，在国民党地方实力派严厉控制和"左"倾冒险路线的影响下，本就孱弱的北方革命力量和传媒活动受到严重摧残，活跃度不如南方。1935年的遵义会议使"左"倾路线得到纠正，随着全国抗日舆论的再次兴起，北方中共报刊趋于活跃。

---

① 宁树藩. 中国地区比较新闻史（下卷）［M］. 上海：复旦大学出版社，2018：1247-1248.
② 中央档案馆编. 中共中央北方局文件汇集［M］. 北京：中央档案馆，1990：171.

（一）平津、晋冀鲁、内蒙古地区的中共新闻传媒活动

北平、天津、河北是旧军阀的政治、经济与文化中心，民营传媒较发达。1927 年 8 月 1 日，北方党组织新的领导中枢，即中共顺直省委在天津成立。顺直省委是中共在北方的第一个省级机构，顺直省委有影响深远的纠纷问题，各项工作几乎陷入瘫痪。1930 年，顺直省委改组为河北省委后又受"左"倾错误的影响，数次遭到国民党的破坏，致使北平、天津、河北地区的中共地下传媒活动一直低迷到 1935 年"一二·九"运动前后。1927—1935 年前，北平革命报刊难以复出，只能依靠民营报刊中的地下党员、北平左翼报刊以灰色态度见缝插针地传播党的声音。

"一二·九"运动兴起后，北平学生创办抗日救亡报刊兴起。主要有北平学联的《学联日报》、北京大学的《北大周刊》、清华大学的《觉民报》、燕京大学的《燕大周刊》等，中共地下党在学生创办的抗日救亡报刊中起到积极影响和领导作用，如《燕大周刊》受中共燕大党支部支持，由地下党员主办，中共领导的中华民族解放先锋队（以平津学生为基础成员）创办了《民族解放》《我们的生活》《活路》《民先队报》等刊物。其中，《民先队报》由顾得欢、杨述等人负责，主要报道各地救亡运动的情况，发布民先总队的文件，宣传民先队的政治主张。① 北平学生创办的救亡报刊很快风行，成为中国报刊史上一个重要时代标志。② 1935 年下半年起，中共地下党的活动恢复生机，公开出版《时代文化》《华北烽火》《长城》《国防》等刊物。其中，《华北烽火》由中共北平市委于 1935 年 10 月创办。该刊多次更换名称和封面，仍遭到当局查封。北平市委于 1936 年 12 月 16 日创办《中国人》，中共北方局于 1936 年 6 月创办《长城》，1936 年 10 月创办《国防》，1937 年 4 月创办《人民之友》3 种半公开刊物。③

天津在陈潭秋、周恩来、刘少奇等人整顿顺直省委期间先后出版了《出路》《天津好报》《北方红旗》《星星》《实话报》《长城》《世界》等地下报刊，并

---

① 钱承军. 建国前中国共产党报刊研究［M］. 北京：中国文联出版社，2009：101.
② 宁树藩. 中国地区比较新闻史（上卷）［M］. 上海：复旦大学出版社，2018：410.
③ 钱承军. 建国前中国共产党报刊研究［M］. 北京：中国文联出版社，2009：101.

秘密创办了印刷厂。《出路》是中共顺直省委的内部机关刊物，由刘少奇创办、陈潭秋撰写发刊词，1928年11月16日创刊，油印，1929年8月31日停刊，共出13期。创办目的是供天津党内同志讨论中共顺直省委的错误和今后的出路，刘少奇为刊物写了序言并以赵启化名发表了《怎样改造顺直的党》。《北方红旗》亦是中共顺直省委机关刊物，1929年春创刊，胡锡奎主编，共出55期。1930年12月下旬，中共顺直省委改组为河北省委时停办。顺直省委还出版过《省委通讯》《工人画报》。① 1932年3月25日，《北方红旗》复刊，复刊号发刊词称"《北方红旗》是河北省党的机关报，是河北革命运动的宣传者、领导者、组织者，广大工农劳苦群众自己的喉舌，它是间接与帝国主义和地主、豪绅、军阀、资产阶级的国民党斗争到底的最有力的武器"，1933年3月停刊。

《星星》由中共顺直省委济难会负责人蒋晓梅等人组织星星文艺社创办，约1929年6月发刊，半月刊。该刊是国民革命失败后中共在天津公开出版的第一本革命文艺刊物，被称为天津左翼文化运动的先声。《星星》提倡无产阶级文学，仅出1期。《天津好报》1929年8月创刊，工人刊物。中共党员刘天章、李子昂根据中共河北省委决议创办，4开，三日刊，每期发行300份，主要宣传中共六大制定的《十大纲领》。1930年4月12日因编辑被捕停刊。《夜莺》由中共文学团体夜莺文艺社出版，1929年12月1日创刊，半月刊，16开。该刊倡导无产阶级革命文艺，在天津文化界产生一定影响。1930年4月被查禁。中共党组织曾在英租界（今和平区唐山道）创办地下印刷厂（党内称为红旗印刷厂）。应天津顺直省委要求，周恩来将上海中央印刷厂迁入天津，毛泽民任经理，在完成中央和省委指派的各项印刷任务后，于1931年下半年撤离天津。中央印刷厂翻印的主要报纸有：上海的《北方红旗》《红旗报》《实话报》及天津的《北方红旗》《星星》《天津好报》《夜莺》及《京汉工人流血记》等。

"九一八"事变后，根据中央指示，中共天津党组织调整斗争方向，积极推动抗战形势，先后创办《天津文化》《天津青年》《火线》《实话报》《当代文学》等报刊，其中，《火线》影响较大，时间最长。《火线》是中共北方局和河北省委机关报创办，1933年3月18日创刊，3个月后停刊，11月复刊，1936年

---

① 马艺. 天津新闻史［M］. 天津：天津人民出版社，2015：357.

年底停刊，共出 67 期，1938 年转入平西根据地出版。1936 年春，中共北方局书记刘少奇到天津工作后在《火线》上发表《肃清立三路线的残余——关门主义冒险主义》《论左派》等文章，阐述了党在白区工作的任务和策略原则，对中共在北方肃清"左"倾错误路线具有重要的指导意义。除《火线》外，刘少奇还领导创办了《华北烽火》《世界》《国际知识》《抗日小报》《妇女园地》《天津妇女》《妇女》等刊物。其中，《华北烽火》是中共中央北方局机关报，1936 年 6 月 20 日创刊，16 开本，半月刊，在知识书店公开发行。同年冬，姚依林调至天津任天津市委宣传部部长、《火线》主编。在此期间，刘少奇以吕文、尚陶、凯风等笔名发表多篇推动建立抗日民族统一战线的文章，1936 年 8 月 5 日该刊登载《中国共产党致中国国民党书》，提议国共结成全民族的统一战线。该刊曾用《长城》《国防》《中国人》《人民之友》等刊名出版，其中，《长城》这一刊名的使用时间最长，1937 年 7 月停刊。《世界》1937 年 3 月 1 日创刊，16 开本，旬刊，半公开发行，由姚依林直接领导、南开大学经济研究所的中共党员承办。刊物主要面向进步青年宣传抗日民族统一战线方针，1937 年 6 月底停刊，共出 12 期。中共天津市委妇女工作部在 1936 年 3 月 8 日成立天津妇女救国会，并以救国会名义出版了不定期的《天津妇女》（《妇女园地》前身，共出版 35 期）《妇女》等刊物，在妇女界宣传抗日救国。①

中共顺直省委、河北省委设在天津，其机关报除上述的《北方红旗》《火线》外，张家口有中共张家口特委机关报《抗日阵线》。《抗日阵线》是四开四版的日报，冯玉祥每月提供经费 500 元，1933 年由柯庆施改组为河北前委机关报，易名《老百姓报》出版，陈尚友（陈伯达）担任主编。抗日同盟军失败后停刊。中共地下党还依托民众教育馆所办报刊传播党的声音，其中最具特色、影响最大和出版时间最长的是景县民众教育馆的《旬刊》。《旬刊》1931 年创刊，1937 年 7 月停刊，历时 7 年。其由地下党员刘六清（刘石生）主编，每期发行 500 份，石印。1935 年 5 月一度停刊，1937 年 7 月被勒令停刊。据《河北省志·新闻志》载，有据可查的，在党的领导下的报刊有 45 种，其中 24 种为中共党组织的机关报，21 种为共产党人以学校、社会团体、民众教育馆乃至私

人名义办的革命报刊。

山东中共报刊备受韩复榘摧残。1931 年，山东创办了 17 种报刊，共产党报纸有 5 种。1932—1933 年仅有中共山东省委办的 2 种不定期刊，即《斗争》和《工农》。① 山西、内蒙古的中共地下报刊不多。中共山西省委和太原市委曾分别出版过《山西红旗》《山西省委通讯》和《太原市委通讯》《士兵之友》《工农兵小报》等报刊。内蒙古地区有"绥远反帝大同盟"的《血腥》（后改《血星》）等刊物出版，还有一些由中共地下党人控制的报纸副刊，该刊物曾经专刊刊出毛泽东的抗日文章，这引起国民党中央的震惊。

（二）东北地区的中共新闻传媒活动

"九一八"事变发生前，中共在东北地区至少出版过 18 种报刊，其中，17 种由中共哈尔滨地下组织发行，1 种在延吉发行。《东北》是中共地下组织在东北创办的第一家公开发行的报刊。该刊物坚持抵制日本侵略和反对奉系军阀的立场，因不顾禁令连续刊载郭松龄起兵反奉的消息被查封，任国桢等党员被捕，主要编辑陈晦生惨死狱中。1926 年创办的《哈尔滨日报》是中共北满地委根据中共中央要求，用国民党哈尔滨市党部名义出版的报纸，出版 4 个月后，被警厅以副刊有"宣传赤化性质"的理由查封。这 18 家报刊只有 1 家周刊持续出版超过 2 年。②

东北沦陷后，中共满洲省委展开游击战争，为宣传鼓动组织群众抗日，中共满洲省委相继出版《满洲红旗》《战斗》等刊物。《满洲红旗》1930 年 8 月在沈阳创办，11 月停刊。1932 年 1 月 30 日在哈尔滨复刊，二日刊，同时出版《满洲红旗副刊》。"九一八"事变一周年时更名《东北红旗》，出刊 18 期后于 1933 年 6 月 "根据新的路线，把《东北红旗》改变成更群众化的刊物"，改名为《东北民众报》继续出版。每期 400—500 份不等，1935 年 4 月停刊。《战斗》是中共满洲省委的党内教育刊物，1932 年 9 月 20 日在哈尔滨创刊，32 开本，蜡纸油印。该刊物的发刊词称"《战斗》是省委具体地领导下级同志在政治上、理论上、工作方式与方法上求得解决的刊物；《战斗》要把一切战略与战术

---

① 宁树藩. 中国地区比较新闻史 [M]. 上海：复旦大学出版社，2018：785.
② 宁树藩. 中国地区比较新闻史 [M]. 上海：复旦大学出版社，2018：265-266.

以及实际工作的经验等等，能够供给同志们经常的学习与阅读"。1934 年 4 月
《战斗》出至 12 期后暂时停刊。1934 年 10 月中共满洲省委重组后于 1935 年 1
月 21 日复刊，出版第 13 期后终刊。

随着中共在南满、北满、吉东建立游击区，游击区中共报刊纷纷创办。南
满有《红军消息报》（1933 年 3 月）、《人民革命报》（1933 年 9 月）、《人民革
命画报》（1934 年 9 月）、《东边道反日报》《东边道反日画报》（1934 年 12 月）
等报刊，东满有《东满民众报》《两条战线》，北满有哈东《人民革命报》《珠
河群众小报》，吉东有《绥宁报》《反日报》《吉东战报》等报刊。[1] 1936 年中
共满洲省委撤销，南满、北满、吉东省委成立。东北抗日联军相继改编第一、
二、三路军。各路军分别创办抗日报刊。第一路军和中共南满省委先后有《南
满抗日联合报》《中华画报》《中国报》和党刊《列宁旗》，第二路军和中共吉
东省委先后有吉东《救国报》、党刊《前哨》《东北红星壁报》。中共北满省委
和第三路军于 1939 年 4 月成立，先后创办了《北满救国报》、党刊《统一》《新
战线》。据统计，自 1932 年南满游击队创办《红军消息报》开始到 1940 年，东
北抗日联军共创办 24 家油印报纸。[2]中共满洲省委和各级党组织领导下，东北城
乡革命群众组织纷纷创办报刊，宣传抗日救国，共青团报刊 16 家，工会报刊 4
家，反日总会报刊 3 家。其中 7 家在哈尔滨出版，3 家在沈阳，13 家在南满、东
满、北满、吉东抗日游击区。中共地下党员还团结爱国人士和进步文学青年，
打入日伪报纸在长春的《大同报》、哈尔滨的《国际协报》、齐齐哈尔的《黑龙
江民报》办起《夜哨》《文艺》《芜田》3 个文学副刊和占领《大北新报画刊》，
利用日伪新闻统治漏洞进行反满抗日宣传。陈华、萧军、萧红、罗烽、白郎、
金剑啸等中共地下党员和东北文学青年为抗日宣传作出重要贡献。

（三）西北地区的中共报刊活动

西北包括陕西、甘肃、宁夏、青海、新疆五省，总面积为 304.7 万平方千
米，新闻业滞后。除新疆外，中原大战前都由冯玉祥的国民军控制，后来，冯

---

① 黑龙江日报社新闻志编辑室. 东北新闻史（1899—1949）[M]. 哈尔滨：黑龙江人民出
　　版社，2001：280.
② 田雷. 东北抗联报刊述略（1932—1940）[J]. 哈尔滨学院学报，2012（09）：89-97.

玉祥宣布脱离北洋军阀，加入中国国民党，誓师北伐后，西北报业出现新面貌。共产党人活跃在西北新闻战线上。冯玉祥反共投蒋后，共产党人主持和参与的报刊被勒令停刊或被接管改组。中共被迫转入地下进行斗争。中共陕西省委立即出版《政治通讯》《西北红旗》（日刊、月刊、周刊）、《西北真理》《真理》（周刊）等报刊。1934 年 10 月，陕甘宁边区苏维埃政府在荔园堡成立，立即着手创办苏维埃政府机关报《红色西北》和边区特委机关报《布尔什维克的生活》。1935 年 10 月，红军会师陕北，中共中央机关报《红色中华》在保安复刊，后更名《新中华报》。1936 年 12 月 12 日西安事变发生，当日接管国民党陕西省党报机关报《西京日报》，创刊西安《解放日报》。陕、甘两省的中共报刊宣传党的抗日民族统一战线，要求停止内战、一致抗日。宋绮云主持的《西北文化日报》在 13 日内详细报道了事变起因，向国内外报道了西安事变真相。这一时期还新办了解放通讯社、华西通讯社、西京通讯社、长安通讯社等，它们和《工商日报》《秦风日报》《文化周报》《民众前卫》《学生呼声》《老百姓》等进步报刊一道驳斥亲日派的谣言，传播中共抗日的主张。西安事变和平解决后，进步报刊和通讯社被国民党政府接管或查封。①

冯玉祥"清党"结束后，在当地军阀严厉压制下，甘肃、宁夏、青海的中共地下报刊活动空间逼仄。留下记载的主要有：1932 年 5 月 25 日，国民党甘肃党务整理委员会函请甘肃省政府查禁《新国民》等进步刊物。同年 9 月，国民政府内务部及甘肃省学务整理委员会先后查禁《心声》《两个策略》《锻炼》《红旗报》《机关会刊》《铁流》《新创造》《中日评论》《怎么干》等多种刊物。1933 年 3 月，国民党甘肃党务整理委员会又查禁了《前路》《真报》《青年书信》《红旗》《新中国》等刊物。1934 年夏共产党员江致远、刘贯一等人利用关系先后到《西北日报》社任社长和编辑，尽最大努力减少该报辱骂、敌视共产党和红军的新闻、文章，隐晦宣传中共主张，还在报社建立党的特别小组。1935 年秋，《西北日报》中的共产党特别小组遭到破坏，刘贯一被抓捕。② 1931 年 2 月，"宁夏留平学生会"在北平创办了油印的《银光》月刊，宣传抗日救

---

① 宁树藩. 中国地区比较新闻史（下卷）［M］. 上海：复旦大学出版社，2018：1099、1120-1121.

② 宁树藩. 中国地区比较新闻史（下卷）［M］. 上海：复旦大学出版社，2018：1147.

亡，揭露军阀、官僚的恶政。宁夏统治者马鸿逵认为《银光》是赤色刊物，明令禁止其在宁夏发行，《银光》1933 年改名为《宁夏曙光》。1935 年 1 月，马鸿逵又勾结国民党北平党部将"宁夏留平学生会"中的二十余人逮捕。1936 年《宁夏曙光》再改名为《塞北》，只出了一期便于年底被迫停刊。①

新疆长期在盛世才等军阀的统治下。应盛世才邀请 1935 年苏联派出的 25 名各族联共党员到新疆工作，帮助盛世才宣传"反帝、亲苏、民主、清廉、和平、建设"六大政策，中共报刊才活跃起来。"七七事变"前，中共先后派遣 8 名共产党员到新疆日报社工作，如担任编辑长的李啸平、萨空了等人。盛世才反共后，陈潭秋、毛泽民、林基路等共产党员被杀害。②

第三节　全面抗战前左翼文化群体的传媒活动

在五四新文化运动启蒙下成长起来的左翼文化群体在上海、北平等大中城市组建社团，借报刊抨击国民党独裁统治和其对日妥协退让的政策，表达不满、追求进步，符合中共推翻国民党统治的根本目标。通过地下党员，中共成功地与左翼文化群体结成联盟，成功引领了左翼传媒活动的政治方向，沉重打击了国民党的三民主义意识形态，使许多城市小资产阶级、青年学生转向中共。左翼文化群体以鲁迅为精神领袖，20 世纪 30 年代最为活跃，上海是左翼文化群体传媒活动的中心舞台。

一、左翼文化团体与左翼文化报刊

1930 年前，左翼文化团体主要是创造社、太阳社和鲁迅主持或支持的社团。这些社团单独活动，各自出版报刊。1929 年 6 月，中共六届二中全会决定成立中央文化工作委员会（以下简称文委），其隶属中央宣传部，指导左翼文化运动。1935 年冬至 1936 年，为组织抗日民族统一战线，左翼文化团体先后宣布自

---

① 宁树藩. 中国地区比较新闻史（下卷）[M]. 上海：复旦大学出版社，2018：1182.
② 宁树藩. 中国地区比较新闻史（下卷）[M]. 上海：复旦大学出版社，2018：1204.

动解散，报刊随之停办。

创造社于 1921 年由郭沫若、郁达夫等人发起并成立，以提倡"革命文学"著称。大革命失败后，冯乃超、李初梨等人从日本回国后参加该社工作。创造社先后创办《创造》《洪水》《幻洲》等刊物，1928 年后创办《文化批判》《文化》《思想》《新兴文化》《新思潮》《流沙》《畸形》《日出》《文艺生活》等月刊。其中，《文化批判》月刊于 1928 年 1 月 15 日在上海创刊，朱镜我、冯乃超为编辑，同年 5 月第 5 号改名为《文化》后停刊，该刊主要向读者介绍马克思主义基础知识。《思想》月刊 1928 年 8 月 15 日创刊，1929 年 1 月，《思想》《创造》被查禁。2 月 7 日创造社出版部被封闭，8 月创造社以新兴文化社的名义创办《新兴文化》月刊，仅出一期。11 月 15 日创办《新思潮》月刊，1930年 7 月 1 日改名《新思想》，出至第 7 期后停刊。

太阳社于 1928 年 1 月由蒋光慈、钱杏邨（阿英）、孟超发起并在上海成立，同时创办《太阳月刊》，鼓吹革命文学，同年 7 月停刊。10 月《时代文艺》创刊，仅出一期。1929 年 1 月《海风周报》创刊，5 月停刊；3 月《新流月报》创刊，1930 年 1 月改《拓荒者》月刊。

因愤恨国民党屠杀革命群众，鲁迅辞去广州中山大学教职，于 1927 年 10 月初到达上海。到 1930 年左联成立，鲁迅参与或支持的革命刊物有《语丝》《未名》《奔流》《朝花》《萌芽》等。《语丝》于 1927 年 12 月在上海复刊，鲁迅任主编；《未名》半月刊于 1928 年 1 月在北京未名社创办，鲁迅参与编辑工作；《奔流》月刊、《朝花》周刊分别于 1928 年的 6 月和 12 月创办，鲁迅、郁达夫任主编，《朝花》出至 1929 年 6 月改为旬刊，9 月停刊。《萌芽》月刊于 1930 年 1 月创刊，鲁迅任主编，从 3 月 1 日 1 卷 3 期起为中国左翼作家联盟（以下简称左联）机关刊物，第 5 期被查封，第 6 期起改名为《新地月刊》，刊登左联及其他左翼团体的消息和文章，辟有"社会杂观"栏，批评时政、抨击黑暗，是批判"新月派"的前哨阵地，仅出 1 期。

为反击国民党的"文化围剿"，传播马克思主义，实现革命文化队伍的内部团结（当时鲁迅、冯乃超等人与创造社、太阳社之间有裂痕，他们的论争持续到 1929 年下半年才结束①），1929 年 6 月，中共六届二中全会决定成立文委，"指导全国高级的社会科学的团体、杂志及公开发行的各种刊物书籍"，中共中央宣传部干事潘汉年任书记。1930 年 3 月 2 日，左联宣告成立。随后中国社会科学家、戏剧家、美术家、教育家、记者、电影及音乐工作者等各个职业的积极进步人士也先后成立联盟。同年 10 月，中国左翼文化总同盟（以下简称文总）成立。各个联盟和文总都办有机关报刊，其中以左联最多。

左联以原创造社、太阳社和鲁迅主持或支持的社团成员为主，尊鲁迅为"盟主"，主要成员有郁达夫、柔石、李一氓、朱镜我、丁玲等人。上海左联先后出版 46 种刊物，② 主要有《大众文艺》《萌芽》《拓荒者》《文艺讲座》《巴尔底山》旬刊、《前哨》《北斗》月刊、《十字街头》双周刊、《世界文化》《文学》半月刊、《文学月报》《文艺群众》等。其中，《拓荒者》于 1930 年 1 月 10 日创刊，蒋光慈任主编，1 卷 3 期为左联刊物，出至 4、5 期合刊被查禁，创刊号有《拓荒者》《海燕》两种封面。《前哨》于 1931 年 4 月 5 日创刊，1 卷 2 期，后改名《文学导报》，创刊号是"纪念战死者专号"，纪念李伟森、柔石、胡也频、殷夫、冯铿、宗晖等左联烈士。《北斗》月刊于 1931 年 9 月创刊，丁玲主编，1932 年 7 月停刊；《十字街头》双月刊（后改旬刊）于 1931 年 12 月 11 日创刊，鲁迅任主编，为一张 4 开 4 版的通俗小型报，出版 3 期后于 1932 年 3 月 5 日停刊。《文学月刊》于 1932 年 6 月 10 日创刊，第 1、2 期由姚蓬子编辑，第 3 期起由周扬主编，出至 5、6 期合刊后被查封。据统计，46 种刊物中已明确仅出版 1 期的达 16 种，出版 2 至 10 期的达 25 种，10 至 15 期的达 2 种，16 至 60 期的达 1 种，另有 2 种出版周期不详。③ 如冯乃超主编的《文艺讲座》出版一册后即被查封；《巴尔底山》旬刊于 1930 年 4 月 11 日创刊，5 月 11 日出 5 期后停刊。左联刊物频繁被停刊，主要在于国民党上海当局严厉查禁，也在于左联追求"左翼"色彩，易被敌人发现。

值得一提的是袁殊办的《文艺新闻》。袁殊曾在日本学习新闻学，回国后与

---

① 方汉奇. 中国新闻事业通史（第 2 卷）[M]. 北京：中国人民大学出版社，1996：525.

② 马良春，张大明. 三十年代左翼文艺资料选编 [M]. 成都：四川人民出版社，1980：223.

③ 左文，毕艳. 论左联期刊的非常态表征 [J]. 文学评论，2006（03）：141-149.

妻子马景星集资，1931 年 3 月 16 日创办《文艺新闻》。《文艺新闻》是一张 4 开铅印小型报，发刊号称"以绝对的新闻的立场，与新闻的本身的功用，致力于文化之报告与批判"。1931 年 6 月，袁殊加入中国共产党，成为潘汉年领导下的一名中共情报人员并成功打入国民党上海情报组织。① 《文艺新闻》接受左联领导，成为左联外围刊物，冯雪峰、楼适夷、袁牧之等人参与编辑，陈望道、谢六逸、黄天鹏、樊仲云是"赞助人"。② 这是《文艺新闻》虽左翼色彩较浓，但仍出版长达一年之久的重要因素。《文艺新闻》以报道文艺界新闻为主，包括文学、美术、音乐、戏剧、电影、新闻、出版等内容。除刊载消息外，还辟有《银幕之前》《出版界之一周》《每日笔记》《作家与作品》《新刊介绍》等专刊。这些专刊刊登刊载书店被查封、文人被迫害、文艺团体遭劫难等具有政治意义的文化新闻，并首次将左翼作家柔石、胡也频、殷夫（白莽）、冯铿（岑梅）、李伟森被害消息公之于众。1931 年 2 月 7 日，柔石等五人被国民党秘密杀害于上海龙华，共产党人冯雪峰将此消息告诉袁殊并商定报道办法。同年 3 月 30 日，该刊 3 号 2 版头条刊发题为《在地域或人间的作家？一封读者来信探听他们的踪迹》（署名蓝布），并加醒目题目、附录，3 月 22 日的《福报》也有胡也频被捕入狱的报道；4 月 13 日（第 5 号）2 版头条大字标题为《呜呼，死者已矣！两读者来信答蓝布 李伟森亦长辞人世》，并加编者按语，4 月 20 日（第 6 号）2 版头条刊登五烈士的照片。

　　"九一八"事变后，《文艺新闻》连续三期采用通栏大标语"日本占领东三省屠杀中国民众!!!"，呼吁人们奋起抗日，并报道文化界的抗日活动。时事政治新闻与评论遂成为该刊主要特色。"一·二八"事变后，该刊从 2 月 3 日起每天出版战时特刊《烽火》，专门报道战局，出 13 期后因经费不支停刊。2 月 7 日起一度停刊，3 月 28 日起恢复出版，6 月 20 日出至 60 号停刊。《文艺新闻》曾刊发表鲁迅、瞿秋白（V. T.）、周扬（周起应）、茅盾、陈望道等左翼人士或中共地下党员的文章，如鲁迅杂文《上海文艺之一瞥》发表在该刊第 20—21 号上。《文艺新闻》以新闻报道和评论为基本体裁，发行量很快从初创时的 300 份

---

①　尹骐. 袁殊谍海风雨 16 年［J］. 炎黄春秋，2002（12）：52-59.

②　文艺新闻最初之出版［N］. 文艺新闻，1931-3-16.

上升到 8000 份，还出版过合订本。① 这种不打左派旗号，"独立""客观"的办报方针和方法影响了左翼文化人士。茅盾曾指出："从《前哨》（以及其他'左联'的刊物）的迅速被禁和《文艺新闻》的能够坚持出版，使得'左联'及其成员逐渐认清合法斗争的必要与重要，并开始作策略上的转变。"② 此外，1931年北平成立左联分盟，先后出版了《文学杂志》《北平文化》《文艺月报》等刊物。

除左联外，影响最大的是中国左翼社会科学家联盟（以下简称社联）。社联先后创办《文化斗争》《社会科学战线》等刊物。其中，《文化斗争》于1930年 8 月 15 日创刊，由社联和左联等团体联合创办，主要发表评论和社联左联的宣言、决议、纲领等文件。1931 年，社联在北平成立分盟，出版《大众文化》等刊物。

文总创办《文化月报》（1932 年 11 月、1933 年 1 月第 2 期改为《文艺月报》）及《正路》（1933 年 6 月）。这 2 个报刊都是文学、哲学、社会科学综合性刊物。其他左翼团体也出版报刊，如上海艺术剧社的《艺术》月刊（1930 年3 月）和《沙仑》（1930 年 6 月），南国社的《南国月刊》《南国周刊》（田汉主持），引擎社的《引擎》，中国左翼戏剧家联盟广东分盟的《戏剧集纳》。中国左翼新闻记者联盟的《集纳批判》周刊、《华报》，中华新闻社、国际新闻社等也出版过报刊。在左翼文化团体的支持下，上海的《申报·自由谈》《中华日报·动向》等副刊成为革命文化的宣传阵地。中共还支持邹韬奋在香港创办《生活日报》。1936 年 6 月 7 日《生活日报》创刊后，在天津主持华北局工作的刘少奇，于 5 月 24 日、6 月 19 日以"莫文华"的笔名给邹韬奋去信，就该报的性质、任务与宣传方针提出建议。邹韬奋在《生活日报》的星期增刊刊登，并加编者按，表示完全接受。③ 中共南方党组织与邹韬奋建立联系，胡愈之、柳湜、恽逸群等中共党员参与《生活日报》工作。

————————

① 方汉奇. 中国新闻事业通史（第2卷）［M］. 北京：中国人民大学出版社，1996：528.
② 茅盾. "左联"前期——回忆录［十二］［J］. 新文学史料，1981（03）：81-104.
③ 1936 年 6 月 7 日的《生活日报星期增刊》第 1 卷 1 号"信箱"栏刊发表《民族解放的人民阵线》一文（莫文华），同年 7 月 12 日的第 1 卷第 6 号"信箱"栏刊发表《人民阵线与关门主义》一文（莫文华）。两封长信，邹韬奋都加了编者的话，表示认同。

　　1932 年底至 1937 年，上海各大报刊的电影副刊，除《时报·电影时报》外，《申报·电影专刊》《晨报·每日电影》完全由革命文化工作者掌握，《新闻报·艺海》《中华日报·银座》《大晚报·剪影》《大美晚报·文化街》等报刊不同程度上受到左翼进步人士的影响。①

二、"文化围剿"与左翼文化团体的新闻斗争

　　左翼文化运动对国民党的意识形态造成严重威胁，国民党采取查禁、捕杀等多种手段压制左翼文化运动，左翼文化团体在中共的指引下灵活应对，取得了反"文化围剿"的胜利，鲁迅是左翼文化团体反"文化围剿"的旗手。

（一）国民党压制左翼文化报刊与报人

　　国民党对左翼文化团体的压制策略主要是"禁"，他们查禁左翼报刊、迫害左翼人士。据不完全统计，1929 年—1936 年，国民党中央宣传部查禁"普罗文艺"书籍 309 种，其中包括鲁迅、郭沫若、茅盾、田汉、陈望道、夏衍、柔石、丁玲、胡也频、蒋光慈、周扬、巴金、冯雪峰、钱杏邨等左翼作家的作品。② 左翼社会科学书籍也是被禁的重灾区。仅据 1936 年国民党中宣部《取缔社会科学书刊一览表》的记载，1929—1936 年查禁、查扣的社科书刊共 652 种，注明"共产党刊物"的 391 种，"共党宣传品""鼓吹阶级斗争"等原因被禁扣的 38 种，二者合计 429 种，占总数的 65.8%，几乎囊括了当时出版的马、恩、列经典著作和进步书刊。③ 据北平公安局统计，1931 年 11 月 30 日至 1932 年 2 月 24 日（中缺 1931 年 12 月 27 日至 1932 年 1 月 3 日的数据）的 69 天里，邮电检查员"扣留销毁"的"有关时局平信及电报，并宣传共产党的各种反动刊物、报纸"即达 7280 种。④ 有统计称，1927 年 8 月至 1937 年 6 月国民党共查禁书刊 2000 余本。⑤ 印刷发行左翼刊物的出版社也在国民党的查封之列。1929 年—

---

①　夏衍. 懒寻旧梦录［M］. 北京：生活·读书·新知三联书店，1985：246.

②　张静庐. 中国现代出版史料（丙编）［M］. 北京：中华书局，1957：145.

③　中国第二历史档案馆. 中华民国史档案资料汇编：第五辑第一编"文化（一）"［M］. 南京：江苏古籍出版社，1994：246-277.

④　谢荫明. 冲破文化"围剿"的北平左翼文化运动［J］. 新文化史料，1992（06）.

⑤　张克明. 第二次国内革命战争时期国民党政府查禁书刊编目［M］//上海市出版工作者协会《出版史料》编辑组. 出版史料第 3 辑. 上海：学林出版社，1984：91-156.

1930 年，创造社出版部、上海春野书店、第一线书店、晓山书店、现代书局等均因出版左翼和共产党刊物被查封。① 1930—1933 年，宗晖、柔石、殷夫、胡也频、李伟森、冯铿、潘漠华、应修人等左翼进步人士先后牺牲。但是，国民党政府的查禁策略未见实效，左翼书刊"禁不胜禁"。"禁"反而起到强化左翼文化团体的战斗意志、推广左翼文化刊物的效果。

除查禁外，国民党御用文人还提出自己的文艺理论、主张，与左翼文化团体争夺小资产阶级受众，效果甚微。1929 年 6 月，国民党全国宣传会议召开，蒋介石训话，当天通过三民主义文艺决议案，规定以三民主义文艺为国民党之文艺政策，要根据中国现状和世界潮流，建设三民主义的新文学。随后，潘公展等人打出"民族主义文艺"旗号，力图利用《前锋周报》《前锋月刊》和《现代文化评论》等刊物宣扬王道和忠孝、仁爱、信义、和平的道德，抗衡左翼文学，成果寥寥。1935 年 1 月 10 日，在陈立夫等人的推动下，来自北平、上海、南京的王新命、何炳松、陶希圣等 10 名教授联名在中国文化建设协会机关刊物《文化建设》上发布《中国本位的文化建设宣传》（通称"十教授宣言"），高调建立"中国本位文化"。"十教授宣言"得到官方的支持和鼓励，一时被各日报、杂志争相转载，举行各种座谈会、发表文章，展开热烈讨论，但"中国本位文化"热闹一时，未见实效。以陶希圣为代表的"新生命派"在中国社会性质论战中，也未能取胜。国民党提倡的法西斯主义文化、"尊孔读经"运动等多停留在宣传层面上，效果甚微。国民党三民主义文艺政策的失败，在于其政策脱离现实，国民党御用文人的缺乏也是一个重要因素。

（二）鲁迅与左翼文化团体的反"文化围剿"

面对国民党密布如织的查禁网络，左翼文化团体坚持"韧性"战斗，不断提高其反"文化围剿"的战斗水平；中共中央成立专门机构，派潘汉年、瞿秋白、张闻天、冯雪峰、周扬等地下党员具体指导左翼文化团体的反"文化围剿"。在左联成立之前，创造社、太阳社各自为战，内部曾发生过"笔战"，抨击过鲁迅、茅盾，创造社、太阳社刊物频繁被禁，对此，中共加强左翼文化团体之间的协调工作，于 1930 年成立中国左翼文化总同盟、左翼社科联盟、左翼新闻记者联盟等

---

① 卢毅. 20 世纪 30 年代左翼文化的宣传策略［J］. 理论学刊，2014（08）：106-113.

各种左翼文化团体，最大限度地团结国统区倾向进步的知识分子，同时分工协作，在不同战线上展开反"文化围剿"。左联主要是传播、弘扬无产阶级革命文学，在文化战线上抨击国民党的腐败专制。在左联的带动下，20 世纪 30 年代成为中国现代文学创作的丰收期。据统计，约有 80 部长篇小说、200 多部中篇小说问世。外国文学译介进入黄金期，1935 年被称为"翻译年"，据统计共有 700 多种译介到中国，法捷耶夫、肖洛霍夫、高尔基等苏联作家的作品相继翻译出版。现代诗歌进入丰收季节，重要诗人和诗歌流派密集呈现，诗刊如云、诗风炽热。① 社联主要从事翻译、传播马克思主义、同反马克思主义思潮进行斗争等活动。社联是中共参与中国社会性质问题论战的主力军，批判托派、新生命派等各种不切合中国实际的观点，使中共关于中国是"半殖民地半封建社会"的论断深入人心。

左翼文化团体尊敬鲁迅，协调矛盾，维护鲁迅左翼文化运动的旗手地位。五四新文化运动时期，鲁迅在文学青年中建立起值得敬仰的文化地位。1927 年 10 月，鲁迅辞去中山大学教职到上海定居，从事左翼文化活动一直至 1936 年去世。在这 10 年间，鲁迅先后参加 72 种报刊的编辑和撰稿活动，发表 400 多篇充满战斗锋芒的杂文，其中 1933 年发表 130 多篇，使 20 世纪 30 年代报刊杂文风行一时。1927 年 10 月至 1930 年，鲁迅先后担任《语丝》《奔流》《朝花》《文艺研究》等刊物的主编，支持《未名》等刊物编辑工作，经常给《北新》《文学周报》等刊物写稿；1930 年 3 月左联成立，至 1933 年，鲁迅主要从事左联刊物的编辑工作，先后担任《萌芽》《巴尔底山》《前哨》《十字街头》等刊物的主编，刊发《硬译与文学的阶级性》《丧家的资本家的乏走狗》《友邦惊诧论》等杂文；积极为《拓荒者》《北斗》《文学月报》等左联刊物写稿，关心、支持刊物的编辑和出版工作，成为左联各报刊的实际总指导者；支持《文艺新闻》，为其撰写《上海文艺之一瞥》等文。在鲁迅的支持下，进步人士以《文艺新闻》为核心成立了中国左翼新闻记者联盟，并在《文艺新闻》上出版《集纳》专页。1933 年左联"秘密"成员聂绀弩被聘为改组派报纸《中华日报》副刊《动向》的主编后，鲁迅支持《动向》副刊，以 13 个笔名刊发多篇文章。

---

① 秦绍德. 近代上海文化和报刊 [J]. 学术月刊，2014（04）：157-172.

　　1932 年 12 月黎烈文接编《申报·自由谈》后，经郁达夫转请约稿，鲁迅自 1933 年 1 月起为《自由谈》写稿至 1934 年 8 月，先后用 40 多个笔名发表 143 篇文章，平均每隔三四天就有一篇，最多的一个月写了 15 篇，平均两天一篇，① 是为《自由谈》撰稿最多的作家。《伪自由书》《准风月谈》《花边文学》中的大部分文章都在《自由谈》上发表。1933 年下半年至 1936 年鲁迅逝世，除继续担任《文学》编委和主编三期《译文》（1934 年 9 月创刊）外，鲁迅全力为各个刊物写稿，用杂文和政论进行战斗，先后在近 20 种报刊上发表文章，其中较多的是《文学》月刊和《太白》半月刊。《谈金圣叹》《又论第三种人》等 26 篇文章发表在《文学》月刊上，《论人言可畏》等 23 篇文章发表在《太白》半月刊上。此外，鲁迅还关心《中流》《作家》《海燕》《文学丛报》《夜莺》等刊物，代为阅稿，自己也供稿。他在这些刊物发表了《答徐懋庸并关于抗日统一战线问题》《答托洛斯基派的信》等重要文章。除主编、参编，为刊物写稿外，鲁迅还支持倾向进步的青年，给青年作者和读者回信累计超过 3000 封。② 鲁迅以身作则，影响了广大青年向左翼靠拢、走向进步，是左翼文化人士反"文化围剿"斗争的典范。在反"文化围剿"中，鲁迅也转化为"马克思列宁主义者，成为自觉的无产阶级的革命舆论战士"③。

---

①　秦绍德. 近代上海文化和报刊 [J]. 学术月刊，2014（04）：157-172.

②　方汉奇. 中国新闻事业通史（第 2 卷）[M]. 北京：中国人民大学出版社，1996：378.

③　方汉奇. 方汉奇文集 [M]. 汕头：汕头大学出版社，2003：392.

第六章　国难危亡下新闻业转向抗日救亡

"九一八"事变彻底改变了东亚格局和中国社会的矛盾关系。在中日力量悬殊的语境下，面对日本局部侵略，如何抗日救亡成为中国精英必须面对的现实抉择。当时实力最强大的蒋介石集团采取"诉诸国联"、与日方交涉谈判的"攘外必先安"的隐忍妥协方案。中共坚决主张抗日，其声音却遭到严厉封锁，其他各阶层、团体或主战，或主和谈"投降媚日"，不一而足。日本局部侵略、"睦邻友好"的外交政策和虚伪欺骗宣传又对国民党当局幻想和平的妥协派起到了"战略迷惑"作用，致使抗日民族统一战线迟至抗战全面爆发的前夕才建立起来。国难危亡的关头，中国新闻业必然转向团结御侮，走向全面抗日。传媒要抗日救亡，要在对敌、我、友三方作出政治抉择及进行相应的新闻实践。对敌方，要揭露日本帝国主义的侵华动态与罪行，揭露抨击汉奸卖国行为，驳斥敌方媒体具有欺骗意味的粉饰性宣传，打压敌方士气，搅乱敌方阵营与心智；对我方，要阐释我方抗日救亡的路线方针政策，批驳异于我方的路线方针政策，要面向大众展开爱国民族主义的启蒙教化，凝聚力量巩固与扩大我方抗日救亡的命运共同体；对友方，要尽可能地争取同情与支持，增加友方对敌人的恶感，团结友方与我方而非异方结盟。本时期，多元杂处的新闻业的背后是多元利益交错的复杂格局，新闻业成为不同阶层、党派、团体的喉舌，故新闻业走向抗日救亡的历史面相必然是多姿多态的。

第一节 国民党传媒的抗日救亡

国民党当局政治胸襟狭隘，蒋介石集团固守"攘外必先安内"的错误政策，对日局部侵略的恶行隐忍妥协退让，对内"剿共"铲除异己，以期在"最后关头"与日决战。地方实力派多以抗日为由反蒋，意在占领舆论制高点，固守原有地盘，谨防被蒋趁机吞灭。国民党当局在抗日救亡中维护各自集团利益的小算盘，国民党传媒的特点包括：为政府辩解，狭隘自私，激进与保守彼此交织，舆论动员漏洞百出，效果低下等。

一、日寇侵略罪行揭露报道的两面性

揭露抨击日寇侵略罪行，本是传媒抗日救亡的首要职责。在蒋介石"攘外安内"政策的规制下，国民党传媒对日寇侵略罪行的揭露抨击是依时间、条件、场合而定，而非毫无余力地揭露抨击日寇侵略罪行。

（一）国民党传媒在国际领域不遗余力地揭露日寇侵略罪行

为驳斥日本转嫁战争责任的虚假宣传，国民党传媒尽其所能地展开反日国际舆论宣传战。

（1）为弥补中国国际传媒力量的严重不足，国民党当局加强大众传媒建设。①改革《中央日报》，确立了《中央日报》的最高党报地位。②改革中央通讯社，增派驻外记者，增加以亚洲各国为对象的英文电讯稿 CSP，使中央通讯社扩张为垄断国内信息源的第一大通讯社。将中央电台的发射功率扩充到 75 千瓦，信号覆盖东至夏威夷群岛，南至新西兰，西至西藏，北至蒙古，"昼间可达 4 千里，夜里可达 1 万里"，并开通日语等外语广播。③增加国际电报费，加强短波电台建设，建立真如无线电台、国际电台等。1932 年后国际电台成为中国自主的唯一国际通信渠道，该台先后开放中越（1931）、中瑞（1932）、中苏（1933）、中英、中日（1934）、中意（1935）等电路，到 1937 年 6 月，国际无线电台开放的直达电路达 14 条，加上地方政府及交通部所办线路，国际通信直达电路有 24 条。④津贴补助华侨传媒，亲国民党的在华英美传媒，借力传播日本侵略罪行。

（2）整合有限的国际传播资源，构建中国国际公关网络，多方向国际播报日本侵华罪行。①笼络、高薪聘请亲国民党的外籍记者，审查、驱逐亲日的外籍记者。蒋介石通过与英文报界有广泛人脉的董显光加强了其与外籍记者的联络。②遴选经验丰富的驻外使节，盘活海外宣传资源。如顾维钧曾为国联李顿代表团中国顾问、驻法公使，颜惠庆曾为驻美公使、国联首席代表，郭泰祺为驻英公使，蒋作宾为驻日公使，刘文岛为驻德公使等。在外交部的指示下，驻外使馆成为联合组织海外华侨、留学生开展国际宣传的中枢，他们为后者提供宣传材料、资金，同时也利用演讲、投稿、宴会等向其所在国的社会精英、民众展开反日国际宣传。如1932年7月，中国驻英大使郭泰祺赴任途经美国时，访问美政界要人并赴《纽约时报》的欢迎宴，向报界宣传抗日。③以民间力量展开国际宣传。1932年12月7日，蒋介石致电张学良"对于国联我方应设法多用东北民众或团体名义发表反对暴日及伪组织之文电，提交日内瓦以破奸计"。上海国际问题研究会（1932年5月27日）、江西国际问题研究会（1932年7月17日）、南京国际问题研讨会（1932年12月）等民间团体纷纷成立。这类团体通过出版刊物，组织演讲、交谊会，举办研讨会、研究班，致电国际组织，派员赴国外宣传，通过为来华友人、记者提供材料等形式开展多种形式的国民外交，是中国国民外交的重要力量。④借用国联、太平洋国际会议等国际组织平台。1932年7月3日第十届奥林匹克运动会在美国洛杉矶开幕，前往参加比赛的刘长春等选手的目标是"打破傀儡组织及日本之谣言，并拟乘机宣传东北真相，（参赛）成败在所不计"；1933年8月在加拿大召开的太平洋会议，中国亦派代表参会，满洲问题再次成为重要内容。出席会议的刁敏谦趁机散发外交部专门编印的《满洲国如何造成》一书。

（3）围绕李顿调查团来华，发动大规模的宣传战役。1932年3月，国联决定派以李顿为首的调查团来华调查。国民党当局抓住这一契机，调动各方资源，开展了持续数月、规模庞大的国内国际舆论宣传，使调查团得出了有利于中国的结论。在此期间无论是蒋介石、汪精卫、张学良、郭泰祺、顾维钧、吴铁城、罗文干、叶楚伧等国民党高层人士，还是国内新闻界、商界、知识界或地方社会团体，都热情招待国联调查团成员，他们动用一切力量尽可能地帮助调查团获取事变真相的所有证据，也通过即席演说、文字材料、事件见证人等渠道尽可能地表达诉求。1932 年 3 月 14 日，国联调查团抵沪时受到隆重欢迎，上海全市遍贴"欢迎调查团""拥护盟约公约""制裁日本暴行"等中西文标语；外交部特以部令设宴招待国联调查团的委员会成员，专门与地方当局筹备招待国联调查团一切事务。同日，蒋介石电令蒋光鼐提供淞沪战役我军伤亡概数，提前拟定调查团视察防区的"答复词"，并令其"通知全体官兵"；15 日调查团获郭泰祺、顾维钧及上海市市长吴铁城等人的宴请；17 日又获顾维钧和上海新闻界等人的宴请；27 日调查团抵南京后，行政院长汪精卫和外长罗文干分别宴请。30 日蒋介石向调查团表示"政府更愿供给材料以供诸委员之参考"等。4 月 9 日，国联调查团抵达北平，11 日获张学良在中南海怀仁堂招待。宴请时，党国要人向代表团痛斥日本侵略罪行，媒体予以报道。调查团中方代表顾维钧全程陪同调查，尽力最好服务与沟通工作。外交部组织东北外交研究委员会、北平外交研究委员会、驻朝鲜总领事馆、铁道部等尽力搜集日军占领东北地点图、日本恶意宣传中日共荣问题、日本侵略东北航权事、天津事件、万宝山案、淞沪各校"一·二八"事变损失调查等日本侵略中国的铁证，提交给国联调查团。国民党还指示《中央日报》等国内媒体，集中报道国联调查团的在华活动，顾维钧也"极愿与报界合作"，并及时提供相关资讯。如调查团准备出关调查时，伪满政权拒绝中方代表进入，顾维钧 4 月 12 日愤然向"日记者十数人、美记者一人及华记者数人"通报，并就安全问题及时向国联报告。

国民党传媒不遗余力、持久展开反日国际宣传战，是日本转嫁战争的虚假粉饰宣传刺激的必然反应，意在争取国联和英美的支持，希望其能维护国际正义，阻止日本侵略。因英美奉行绥靖政策，国民党主导的反日国际宣传战，仅在国际领域达到了"孤立日本"，获得英美、国联同情的效果。国民党传媒反日国际宣传战还是其"攘外必先安内"政策的重要组成部分，大力重视外宣而不出兵抗日，有"对外宣传，收对内作用"的意图。①

---

① 1931 年 10 月，《大公报》批评国民党"好藉对外宣传，收对内作用"。社评见《国际宣传之效力》，《大公报》（1931 年 10 月 5 日）。同年 12 月特种外交委员会委员长戴季陶称诉求国联的外交"对于国内可减少人民责备政府之心理"。见《特种外交委员会委员长戴传贤上中央政治会议报告》（1931 年 12 月 2 日），转自李云汉. 国民政府处理九一八事变之重要文献［M］. 台北：近代中国出版社，1992：207-208.

　　（二）日本局部侵华时谴责日寇侵略罪行

　　日本帝国主义制造侵华事端，武力霸占中国领土时，如济南惨案、"九一八"事变，"一·二八"事变、热河事件、"七七事变"等，国民党传媒都大张旗鼓地揭露、谴责日寇侵略罪行，驳斥日方谣言。如"九一八"事变第3天，即9月20日，《中央日报》要闻版整版篇幅、通栏行书大字标题报道日寇侵略东北，"在沈阳肆行焚烧掠夺备极残酷"的罪行。①《民国日报》等国民党党报亦做如此处理，但较《中央日报》更激进。如1932年元旦，《民国日报·觉悟》大声疾呼"国人！尔忘日人杀我同胞，夺我土地之仇乎！（不敢忘，请努力！）"。《闲话》副刊写着"第一句话，今天不是元旦，今天是沈阳被倭奴占领后第106天"。对待其他侵华事件，国民党传媒亦是如此。相对于民营传媒，国民党传媒揭露谴责日寇侵略罪行常"慢半拍"，落后于民营大报。中国最早报道"九一八"事变的是天津的《大公报》，1931年9月19日《大公报》就对事变做了简要报道。

　　日寇局部侵略期间，国民党传媒大肆揭露、谴责日寇侵略罪行，是其义不容辞的职责所在。然国民党传媒在大肆谴责、抗议日寇侵略罪行时常呼吁民众精诚团结，做政府与日交涉的坚强后盾，决不提出兵抗日。

　　（三）中日关系平静期慎重报道日本侵华事端

　　为避免刺激日本，借口挑衅制造侵华事端，在中日关系短暂的平静期，国民党当局采取抑制国内抗日舆论，迎合日本"中日睦邻友好"的舆论政策。国民党传媒亦配合这一政策，刻意淡化日寇侵略罪行，慎重报道日本制造的侵略事端，对民众采取保守的"国耻"动员策略，严防国耻纪念演变为公开"排日"运动。国民党均在国耻/国难纪念日前拟定纪念办法、宣传要点，通令国民党传媒执行。1929年4月29日，蒋"俭电"中常会修正通过《国耻纪念办法》，《国耻纪念办法》严禁"结队游行及举行任何游艺"、在会场外张贴标语的行为，要求各党部、学校、机关、军队、工厂及团体负起国耻纪念的组织责

---

　　①　甘心破坏远东和平，日军占领沈阳长春营口［N］. 中央日报，1931-9-20.

任。① 国耻纪念日报道也不展开舆论动员。据统计，1928 至 1938 年，《中央日报》刊登的国耻/国难纪念日的报道、评论仅有 80 条，1934 至 1937 年，《中央日报》甚至没有为国耻/国难纪念日刊发一篇社评。但也有国民党传媒揭露日本的种种丑闻、恶行与诡计。对于 1934 年 6 月 8 日日本驻南京总领事馆副领事藏本英明的"失踪"事件，《扫荡报》在事件扑朔迷离之时就指出这是日本的诡计。1936 年 2 月 26 日，日本少壮派军人兵变失败。暴动军人杀害内阁大臣的消息传出不到 3 个小时，《扫荡报》即发出号外。《扫荡报》还刊载日本水兵争嫖妓女自相残杀的消息。此类报道常常遭到日本政府的抗议，乃至威胁其"断然处置"逼迫报纸停刊。上海的《民国日报》停刊是有力佐证之一，《扫荡报》也遭到了日本的多次恶意攻击与威胁。

二、为国民党蒋介石集团"不出兵"辩护

从济南惨案到淞沪会战，蒋介石集团对日挑衅和局部侵略，始终持"不出兵"的妥协政策，希望依托外交手段化解危机，这一政策深受舆论诟骂。《中央日报》秉持蒋介石集团的旨意，为之辩护。济南惨案，蒋介石绕道北伐，《中央日报》将出兵抗日解释"扩大事端就堕入田中军阀的狡计，贻误完成北伐统一中国的大计"。而打倒日本帝国主义"成功的路径惟有完成北伐，统一中国"，故完成北伐优于对日开战。对于"九一八"事变，《中央日报》9 月 20 日首次报道即将"不抵抗"公之于众。1931 年 11 月 19 日，蒋介石在国民党四全大会上表示"决心北上效命党国"，大会通过"请蒋速北上，恢复失地"紧急动议案；20 日，《中央日报》刊载蒋介石"决心北上，竭尽职责，效命党国"誓言，却未借机刊发社评呼吁政府尽快出兵抗日。从 9 月 20 日到 12 月 15 日，《中央日报》连续刊发 77 篇抗战社评，阐述当局抗日立场、对策，呼吁国民精诚团结，共同抗日，始终没有呼吁当局应该出兵抗日。对于"一·二八"事变，蒋介石采取"一面交涉、一面抵抗"政策。《中央日报》多次以整版篇幅揭露日军暴行，报道抗日军民的英勇抵抗和爱国热情，刊发社论鼓舞士气，赞扬十九路军

---

① 见中国第二历史档案馆. 中国国民党中央执行委员会常务委员会会议录（第八册）[M]. 桂林：广西师范大学出版社，2000：74-75.

"为民族生存之自卫，为国家争人格之自卫"①，却始终未鼓动政府出兵抗日。1933 年热河事变后，《中央日报》在日军进攻热河的前一天，即 2 月 20 日才刊发社评《今日之纪念周——神圣战争之降临》（2 月 20 日）、《努力协助神圣战争》（3 月 2 日）、《要有一个交代！》（3 月 3 日）、《没有第二句话可说》（3 月 4 日）、《没有第二句话可说》（3 月 10 日）、《没有说话的时机》（3 月 15 日），发动民众参与保卫热河、保卫华北的"神圣战争"，也未呼吁政府出兵抗日。直至 1937 年淞沪会战爆发，这一局面才完全改变。

对于如何抗日御侮，蒋介石始终持"攘外必先安内"的政策，对日局部侵略事端力争以外交手段，依托国联解决，但也作过"出兵"表态。对地方军队的抗日救国行为，蒋基本持不公开支持的沉默态度。国民党中央传媒对政府抗日御侮的路线方针政策，完全以蒋为依归，其宣传反复强调"统一方能御侮"，强调国民党中央正以"严密而周详"的方法应对"国民革命的危机"，以沉着冷静、负责任的态度"担当危局"，沉毅慎重应对"事变"，强调民众团结做政府后盾，"镇静"地"诉诸公理"，"在中央的统一指挥下共赴国难"。② 给出的对策却是依托国联、抵制日货，唯独不提"出兵抗日"。面对青年学生、粤方及《申报》《益世报》等力主出兵抗战的要求，《中央日报》却淡化处理，鲜有报道，乃至为之辩护。

中国民众抗日所取得的初步成果，《中央日报》又将之归因到"党国"培育之功。1932 年 5 月 28 日，苏州举行"追悼阵亡将士大会"。《中央日报》于第 2 天在要闻版进行详细报道，并配发社论《昨日之苏州——追悼阵亡将士告全国国民》，越一日又刊发评论《再悼淞沪阵亡将士》。2 篇社论颂扬抗日军民的爱国精神，主旨是赞扬"党国"培育之功。"此将士，所以能杀敌致果，视死如归者，果为熏沐何种主义？又果为经过何种精神之培养？曰，此中国国民党政府下之军队；此军队之将领士兵，皆为（受）三民主义之熏沐，又皆经过中国国民党革命精神之培养者也。"③

---

① 呜呼上海日军之暴动［N］. 中央日报，1932-1-30.

② 社论［N］. 中央日报，1931-9-20、1931-9-29.

③ 昨日之苏州——为追悼阵亡将士告全国国民［N］. 中央日报，1933-5-2.

国民党传媒为当局"不抵抗"辩护的话语逻辑是：在中日国力悬殊、积贫积弱的现实下，唯有"统一方能御侮"、国民团结一致做政府后盾，政治统一才能真正御侮，仓促开战必将导致亡国。话语表现是：反复强调"统一方能御侮""攘外必先安内"的极端重要性；叙述中国积弱积贫、国民种种劣根性等现实，甚至散布"抗日必败"言论；强调政府所处地位与人民不同，其地位决定了国民党要"谋整个应付，绝不轻率举措，贻误国家"；反复向民众表态国民党以"担负危局"的责任，沉毅慎重的态度应对事变；多次强调巩固后方、安定生产、增强国力的重要性，强调国民党对日经济绝交、诉诸国联、与日交涉等非军事层面的政策取得的显著成果，暗示国民党对日政策的科学性；强调"最后关头"将以必死之心捍卫国家民族存亡；淡化青年学生要求蒋介石"北上抗日"的请愿运动，淡化对日妥协、交涉失败等不利事实，并将之归于中国积弱积贫、政治紊乱的现状。

"攘外必先安内"的政策仅在蒋介石集团内部达成基本一致，故蒋介石集团控制的传媒，其抗日御侮的报道与《中央日报》基本一致。国民党内也有力主抗战者，其所控制的传媒宣传武装抗日。上海老牌党报《民国日报》的抗日言论比《中央日报》激进，"九一八"事变后，该报虽刊登蒋介石《暂时忍让绝非屈服》《拥护公理抵御强权》的讲话，发表过劝导工人、学生、上海"不罢工、不罢课、不罢市"的社论，主旨却是"武力御暴""不抵抗乃自杀""求人不如求以己"。① 警示国民和政府"再不抵抗，国亡无日"②，并借上海80万工人之口向国民党中央施压，要求"全国立即总动员，驱逐日兵出境，恢复失地"③。日本指责《民国日报》"笔锋时走于排日"，并迫使该报于"一·二八"事变前2日，即1月26日停刊。地方实力派的传媒亦配合其控制者大肆宣传反蒋抗日言论。

三、国家民族主义的有限舆论动员

战争来临之际，动员民众参战，维护民族与国家的存亡，是传媒民族主义的

---

① 社论 [N]. 上海《民国日报》，1931-09-20.

② 社论 [N]. 上海《民国日报》，1931-09-24、1931-9-29及《觉悟》副刊.

③ 上海《民国日报》，1931-10-31.

核心内容。然游走在战、和之间且倾向忍辱求和的国民党当局，其传媒的战时舆论动员必然受其制约，这使传媒舆论动员趋于保守、狭隘，效果有限。国家民族主义是其动员策略，即动员民众拥护政府，做政府与日交涉的坚强后盾，而非动员民众武装抗日。济南惨案发生后，国民党中常会确定了"一方面保存其动力（指民众——引者注），一方面又要纳此动力于正轨"① 的动员政策，形象地划定了国民党传媒战时舆论动员的言说底线。1. 国民党传媒刻意淡化群众抗日游行示威活动。国民党反日宣传政策反复强调严禁一切罢工、罢课的群众抗日游行活动。受这一政策制约，《中央日报》等国民党传媒刻意规避群众罢工、罢课行为，无法规避时则将群众罢工、罢课活动解读为共产党在其背后捣乱；或将群众抗日活动解读为"一时泄愤"，而"泄愤一时是整个失败的起因，要打倒帝国主义决不是拳脚、唾沫以及集众暴动所能成功的"。2. 配合国民党当局倡导的抵制日货运动，与日本经济绝交。国民党大肆报道抵制日货运动，并拔高抵制日货的社会效果，让更多民众卷入抵制日货运动中去。3. 讴歌祖国河山，运用文化民族主义策略动员民众抗日爱国。如中央广播电台 1935 年开播的《儿童节目》系列讲座，该节目由中央台播音员刘俊英、张洁莲、吴祥祜扮成 3 位小朋友，以谈天说地的形式交错安排播讲历史、地理及谈心的节目，借之唤醒民众民族爱国抗日情绪。节目在晚饭后的"黄金时间"播出，深受观众喜爱，时兴的矿石耳机为之销量大增。4. 以国耻/国难纪念日为传媒议题，展开国耻动员。此类报道主要包括国耻纪念日期间的要人演讲，中日交往屈辱史、日本侵华史等历史性材料等内容。

　　综上，国民党传媒抗日救亡宣传实践是激进与保守交织，深受"攘外必先安内"政策制约，舆论动员保守、狭隘，效果有限，实是以舆论动员来达到安抚抗日舆论的社会效应。

---

① 中国第二历史档案馆. 中华民国史档案资料汇编. 第五辑第一编. 外交（一）[M]. 南京：江苏古籍出版社，1994：258.

第二节　中国共产党传媒的"抗日民族统一战线"

中国共产党始终坚决反对日本帝国主义侵略中国的行为。为打倒日本帝国主义，面临国民党围剿的中国共产党，宣传口径由"武装推翻国民党政府"逐渐转为"国共合作共同抗日"。① 1935 年 8 月，中共公开发表《为抗日救国告全体同胞书》（史称"八一宣言"），率先提出建立不分党派、团体、信仰的全民抗日救国统一战线的政策，吸纳并团结了民族资产阶级、知识分子、小资产阶级等一大批抗日爱国的中国人民，成功逼迫蒋介石集团同意国共合作，共同抗日，促成了全民抗日统一战线的最终形成。中共传媒是"集体的宣传者、鼓动者与组织者"，是党的喉舌，宣传实践完全忠于党的抗日政策、宣传口径，强力抨击日寇侵占中国的罪行，谴责汉奸误国卖国，最大限度地动员民众起来共同抗日御侮，民众的参与掀起了全国抗日怒潮，广泛传播中共抗日救国统一战线政策，为抗日民族统一战线的建立营造了良好的舆论环境。

一、坚决揭露日寇侵华罪行、强烈谴责汉奸投降卖国行为

中共始终坚决反对日本帝国主义侵略中国的行为，对日寇制造的侵华事端，中共中央、中华苏维埃共和国临时中央政府、中共地方组织都及时发布"告全国民众书"、决议等，向公众表明其鲜明的抗日主张。中共传媒广泛刊登中共中央、中华苏维埃共和国临时中央政府、中央地方组织的决议、告示，尽可能地揭露抨击日寇侵华罪行，强烈谴责各种投降、卖国、误国的政策与行为，展开最为广泛的抗日舆论动员。

（一）坚决揭露、抨击日寇侵华罪行

中共自成立起就把"打倒帝国主义"视为己任，坚决反对帝国主义侵略中国。对日寇侵略中国的恶行，中共始终持强烈谴责的态度与武力抵抗的坚定立

---

① 倪延年. 论抗战前后共产党新闻宣传口径的历史性转折与启示 [J]. 现代传播，2017（12）：25-29.

场。1932 年 4 月，中共以中华苏维埃共和国临时中央政府的名义发出向日本帝国主义正式宣战的宣言和通电，① 可见其反日立场的坚定。无论是战时还是平时，中共传媒都竭尽力所能地，运用报刊、传单、大字报、话剧、诗歌、漫画、摄影、演讲、通电、公告等多种形式揭露、抨击日寇侵略中国罄竹难书的滔天罪行：有日军烧杀抢掠的战争罪恶，有日本贩卖鸦片、掠夺中国经济资源的经济侵略，有日本浪人欺压民众、霸占民女、豪取抢夺的强横霸道嘴脸，有日本政府所谓"睦邻友好""中日友善"的欺骗伎俩，还有沦陷区民众生不如死的亡国奴生活等。

中共传媒揭露日寇侵华的叙事主要强调：1. 灭亡中国是日本既定国策，警告国人丢掉和平幻想。日本制造"九一八"事变，武装占领满洲是日本帝国主义积极殖民地政策的产物，意在将中国屈服于日本帝国主义的剥削和奴役之下，为其进攻苏联作准备。"一·二八"事变是日本占领上海、瓜分中国的有机部分。日本进攻山海关、热河是为了霸占华北地区。1935 年后更是渲染中国即将亡国灭种的悲惨，以唤醒每个中国人"抗日则生，不抗日则死"的存亡意识。2. 及时报道揭露日寇侵略中国的最新动向，对济南惨案、"九一八"事变、"一·二八"事变，对日军进攻山海关、绥远山西山东等侵略动向广为报道、猛烈抨击，及时揭露日本宣称的"华北自治""福建自治""中日亲善""大亚细亚主义"的欺骗伎俩等。呼吁民众罢工、罢课、罢市，通过示威游行反对日本帝国主义。3. 描述东北等沦陷区民众被日本宰割，财产被没收，家园被焚毁，被逮捕、监禁、枪毙、活埋、抽血、强奸等生灵涂炭的悲惨事实，以唤醒国人救亡图存的意识。4. 将揭露、谴责日寇侵略中国的罪行与汉奸卖国害民的行为联结起来，断定蒋介石等国民党高层误国、卖国。

中共揭露抨击日本帝国主义侵略中国罪行的宣传方针始终如一，毫不妥协。不论是在东北沦陷区，还是在国统区、根据地以及海外都如此，面向工农群众的宣传如此，面向中间力量的宣传亦是如此。

---

① 即《中华苏维埃共和国临时中央政府宣布对日战争宣言》（1932 年 4 月 15 日）、《中华苏维埃共和国临时中央政府为对日宣战告全世界无产阶级及被压迫民族通电》（1932 年 4 月 20 日），中央统战部、中央档案馆. 中共中央抗日民族统一战线文件选编（上）[M]. 北京：档案出版社，1984：46-50.

（二）强烈谴责各种投降卖国行为

在强烈谴责日本帝国主义侵略中国的同时，中共将日寇侵略与国民党集团卖国勾连起来，号召群众武装推翻国民党的独裁腐败统治。"九一八"事变后，中共传媒尖锐指出，日本侵占东北得逞，"归功于国民党无耻的投降帝国主义及出卖民族利益"，在于张学良的"不抵抗主义"、蒋介石的"逆来顺受"、南京政府的"镇静外交"。日本侵占山海关、热河，谋划华北自治时，谴责国民党当局秘密与日本谈判，出卖华北地区。1933 年 5 月 25 日、6 月 1 日中共先后公布《中共中央为反对国民党出卖华北平津告民众书》《中华苏维埃共和国中央政府为反对国民党出卖平津华北宣言》，将国民党出卖华北地区，投降卖国的罪行昭告天下。将国民党当局"攘外必先安内""诉诸国联"等反日政策解读为欺骗民众的伎俩，中共指出，1933 年的福建事变已经证明"国民党已经最公开的变成了日本与一切帝国主义的走狗与瓜分中国的清道夫"。中共宣言、通电及传媒称蒋介石是"军阀""卖国贼头子""人民的罪魁"等。《八一宣言》公布后，中共传媒还是强烈谴责国民党蒋介石集团的投降卖国、误国，批判蒋介石的各种"缓抗"主张与政策，西安事变和平解决后，中共传媒才称蒋介石为"先生"，对国民党当局、蒋介石的报道倾向也趋于中性。

二、全力推动抗日民族统一战线的建立

在国民党"围剿"和日本蚕食中国的双重压力下，中共武装反对国民党蒋介石集团的独裁统治，强烈动员全国民众反对日本帝国主义侵占中国领土。随着日本"征服中国"的野心的完全显露，中国亡国灭种的灾难迫近，加之共产国际的推动，1935 年 8 月 1 日，中共正式发布《为抗日救国告全体同胞书》，宣告放弃阶级偏见和仇恨，联合愿意抗日的一切力量，建立最广泛的全民救国统一战线。同年 12 月 25 日，中共瓦窑堡会议上将《为抗日救国告全体同胞书》正式确立为中国共产党的政治路线和策略。中共媒体不遗余力地广为宣传，促成了抗日民族统一战线的建立。

（一）中共海外报刊广泛宣传全民抗日统一战线

《为抗日救国告全体同胞书》是中共驻共产国际代表团响应共产国际七大建

立反法西斯统一战线策略的集体产物。1935 年 8 月 1 日，王明在共产国际七大上正式宣读《为抗日救国告全体同胞书》，巴黎《救国报》于 10 月 1 日首次报道。《全民月刊》等中共海外报刊随之将抗日救国统一战线作为宣传宗旨，面向海外侨胞广为宣传。《救国报》于 1935 年 5 月 15 日创刊，同年 12 月 9 日改名为《救国时报》，与《救国报》一脉相承，1938 年 2 月 10 日停刊，共出版 152 期，发行 43 个国家，每期平均发行 2 万余份。《救国时报》"以不分党派、不问信仰，团结一致，抗日救国为宗旨，以推动建立反日民族统一战线为使命"①，广泛登载一切救国团体的主张、一切爱国人士的言论等，"在抗日民族统一战线形成过程中，充分发挥了思想指南和行动指南的作用，使共产党'停止内战、联合抗日'的主张日益深入人心"②。《全民月刊》于 1936 年 3 月 15 日在法国巴黎由王明倡导创刊，总编辑为吴克坚。该刊存续约 8 个月，现存 6 期，以"讨论全民救亡图存的具体方案"为宗旨，是中共海外宣传抗日民族统一战线的外围刊物和重要阵地。③

《救国时报》《全民月刊》都是中共驻共产国际代表团的机关报，它们彼此配合，面向海内外读者广泛宣传全民抗日救国统一战线，描述了日本加紧侵略中国，中国陷入亡国灭种的最危险处境，建立中共全民抗日救国统一战线是抗日救国的唯一选择，中共为抗日救国，愿放弃过去和现在的一切旧仇宿怨，倡导建立乃至包括蒋介石集团在内的，最为广泛的抗日救国统一战线；国民党蒋介石集团"缓抗"妥协卖国，抗日爱国运动成为时代潮流，国际形势利于中国抗日，抗日必胜的媒介图景，进而为中共全民抗日统一战线广为人知、深入人心奠定了基础。其话语策略是：1. 深描日寇侵略中国领土、蹂躏中国人民的种种罪恶，指明中国已陷入亡国灭种的危险境地，呼吁读者再不起来抗日就要沦为悲惨的亡国奴。2. 反复阐述中共"全民统一战线"是"国民自救救国的唯一要道"，呼吁建立不分党派、团体、信仰，只要抗日救国不当亡国奴，即联合的最广泛的统一战线，刊登《为抗日救国告全体同胞书》，不同作者从不同角度创

---

① 救国时报，1937-05-19.
② 夏洪艳.《救国时报》与抗日民族统一战线的形成［J］. 新闻大学，2000（02）：54-56.
③ 刘继忠，张京京. 促成抗日统一战线：巴黎《全民月刊》抗战话语研究［J］. 现代传播，2020，42（05）：40-44.

作不同文本反复地正面阐释或响应《八一宣言》的精神。《救国时报》辟有探讨民族出路的"民族出路问题论坛"和研讨抗日救国的"救国阵地"专栏，发表大量宣传抗日救国统一战线的社论、要讯、论坛和通信。1935年10月1日，《救国报》第10期2版刊发《为抗日救国告全体同胞书》，首次将之公之于众，"为中国的新闻传播媒介的第一家"①。1936年1月4日首次发出"第二次国共合作"的呼吁，认为"第二次国共合作，在共产党方面是完全可能的"，"在国民党方面不管蒋介石的其他如何也是完全可能"②。刊发毛泽东、洛甫（张闻天）、王稼祥、陈云、彭德怀等人论述抗战的文章；刊发《统一对外与联共》《时局的中心问题——国共合作》《西安事变和平解决》《评国民党三中全会对共产党的决议》等社论，深入解读抗日民族统一战线的政策主张；刊登宋庆龄、何香凝、冯玉祥、孙科、胡汉民、李宗仁、邹鲁、陈铭枢、蔡廷锴、杨虎城等不同党派的爱国人士的抗日救国言论，报道国内抗日救亡运动的发展及海外各地侨胞团结救亡情况，呼吁青年学生建立救国联合会，呼吁海外侨胞参加祖国抗日救亡运动。《全民月刊》与《救国时报》配合，对抗日统一战线的正面解读以王明的《抗日救国与全民统一战线》《怎样准备抗日》《全国武装总动员》为主，余杰的《论统一战线政策》等文本为呼应，《中国共产党中央告全国民众各党派和一切军队宣言》等文本转载为衬托，观点均是对《八一宣言》精神的具体阐释。3. 强烈批判汉奸卖国行为，批判国民党蒋介石"缓抗"立场，呼吁"国民党和蓝衣社中一切有民族意识的热血青年们"起来抗日爱国，作出"只要国民党军队停止进攻苏区行动，只要任何部队实行对日抗战，不管他们与红军之间有任何旧仇宿怨，不管他们与红军之间在对内问题上有任何分歧，红军不仅立刻对之停止敌对行为，而且愿意与之亲密携手共同救国"的郑重表态，③形成"进攻苏区即反蒋，停止进攻即合作"的舆论压力，"逼蒋抗日"的舆论初现端倪。4. 响应学生的救国运动，全文转载各种救国宣言、报道国内外时事，多方佐证全民抗日统一战线是以弱胜强的重要法宝，营造全民抗日统一战线必

① 方汉奇. 中国新闻事业通史（第2卷）［M］. 北京：中国人民大学出版社，1996：398.
② 第二次国共合作有可能吗？［N］. 救国报，1936-01-04（05-06）.
③ 中央档案馆. 中共中央文件选集（1934—1935）（第10册）［M］. 北京：中共中央党校出版社，1991：522.

将建成的舆论氛围，坚定抗战必胜的信念。5. 展现苏联社会主义建设成就，展现中共红军长征的光辉形象，展现工农红军抗日的实际行动，证明中共是抗日救国的一支重要力量，若要抗日救亡，联合共产党是不二选择。

此外，美洲华侨反帝大同盟的机关报《先锋报》也积极向海外侨胞宣传中共抗日主张，宣传全民抗日救国统一战线。《先锋报》于1927年年底在美国旧金山出版，后迁往费城，1930年4月又迁往纽约，先后改名《先锋周报》《先锋》，刊期由不定期调整为半月刊、周报等。施滉、李道煊、张报、徐永煐、何植芬、余光生等，先后主持该报。《八一宣言》发表后，《先锋报》将宣传重点转到抗日救国，揭露抨击日本帝国主义的侵华罪行，刊发《中国红军将领致全国军政当局暨民众团体电》等通电，传播中共联合各党派共同抗战的政治主张，时刻关注中国时局进展，在美国华侨中发动了较大规模的抗日舆论动员。如1935年11月2日，《先锋报》第183期用5页整版篇幅阐述组织联合抗日救国的国防政府的重要性。该报还经常转载《红色中华》《群众周刊》《新华日报》等宣传抗日救亡的重要文章。

（二）宣传口径由"抗日反蒋""逼蒋抗日"转向"联蒋抗日"

国共合作是抗日民族统一战线形成的基石。全面抗战爆发前，中共对蒋介石集团的政策与宣传口径从"抗日反蒋""逼蒋抗日"转向"联蒋抗日"，促成了抗日民族统一战线的形成。大革命失败至"九一八"事变，中共政策与宣传重心是武装推翻南京国民政府，建立和巩固苏维埃政权和"武装保卫苏联"，其次是反对蒋介石和日本帝国主义。"九一八"事变后至1936年初，中共政策与宣传口径是"抗日反蒋"，实践中的抗日宣传逐渐占据上风，"九一八"事变初期的中共抗日宣言大多将反对日本帝国主义和"武装保卫苏联"相联系。中共1931年9月20日和9月22日发布的宣言和决议，将满洲事件解读为"反苏战争的序幕"，呼吁"反对帝国主义进攻苏联、武装拥护苏联"①。《八一宣言》发布前，王明执行"关门主义"的下层统战路线，错误对待十九路军和察哈尔抗日同盟军，失去了联合中间阶层的抗日力量结成广泛的抗日民族统一战线的机

---

① 两个文件分别是：《为日本帝国主义强暴占领东三省事件宣言》，1931年9月20日；《关于日本帝国主义强占满洲事变的决议》，1931年9月22日。

会，在宣传上亦是争取发动工农群众发动武装暴动，推翻包括蒋介石在内的一切国民党的派别以及一切反革命派别。在共产国际总书记季米特洛夫的推动下，共产国际七大适时提出建立反法西斯统一战线。根据共产国际七大精神，经季米特洛夫和斯大林同意，《八一宣言》于1935年10月1日正式公布。中共统战策略随之从下层转向广泛联盟，统战对象扩大为抗日爱国的所有力量（但不包括蒋介石集团）。蒋仍是出卖国家主权、欺骗人民的卖国贼。宣传宗旨和目标是广为传播和阐释《八一宣言》，倡导建立全民抗日救国统一战线，宣传口径是"抗日反蒋"，批判蒋"准备抗战"和"和平未到最后关头"等"缓抗"论调，断定蒋是"日本帝国主义的代言人""卖国贼"。拿捏尺度上将蒋与殷汝耕等汉奸区分开，并释放出中共谋求"第二次国共合作"的信号。《八一宣传》很快传至国内，得到张学良、冯玉祥等中间力量的拥护，蒋也与中共接触，双方进行了秘密谈判，但因苏联驻华大使传递"一旦中日战争爆发，我们决不帮助中共"和"中共只有两三千兵力，如果他们不听话，你们把他们消灭算了"的错误信息，[①] 使蒋误判可以完全剿灭中共。另一方面，共产国际又指示中共放弃"抗日反蒋"方针，坐镇西北"剿共"前线的张学良与中共谈判时主张"里劝外逼蒋抗日"。毛泽东等党中央领导遂决定放弃"抗日必须反蒋"的口号，随之在宣传口径上降低了对蒋的抨击力度。1936年8月25日，中共中央发表的《致中国国民党书》肯定蒋介石在国民党五届二中的讲话，描述其"较之过去是有了若干进步"，呼吁停止内战，重启两党合作、一致抗日；9月1日，张闻天为中共中央起草《关于逼蒋抗日的指示》，其中提道：在目前的形势下，"抗日反蒋"的口号是不适当的。"我们的总方针，应是逼蒋抗日。"9月15日，毛泽东在中央政治局会议上强调："要用各种办法逼蒋抗日。……我们改倒蒋为批蒋，改反蒋为联蒋"。这一时期的宣传多强调国共第二次合作是大势所趋，在对蒋介石的称谓上，开始加以"先生"二字，有关国民党反动派的讽刺漫画也逐渐消失，具有揭露性、批判性的言论也有所减少。西安事变爆发，中共媒体呼吁西安事变应当和平解决，"逼蒋抗日"宣传达到顶峰。形式主要是刊发中共的宣言、通电和负责人的重要文章，刊发社评表明中共希望和平解决的立场。

---

① 于化庭. 中共共产党的抗战历程（上）[M]. 济南：济南出版社，2019：60.

1937 年 2 月至 9 月 23 日，中共政策和宣传口径是"联蒋抗日"。此阶段宣传重在阐释国共合作的可能性、必要性，对国民党给予正面肯定，也给予揭露与抨击。1937 年 9 月 22 日，国民党中央社发表《中共中央为公布国共合作宣言》，次日蒋介石发表谈话，承认中共的合法地位，国共合作最终完成。抗日民族统一战线宣传转入全面抗战阶段。

中共在调整国共关系的政策和宣传口径的同时，也不断丰富完善抗日民族统一战线政策的意蕴与表达。中共传媒紧跟其后，及时刊发中共宣言、通电和领导人重要讲话、论文以及各种言论，不断丰富完善抗日民族统一战线的意蕴，宣传口号也适时进行调整，去掉不合时宜的旧口号、旧表达，提出适合新形势的新口号、新表达。如团结抗战的主张的表述由"人民阵线""民族战线""联合战线""统一战线"等多词混战的状态，在与国民党、民营传媒的话语博弈中稳定为排他性的规范表述"抗日民族统一战线"。①

三、展开最广泛的抗日舆论动员

中共是马克思列宁主义武装起来的现代动员型政党，为打倒帝国主义、实现革命理想，自中共成立起其即重视对工农群众的舆论动员。面对日本帝国主义的局部侵略和国民党的"围剿"，东北沦陷后，中共满洲省委和东北抗日联军在敌后展开游击战争，创办抗日报刊，展开最广泛的抗日舆论动员。"九一八"事变爆发第 2 天，中共满洲省委即发表《中共满洲省委为日本帝国主义武装占领满洲宣言》，击碎日本"奉天北大营中国军队破坏南满铁路"的谣言，呼吁民众进行武装抗日。中共满洲省委机关报《满洲红旗》迁至哈尔滨，大力宣传抗日，后更名为《东北红旗》《东北民众报》，配合党的抗日政策宣传、鼓动群众抗日。此外还分派党员到南满、东满、北满、吉东等地区发动群众，建立抗日武装力量、展开抗日舆论动员。创办报刊包括：南满的《人民革命报》《东边道反日报》，东满的《东满民众报》《两条战线》，北满的哈东《人民革命报》《珠

---

① 夏清."词汇竞争"与，即"抗日民族统一战线" ［J］. 中共党史研究，2020（02）：49-59.

河群众小报》,吉东的《反日报》《吉东战报》等。① 1936 年中共满洲省委撤销,中共南满、北满、吉东省委成立,东北抗日联军改编为东北抗联第一路军、第二路军、第三路军,至 1937 年,东北抗日联军发展到 11 个军,3 万余人,成为东北抗日的主力。从 1932 年南满游击队创办《红军消息》报开始,至 1940年,中共东北党组织和东北抗日联军先后创办 24 家油印报纸。② 1936 年东北抗联改编前,南满有《红军消息》《人民革命报》《人民革命画报》《东边道反日报》《东边道反日画报》,东满有《两条战线》《东满民众报》,北满有《珠河群众小报》、哈东《人民革命报》,吉东有《绥宁报》《反日报》《吉东战报》等抗日报刊。1936 年东北抗联改编后,东北抗联第一路和南满省委先后创办了《南满抗日联合报》《中华画报》《中国报》和党刊《列宁旗》等抗日报刊。中共吉东省委和抗联第二路军先后创办了吉东《救国报》、党刊《前哨》《东北红星壁报》等抗日报刊,中共北满省委和抗联第三路军于 1939 年成立,先后创办了《北满救国报》、党刊《统一》《新战线》等抗日报刊。此外,在中共满洲党组织领导下的东北革命团体、共青团组织先后创办了 23 家群众团体性质的抗日报刊。东北沦陷区中共地下党员团结爱国报人、进步文学青年打入日伪报纸内部,先后在长春的《大同报》、哈尔滨的《国际协报》、齐齐哈尔的《黑龙江民报》办起《夜哨》《文艺》《芜田》3 个文学副刊,并占领《大北新报画刊》,利用日伪新闻统制的漏洞,进行反满抗日宣传活动。

随着革命根据地在南方八省的开辟与巩固,中共在根据地创办了一大批革命报刊,仅江西苏区的中央机关报就达 66 种之多。③ 这些报刊广泛宣传中共抗日主张,揭露抨击日寇侵华罪恶和汉奸投降卖国的卑鄙行为,对苏区工农群众展开广泛深入的抗日动员。粗略统计,仅《红色中华》涉及的日本报道约 593篇,占整个涉外报道的 63.4%。内容涵盖日本帝国主义的侵略扩张、国民党对日的妥协退让、中共抗日救国主张、各地民众的抗日斗争、日本国内以及在华

---

① 黑龙江日报社新闻志编辑室. 东北新闻史(一八九九——一九四九)[M]. 哈尔滨:黑龙江人民出版社,2001:280.

② 田雷. 东北抗联报刊述略(1932—1940)[J]. 哈尔滨学院学报,2012,33(09):89-97.

③ 陈信凌. 江西苏区报刊研究 [M]. 北京:中国社会科学出版社,2012:4-5.

日本人的反战活动等方面。① 由于第四次反"围剿"失利，中共中央提出"北上抗日"方针，红军开始长征。万里长征过程中，红军通过发传单、大字报、演话剧、编唱歌曲等多种形式展开最广泛的抗日宣传，使党和红军的性质、宗旨、任务深入群众；动员和组织广大民众参加抗日，团结和壮大了抗日力量，红军"北上抗日"深入人心，为实现全民族抗战作了充分准备。② 1935 年 8 月，《八一宣传》正式公布后，中共传媒又展开了以建立抗日民族统一战线为中心的抗日舆论动员。

在国统区，中共除运用地下报刊、传单、大字报宣传中共抗日主张外，还领导国统区的进步报刊、学生报刊展开抗日舆论动员，号召人民团结一致共同抗日。在上海，在共产党领导下或受其影响的抗日救亡报刊约有 100 多种，其中著名的有邹韬奋的《生活》周刊和《大众生活》、杜重远主编的《新生》周刊（1934 年 2 月 10 日至 1935 年 6 月 24 日）、金仲华主编的《永生》周刊（1936 年 3 月 7 日至同年 6 月 27 日），张仲实、钱俊瑞、金仲华先后主编的《世界知识》等。此外还有全国各界救国联合会的《国难新闻》、上海文化界救国会的《上海文化界救国会会刊》（1936 年 3 月 28 日，四开小报，周刊）、上海职业界救国会的《上海职业界救国会会刊》（1936 年 7 月 8 日，4 开小报）、中国学生救国会的《学生报道》（1937 年 1 月 1 日，日开小报），上海文化界、妇女界、职业家、大学教授等各界救国会主办的《救亡情报》（1936 年 5 月 6 日）等报刊。

在北平"一二·九"运动前后，中共地下党创办了《华北烽火》《长城》《国防》《人民之友》《中国人》等革命刊物，宣传抗日救亡。北平各高校的学生会、学联组织也出版了一批学生刊物，其中影响较大的有北平学联的《学联日报》、北京大学的《北大周刊》、燕京大学的《燕大周刊》等。《燕大周刊》在"一二·九"运动期间增出 11 期《一二九特刊》（三日刊）。中共领导的"中华民族解放先锋队"还出版了《我们的生活》《民族解放》《活路》《北平

---

① 赖芬.《红色中华》涉日报道研究（1931—1934）［D］. 南昌：江西师范大学，2014.

② 朱华，韩芹. 红军长征中的抗日宣传［J］. 中国国家博物馆馆刊，2018（12）：142-151.

妇女》等刊物。

综上，中共抗日宣传活动紧跟中共抗日政策，逐渐转向建立抗日民族统一战线，对敌舆论攻击坚定，毫不妥协与动摇，对中国社会各阶层的抗日动员最为广泛持久，但也犯有"关门主义"中拒绝中间力量抗日的宣传错误。中共抗日舆论动员，形式多样，抗日政策、方针的宣传以通电、公告、宣言及领导人的文章为主，态度明确、庄重严肃。为突破国民党层层新闻封锁，中共不得不借助斯诺、范长江等来延安采访的国内外记者向国统区、海外传播中共抗日声音。面向工农群众的抗日动员还有传单、大字报、话剧、歌曲、漫画、摄影等多种形式。中共抗日宣传促成了抗日民族统一战线的建立，为抗战胜利奠定了坚实的舆论基础。

第三节 民营传媒的抗日救亡

民营传媒具有强烈的民族主义意识，面临日寇侵略，它们都表现出抵御外侮的一致立场。民营传媒呼吁改良政治，强化民众的抗日爱国意识，提出抗日救亡方案；调整版面设置集中宣传抗日救亡，关注日本动态、谴责揭露日寇侵略罪恶和阴谋；宣扬国难、讴歌抗日英雄、谴责汉奸卖国行为，提供平台讨论抗日救亡方案等是民营传媒抗日救亡实践的基本方针。它们身在国统区，抵制国民党当局"攘外必先安内"政策，深受国民党舆论压制，赞同中共抗日主张却不认同苏维埃体制，其经济基础、权力资源、广告收入参差不齐，差距有天壤之别，采编队伍、管理模式、新闻理念亦有诸多差异，内部又竞争激烈。故其抗日救亡的实践较国共两党更多元多姿。

一、民营大报的抗日救亡

面对国难危亡，基于民族大义，《申报》《大公报》《益世报》等民营大报相继抛出各自的抗日救亡方案。这些大报的共性是利用民族主义动员民众共同抵御外侮、救中国。因报馆主持人的中日形势研判、报馆生存与个人利益的考量等影响，各报在是否主张对日宣战、是否支持出兵抗日、是否支持政府对日政策等方面存在显著差异，开展了激进、保守或折中的抗日救亡活动，进而对其发展产生深远影响。

（一）徘徊在激进与保守之间的《申报》

1931年9月1日，《申报》刊发《本报六十周年纪念宣言》，宣布正式改革，不到20天，"九一八"事变爆发。"九一八"事变打乱了《申报》的改良计划。9月20日以题"日军大举侵略东省"①，87条专电首次全方位报道事变，呼吁"停止内争、一致对外"，号召国民以"牺牲决死之精神共挽危局"。② 21日、22日呼应当局，主张"一致忍辱负重静候非战公约同盟国与国际联盟的应急有效之处置"③。23日表明其"为维护国家维护民族，而做自卫之背城战"④立场，9月28日呼吁国人"勿徒依赖国联"⑤。11月3日放弃和平解决幻想，主张武装抗日，⑥ 自此《申报》抗日方案与当局背道而驰，由稳重保守转向激进。在力主抗战的主张下，《申报》斥责张学良"万无可恕"，抨击当局的"不抵抗主义"，冷嘲热讽蒋介石，强力遣责日本侵略罪恶和阴谋，声援民众抗日运动，报道南京"珍珠桥惨案"，发动民众抵制日货，提倡国货，与日本打一场经济战。"一·二八"事变发生后，史量才和《申报》用实际行动支持武力抗日，《申报》成为淞沪抗战的舆论机关。战事爆发后即将上海之战定义为"全民族生死之战"，呼吁上海市民全力支持十九路军抗战，发动全方位的战时舆论动员。发起募捐、收容救济难民、抵制日货等运动支援十九路军抗战。同时抨击当局错误的抗日政策，呼吁结束党治、实行民主宪政，改善教育及政治环境以团结救国。史量才参与发起组织上海市地方维持会，被公推为会长。《申报》和上海地方维持会相互配合，对维持上海秩序、支持十九路军抗战等活动起着重要的后勤保障、组织领导作用。

"一·二八"事变发生后，《申报》的激进方案遭到长达三个多月的"禁

---

① 日军大举侵略东省 [N]. 申报，1931-09-20.
② 日军突然占据沈阳 [N]. 申报，1931-09-20.
③ 迫害世界之日军暴行 [N]. 申报，1931-09-21；世界列国其注意日人之暴行 [N]. 申报，1931-09-22.
④ 国人乎夙猛醒奋起 [N]. 申报，1931-09-23.
⑤ 国人勿徒依赖国联 [N]. 申报，1931-09-28.
⑥ 和平解决满洲问题方法已穷 [N]. 申报，1931-11-03.

邮"惩罚。"禁邮"于 1932 年 9 月 2 日解禁,黄炎培、陶行知、总编辑陈彬龢等被迫离馆,《申报》趋于保守,增辟《读者通讯》副刊。史量才也将申报馆转向文化产业,开展文化启蒙。1933 年热河事件发生后,《申报》力主抗战声音再次响起,呼吁"以铁血御暴寇,乃能于百死之中,求一生路"①,为长城抗战呐喊,痛批热河当局统治者汤玉麟;调整人事,让黎烈文替代周瘦鹃主持《申报·自由谈》,团结鲁迅等左翼进步作家和团体,向当局投射冷嘲热讽的"杂文"式匕首。史量才遇害后,《申报》又回到保守立场,一段时间内充当了国民党当局抗日救亡宣传的外围配合角色:报纸密切关注华北危局,揭露谴责日本分裂华北的阴谋、罪行,抨击殷汝耕等汉奸,同情理解却不支持学生爱国运动等。"七七事变"前后,《申报》走出犹疑持重,强化了力主抗战舆论,增设《星期论坛》和《专论》,要求改组政府,容纳各党各派,释放爱国领袖"七君子",停止内战、一致抗日,增强了抗日救亡的宣传力度。

(二)"明耻教战"、保守理性的《大公报》

吴鼎昌、胡政之、张季鸾有强烈的民族主义情怀。他们是知日派,具有当时国统区精英都有的"恐日"心理;② 视蒋为"正统",与蒋保持不即不离的关系。这一复杂纠葛在《大公报》抗日救亡实践的表现就是保守理性的"明耻教战"。密切关注日本侵华动态,强烈谴责日本帝国主义暴行,展开"明耻教战"的舆论动员,暗合了当局对日政策;谴责"上层误国",③ 不点名抨击蒋介石集团。胸怀大局,刊登范长江的"西北通讯",引导民众关注西北和中国抗战的重要力量:中共和工农红军。有学者称为"理性民族主义"的抗日表达。④

"九一八"事变前夕,《大公报》提醒国人注意东北危机。"五三"惨案、万宝山事件,《大公报》向日寇发出强烈抗议。中村事件,大公报及时质问日方"恃强凌弱",提请政府和人民对日侵略动向不可掉以轻心。"九一八"事变,

---

① 国联调解热河垂危 [N]. 申报, 1933-01-22.

② 俞凡."九一八"事变后新记《大公报》"明耻教战"论考辨——以台北"国史馆"藏"蒋介石档案"为中心的考察 [J]. 国际新闻界, 2013, 35 (04): 150-158.

③ 方汉奇等.《大公报》百年史 [M]. 北京:中国人民大学出版社, 2004: 195.

④ 郑大华. 理性民族主义之一例:九一八事变后的天津《大公报》[J]. 浙江学刊, 2009 (04): 44-54.

《大公报》9月19日做了关内第一个独家报道，19日晨即采访张学良，为国内第一家采访到张学良的中文报纸，20日将东北当局的"不抵抗主义"首次公之于众，同日《大公报》召开全体编辑会议，确定"明耻教战"的编辑方针，主张缓抗，反对立即对日开战。10月7日刊发社评《明耻教战》，正式揭载"昔人所谓明耻教战者，今则明耻更较教战为尤亟""盖能知新旧国家耻辱之症结，洞察夫今昔彼我长短之所在，即可立雪耻之大志，定应敌之方策""故吾人主张明耻较教战尤亟，窃愿我当局与国民，共趋于知耻立志之一途，则旧耻可雪，新耻不生，可断言也"①。11月8日天津事变，《大公报》搬出日租界，刊发社评为"明耻教战"辩护，同时调整人事和版面，派汪松年（后退出）、王芸生编纂甲午以来日本侵华史和中国对日屈辱史，从1932年1月11日起，《大公报》第3版"本报特辑"栏连载，后结集出版《六十年来中国与日本》，是为"明耻"。增辟《军事周刊》，请著名军事家蒋百里编辑，刊登军事知识向国民"教战"；此外还将本应在副刊连载的熊佛西剧本《卧薪尝胆》调整到社评、要闻版刊发（1931年12月4日至9日），等等，展开"明耻教战"的舆论动员。《大公报》"明耻教战"的宣传方针，一说源自蒋"请托电"，此虽为孤证，对当局"诉诸国联"的对日政策起到舆论支持作用却是史实。

对当局，《大公报》谴责"上层误国"，不骂蒋介石。"九一八"事变，对当局诉诸国联政策有意见，批评较温和。"一·二八"事变，高度讴歌十九路军抗日，《淞沪停战协定》签订隔天，指出中国抗日失利的根本症结为"皆少数上层社会之罪"②。热河危机，"吾人只责问中央当局及北方地方当局，是如何抗战？其他各方当局是如何接济？"③ 日本占领山海关，敦促当局"存亡已迫眉睫，责任必须自负！"④ 强力谴责"上层误国"。华北危机，《大公报》为生存考虑，采取隐忍淡化的态度，危机严重时于1935年12月3日刊发抨击宋哲元"勿自促国家之分裂"，被宋哲元禁邮。为长远考虑，《大公报》举全馆之力在上海开辟沪版。西安事变，《大公报》从抗战大局出发，奉蒋为唯一的领袖，责

---

① 明耻教战［N］. 天津《大公报》，1931-10-07.
② 愿全体国人清夜自问［N］. 天津《大公报》，1932-05-07.
③ 迎民国二十二年元旦［N］. 天津《大公报》，1933-01-01.
④ 政府示最后决心之时至矣［N］. 天津《大公报》，1933-01-06.

备张、杨，斥责中共，呼吁立即无条件释放蒋。

《大公报》认为内战消耗国力，危及国家出路，严重不利于抗日救亡大局。《大公报》发起"废止内战"运动，两面开弓，抨击当局"剿共抗日"的政策与口号，刊登社评为共产党正名，连载范长江的西北采访，向国统区传递真实的中共和红军信息，纠正国统区对中共和红军的社会偏见。同时奉劝中共放弃武装推翻国民政府的赤色革命，呼吁国民党开放党禁，促成建立包括各阶级各党派在内的、"巩固"的抗日民族统一战线。①

（三）《益世报》的抗日救亡

《益世报》是和《大公报》同城竞争的民营大报。"九一八"事变发生后，该报创办人天主教徒、比利时人雷鸣远支持中国对日开战，总编辑刘豁轩遂聘请新月派代表人物、主张抗战的罗隆基为主笔，将报社言论权完全交给罗隆基，让其肆意抨击当局，鼓吹武力抗日。② 罗隆基（1896—1965），字努生，江西安福人，出生于书香世家。他是五四运动的学生领袖之一，留学美英，师从哈罗德·拉斯基，推崇美国的制度。1928 年获博士学位后回国在上海高校任教，兼《新月》主编，与胡适一道掀起"人权与约法"论战，抨击国民党的一党独裁。1930 年 11 月 4 日，他被当局逮捕，教职被解除，多方营救后获释。1932 年被张伯苓聘请到南开大学任教，兼任《益世报》社论主撰。罗隆基主持《益世报》笔政前后近 5 年（1932 年 1 月至 1937 年 8 月，其间数月被迫短暂时离职），为《益世报》撰写了《一国三公僵政局》《可以战矣》《攘外即可安内》《牺牲到底！抵抗到底！》《妥协政策的危险》等大量社论，抨击当局的"不抵抗"政策，反对新军阀内战，反对围剿红军，号召全民团结抗战。其社评选题紧跟时局变化，主题上至内政外交要闻，下至日常生活。其社评观点鲜明，论证缜密，善于说理，语言流畅、笔锋犀利，形成敢于直抒胸臆的泼辣风格。罗隆基的激进社评与《大公报》的温和理性社评形成鲜明对比，为《益世报》吸引了众多读者，使其日销量高达 4 万至 5 万份。《益世报》遂成为北方抗日宣传的舆论中

---

① 郑大华. 理性民族主义之一例：九一八事变后的天津《大公报》[J]. 浙江学刊，2009（04）：44-54.

② 文昊. 他们是怎样办报的 [M]. 北京：中国文史出版社，2005：191.

心，罗隆基由是名噪天下。罗隆基的"出言不逊"招致国民党当局忌恨，1933年秋，他差点被暗杀，国民党天津党部"最后一次警告"《益世报》必须辞退罗，《益世报》不得不将其辞退。1934 年 1 月，《益世报》聘请学者钱端升主持笔政，继续宣传抗日。钱主持《益世报》笔政 8 个月，撰写 140 余篇社评，触及对日妥协派，招致"禁邮"长达近 3 个月，这对《益世报》造成沉重打击，从此便一蹶不振。①

综上，"九一八"事变后，国难危亡对上海、南京、北平、天津的民营大报造成强烈冲击。面对国难危亡，基于民族大义和生存压力，在宣传抗日救亡的同时，民营大报纷纷调整人事以及版面，逐步转向抗日救亡。

二、国难危亡与民营传媒的格局变动

由于"九一八"事变，东北沦陷，传媒纷纷转向团结御侮，展开民族主义的抗日启蒙，民营传媒更是如此。在抗日救亡与当局"攘外必先安内"的舆论政策的夹缝中，《申报》《新闻报》《大公报》等民营大报纷纷调整办报方针，增辟版面、创办副刊、专刊，并着手空间布局，创办新刊等。如上所述，《申报》在激进与保守间徘徊，其创办月刊、年鉴、图书馆、补习学校、新闻函授学校等文化产业，展开文化民族主义启蒙，改革《自由谈》，汇聚左翼文化人士，言论狙击当局的"攘外必先安内"政策。《新闻报》"在商言商"，宣传抗日却不敢冒犯当局。张竹平看到日报无法满足"一·二八"事变造成的新闻饥渴，成功创办《大晚报》，引领了 20 世纪 30 年代晚报发展的高潮。"四社"宣传抗日，抨击当局的抗日政策，支持蔡廷锴的"福建人民政府"，却被劫收。1935 年新创刊的《立报》打出"欲民族复兴必先报纸大众化"口号，致力于"对外争取国家主权独立，驱逐敌寇；对内督促政治民主，严惩贪污"的民族主义启蒙实践，以大报小办、精编主义策略在上海闯出一片天地，跻身于大报行业，改变了上海大报的格局。天津《大公报》"明耻教战"，连载《六十年来中国与日本》、增辟《军事周刊》、刊登范长江的西北采访，开设《星期论文》，

---

① 吴麟. 1934 年《益世报》停邮事件考察 [J]. 新闻与传播研究，2020，27（04）：108-125.

汇聚胡适等北方学者探讨中国如何抗日救亡，还于 1936 年新办《大公报》上海版。

小报、杂志在"九一八"事变发生后纷纷转向团结御侮宣传。小报迎来革新浪潮，转向时政或综合性新闻，刊期也多改为三日刊，小报敢于登载"大报所不敢说"的新闻与评论，成为抗日救亡宣传的新阵地，传播左翼文化的重要平台。小报也被政治力量利用，成为其攻击造谣的工具。南京《民生报》、北平《实报》、上海《立报》的成功实践，提升了小报的身价，为小报正名。

国难危亡刺激了杂志的兴盛，杂志的创办离不开知识精英。国家兴亡，匹夫有责，专家、学者、高校教授等知识精英表达、主动承担责任的欲望更强。大报的专栏、专刊为一部分知识精英提供了抗日言说平台，如罗隆基于《益世报》社评，胡适、蒋廷黻、傅斯年、丁文江等学者于《大公报·星期论文》、鲁迅等左翼人士于《申报·自由谈》、蒋百里于《大公报·军事周刊》等，但大报却无法满足所有知识精英的表达需求，讨论抗日救亡的周报、半月刊、月刊等杂志遂兴盛起来。1932 年 5 月 22 日，胡适、丁文江、蒋廷黻等人在北平创刊的《独立评论》周刊是其中的佼佼者。《独立评论》是自由主义学者思考中国应对国难危亡、寻求救国出路的政论性杂志，胡适任主编。刊物以"不依傍任何党派，不迷信任何成见，用负责的言论来发表我们个人思考的结果""研究中国当前的问题"。①胡适、傅斯年、蒋廷黻、丁文江、吴景超等"独立评论社"成员为其撰稿。该刊在自由主义知识分子中掀起了"民主与独裁"的大争论，对日"和"或"战"的问题也有争论，但属于"同歌异曲"，都是爱国主义的表现。刊物因不反对"攘外必先安内"政策，同人捐款资助，主要编辑与当局的微妙关系及持论"平和"，存续 5 年之久，共出版 244 期，刊发 1309 篇，其中 55%以上是社外来稿，② 1937 年 7 月 25 日停刊。

在上海，邹韬奋主办的《生活》《大众生活》《生活周刊》等杂志获得成功，期发行量高达 10 万份以上，成为刺痛国民党当局、抨击对日妥协派，宣传抗战救亡的重要阵地。商务印书馆惨遭"一·二八"战火重创，直接经济损失

---

① 《独立评论》创刊号引言，1932-05-22.
② 章清."学术社会"的建构与知识分子的"权势网络"——《独立评论》群体及其角色与身份 [J]. 历史研究，2002（04）：33-54.

达 1633 万余元。淞沪抗战后，商务印书馆重整事业，恢复图书出版，复刊《东方杂志》《教育杂志》《学生杂志》《少年》《儿童画报》《小说月报》《自然界》等刊物，转向民族主义宣传。其中，社科综合性学术刊物《东方杂志》于 1932 年 8 月复刊，该刊由胡愈之主编、全权负责，刊物宣告"以文字作分析现实指导现实的工具，以文字做民族斗争社会斗争的利器，我们将以此求本刊的新生，更以此求中国智识者的新生"，面向知识精英讨论抗日救亡，展开民族主义的文化启蒙，迎来了《东方杂志》的"胡愈之时代"。杂志增设《教育》《妇女与家庭》《文艺》专栏，请金仲华、茅盾、老舍、巴金、郑振铎、叶圣陶、朱自清、郁达夫、谢六逸、陈瀚笙等著名学者、作家撰稿；增辟"东方论坛"栏，该栏大多为分析中日关系、抨击日寇、呼吁全民抗战的系列文章，对德、意法西斯的侵略扩张态势，埃塞俄比亚、西班牙人民反法西斯战争等都有深入分析。据统计，《东方杂志》到 1937 年年底，有关国内政治、外交、经济、军事、法律等关乎国家命运前途的文章平均每年所占比重为 61%，远超过"九一八"前的 13%。① 刊物还增设"编者、作者与读者"专栏，加强与读者的联系。《东方杂志》转型为宣传进步思想、要求民主抗战爱国的重要舆论阵地，1938 年撤离上海前其发行遍及沦陷区外的国内主要城市及美洲和东南亚近 20 个城市，期发行量高达 6 万份，② 读者"党政界占十分之二，高等教育界占十分之三，中等教育界占十分之二，其他各界及侨胞占十分之三"③，堪称综合性学术期刊中的佼佼者，成为许多刊物学习模仿的榜样。

行业报在"九一八"事变发生后也大都转向团结御侮主题。儿童刊物是其中的一例。20 世纪 30 年代，儿童报刊达到了出版顶峰，新闻史上产生重大影响的儿童报刊都诞生于这个时期，如左联文研会的《中学生》《新少年》《现代儿童》等，以及坚持出版近 800 期的上海的《儿童日报》和出刊近 20 年的《中国儿童时报》。此外还有上海的《新儿童报》周报、《儿童创造》半月刊、《中国少年》半月刊、《上海儿童》月刊、《少年》周报《少年画报》半月刊等。上海是中国儿童报刊的中心，其他地区的儿童报刊也不少：长沙的《小学生》半月

---

① 方汉奇. 中国新闻事业通史（第 2 卷）［M］. 北京：中国人民大学出版社，1996：510.
② 方汉奇. 中国新闻事业通史（第 2 卷）［M］. 北京：中国人民大学出版社，1996：512.
③ 读者作者与编者［J］. 东方杂志，1934，31（14）.

刊、北京的《少年》半月刊、《北平儿童》周报、《小学生短波》周刊、福建的《儿童日报》及《河南儿童》《江苏儿童》等，中共儿童报刊也在此时诞生。[①] 儿童报刊宣传宗旨多由五四运动以来的"小国民"启蒙转向"小战士"国防教育。

　　广播是战时宣传利器。"九一八"事变发生后，北平广播电台即"停止放送娱乐节目以报告暴日出兵消息"[②]，呼吁抗日。有些广播电台迫于日寇压力，选播《卧薪尝胆》《岳飞》《木兰从军》和《文天祥》等爱国题材的话剧和广播剧。"一·二八"事变发生后，上海广播与南京中央台及杭州等地方广播电台联合组织"国难声中的临时播音节目"，播报淞沪抗战前线消息，苏祖圭、苏祖国兄弟还利用亚美台积极组织募捐衣物、医药、款项和交通工具。"一·二八"事变使商业台迅速崛起，短短三四年，广播在上海发展为大众传媒。民营广播的抗日救亡以舆论动员为主，不参与抗日救亡路线的讨论，及时播放抗日救亡的动态消息、国难等纪念日播放广播演讲、广播剧、抗日歌曲是其主要形式。如"一·二八"周年纪念，亚美台于1933年元旦邀请马相伯、梅兰芳、杜重远发表广播讲演，呼吁使用国货，抵制日货。1月26日至31日编排专门节目纪念"一·二八"淞沪抗战，还播出了苏祖圭编写的广播剧《恐怖的回忆》。"一二·九"运动前后，一些广播电台还播出《义勇军进行曲》（1935年）、《毕业歌》（1934年）、《救国军歌》（1936年）、《打回老家去》（1936年）等抗日救亡歌曲。"八一三"事变发生后，民营广播再次联合广播，展开广泛的抗日动员。

第四节　知名报人的抗日救亡

　　"九一八"事变对报人的人生目标产生了深远影响，邹韬奋、范长江、斯诺等中外知名报人自发转向中国的抗日救亡，他们或自办报刊或借助其他刊物传

---

① 傅宁. 中国近代儿童报刊的历史考察 [J]. 新闻与传播研究，2006（01）：2-9.

② 赵玉明. 中国广播电视通史 [M]. 北京：中国广播电视出版社，2014：34

播其抗日救亡作品，发表抗日主张。这些知名报人和其作品在抗日民族统一战线的形成中扮演了他人无法替代的角色，为抗日救亡宣传发挥了重要作用。

一、为"民族解放"呐喊的邹韬奋

邹韬奋（1895—1944），原名邹恩润，出生于福建永安，原籍江西余江，1912 年在上海南洋公学读小学，中学后升入大学，他攻读机电科却酷爱语文和历史，崇拜梁启超，爱读黄远生、章士钊的文章，因缺课太多转入上海圣约翰大学主修西洋文学，辅修教育学，立志做新闻记者。1922 年经黄炎培介绍进入中华职业教育社工作，主编《教育与职业》月刊，编辑《职业教育丛书》，同时还在学校教书。"九一八"事变前夕是中华职业教育社的勤恳职员，专心编辑《生活》周刊。此时《生活》仍在"职业教育"的圈子内，邹韬奋正着力推进该刊转变为评述时事政治和社会问题为主的新闻周刊。1930 年邹韬奋明确宣告《生活》宗旨为"暗示人生修养，唤起服务精神，力谋社会改造"①。"九一八"事变推动《生活》完成这一转向，刊物刊载时事政治材料，宣传抗日救亡，揭露当局腐败统治与错误政策，1932 年 1 月，邹韬奋更是宣布"本刊最近已成为新闻评述性质的周报"②。邹韬奋也随之走向抗日救亡的前线。自此，邹韬奋始终坚持办"真正人民的报纸"，利用刊物改进社会，为抗日救亡、民族解放鼓吹，成为中国杰出的新闻记者、政论家、出版家。

"一·二八"事变发生后，《生活》周刊 1 月 29 日编发一两期"紧急号外"，报道战地消息，鼓舞军民斗志；1 月 30 日出版"临时紧急增刊"，发表《痛告全国同胞书》，提出"我们国民应全体动员以作后盾"。组织读者支援前线。生活周刊社来访者不断，询问战局的电话昼夜不停。该社不仅成了战时新闻中心，也发挥了作战部队的后勤单位作用。③ 1932 年，《生活》发行超过 15 万份（155000 份），成为当时全国销路最大的杂志。邹韬奋和《生活》周刊遂招致蒋介石忌恨，蒋于 1932 年 7 月下令将《生活》周刊和《申报》同时停邮，邹韬奋被迫自办发行，并与生活书店分开，以便不测。1933 年 1 月，邹韬奋加

---

① 邹韬奋. 我们的立场 [J].《生活》周刊，1930，6（01）.
② 我们最近的思想和态度 [J].《生活》周刊，1932，7（01）.
③ 方汉奇. 中国新闻事业通史（第 2 卷）[M]. 北京：中国人民大学出版社，1996：576.

入中国民权保障同盟，不久被列入暗杀"黑名单"；6月18日中国民权保障同盟总干事杨杏佛遇害；7月14日邹韬奋乘船离沪赴欧洲，被迫流亡。《生活》周刊由胡愈之、艾寒松编辑；12月8日当局以"言论反动、思想过激、毁谤党国"的罪名被查封。

邹韬奋流亡欧洲，仍想解决"第一是世界的大势怎样？第二是中华民族的出路怎样？这2个问题"。① 为此，他在国外做起两年旅行采访，先后到过意大利、法国、英国、比利时、荷兰、德国、苏联和美国，旅行通讯寄给《生活》《新生》等刊物先期发表，部分内容回国后整理交《世界知识》发表。邹韬奋的国外旅行通讯共159篇，50多万字，汇集成《萍踪寄语》《萍踪忆语》出版。《萍踪寄语》分初、二、三集。初集、二集主要是访问西欧各国见闻，三集是访苏见闻。《萍踪忆语》为访美见闻，是邹韬奋回国后根据美国采访记录材料整理而成。《萍踪寄语》《萍踪忆语》是优秀的新闻通讯，解答了邹韬奋和国内知识分子关心的世界大势和中国出路的问题。

1935年8月27日，邹韬奋回国不久即着手创办《大众生活》周刊。《大众生活》11月16日在上海发刊，邹韬奋任主编兼发行人，发刊词称以"力求民族解放的实现，封建残余的铲除，个人主义的克服"为奋斗目标。刊物设有"大众信箱""星期评论""社会漫画""时事在地图中""国难课程教材"等栏目，努力将读者注意力吸引到关心时局和社会问题上来。该刊抨击国民党的"敦睦邦交"，揭露日本蚕食华北阴谋，声援北平"一二·九"学生运动，很快成为救亡运动的舆论机关。开始每期销15万份，很快增加到20万份，再创当时杂志发行最高纪录。1936年2月29日，《大众生活》出版第1卷16期时被封禁。随后不久，邹韬奋筹划出版《永生》周刊。同年3月7日，《永生》在上海创刊，金仲华任主编，5月中旬，金仲华赴港参加筹办《生活日报》，《永生》由钱俊瑞主编，6月27日被查封，共出17期。邹韬奋为避祸，化名流亡香港，到香港筹办《生活日报》。6月7日《生活日报》创刊，是略大于4开的小型报，每日出外埠二张（8版），本埠再加一张4版，星期日出《生活日报星期增刊》三张12版。邹韬奋任社长兼主编。《生活日报》以"促进民族解放，积极

---

① 邹韬奋. 韬奋文集（第2卷）[M]. 北京：生活·读书·新知三联书店，1955：4.

推广大众文化"为宗旨，积极宣传抗日民族统一战线，在两广反蒋的"六一事件"中响亮喊出"全国一致对外"口号，刊发沈钧儒、陶行知、章乃器、邹韬奋联署《团结御侮的几个基本条件与最低要求》公开信，被许多报刊转载。《生活日报》出版55天后拟由港迁沪出版受到国民党阻挠，被迫于7月31日自动停刊，《生活日报星期增刊》改名《生活日报周刊》在港继续出版。8月23日《生活日报周刊》改名《生活星期刊》在沪出版，为第1卷17期，邹韬奋任主编兼发行人。《生活星期刊》原为中型报格式，第1卷22期（11月1日）起改为16开本。11月22日邹韬奋被捕。12月13日《生活星期刊》改由金仲华任主编兼发行人，向国民党当局申请更换登记，未准，出1卷28期后停刊。

　　《生活》《大众生活》等周刊取得巨大成功，其因有三：一是刊物以抗日救亡、民族解放为宗旨。《生活》"是以读者的利益为中心，以社会的改造为鹄地"办报。《大众生活》"力求民族解放的实现，封建残余的铲除，个人主义的克服"，《生活日报》是"努力促进民族解放，积极推广大众文化"，道出了被当局刻意压制的民众心声，自然获得多数读者的认可。二是邹韬奋将读者作为"好朋友"，重视读者来信。《生活》周刊都设有"读者信箱"栏目，一般刊物的读者信箱多是编读往来的平台，而《生活》刊物的读者信箱还是联结编者与读者、读者与读者的精神纽带。《生活》刊物的读者来信件件有着落，邹韬奋亲自处理，有些复信长达3000多字，别人代拆代复的信件，他也过目、签名。此外还代读者办事、购物，其中委托代购书报的最多，他还组织读者参加捐款捐物、开办伤兵医院等社会活动。邹韬奋曾说过："做编辑最快乐的一件事就是看读者的来信，尽自己的心力，替读者解决或商讨种种问题，把读者的事看作自己的事，与读者的悲欢离合，甜酸苦辣，打成一片。"[①] 不仅如此，邹韬奋还根据读者意见及时调整栏目设置。如根据读者意见，《大众生活》设《大众信箱》专门讨论民族解放、大众解放问题；设"星期评论"栏，评述国内外时事等。这使《生活》刊物获得了许多忠实读者。如《生活》周刊被查封后，忠实读者、爱国人士杜重远激于义愤，创办《新生》周刊，继承了《生活》传统。《新生》于1934年2月10日创刊，1935年5月4日因刊发易水（即艾寒松）的

---

① 韬奋. 事业管理与职业修养［M］. 北京：生活·读书·新知三联书店，1982：154.

《闲话皇帝》中有日本天皇"对于做皇帝，因为世袭的关系，他不得不做"等叙述，被伺机寻衅的日本媒体断定为"侮辱天皇"，掀起"闲话皇帝"风波，于同年 6 月 24 日被查禁，杜重远被判刑。三是《生活》刊物极具个性，内容追求趣味，作风和编排力求"独出心裁"，文风"明显畅快"。邹韬奋践行用大众语言说大众心声，《生活》刊物都采用"明显畅快"的平民式文字，像与老朋友谈心一般推心置腹、循循善诱，初识字的工人、农民、妇女、少年儿童乃至"洋车夫和苦力、三家村的农夫"① 等都能看懂并爱看。

综上，邹韬奋创办的《生活》系列刊物讥讽国民党当局腐败吏治、对日妥协投降，宣扬抗日救亡，鼓吹"民族解放"，凝聚了国统区一大批小知识分子，促使他们疏远国民党，认同共产党，走向抗日救亡。毛泽东称赞邹韬奋："热爱人民，真诚为人民服务，鞠躬尽瘁，死而后已，这就是邹韬奋先生的精神，这就是他之所以感动人的地方。"

二、向国统区披露西北真相的范长江

"九一八"事变发生后，东北四省沦陷，华北地区面临腹部受敌；"一·二八"事变发生后，日本海军侵略上海，沿海已处在日本海军威胁范围内，唯有西北才是未来抗战的大后方。此时的西北却是江浙平津主流媒体报道的盲区，普通民众更知之甚少。因此，西北在未来抗战大业中的地位、作用和承受力如何，是中国精英、民众亟待知晓的问题。在范长江西北采访前，已有林鹏侠、刘文海、薛桂轮、郭步陶、吴震华、陈赓雅、马鹤天七位记者深入西北采访，都分别撰写了长篇的西北旅行通讯刊载媒体或出版单行本发行，② 却未在国统区引发轰动效应。范长江（1909—1970），原名范希天，四川内江市赵家坝村人。在内江中学和四川省六中读完初中、高中后进入中法大学重庆分校（吴玉章所办），入校不久，"三三一"惨案发生，学校立即被查封。范长江前往武汉，加入贺龙二十军的学生营，随后随军进入南昌，参加南昌起义。起义失败后，他四处流浪，为糊口和生存加入国民党军队。1928 年夏考入南京中央政治学校，

---

① 销数 [J]. 生活星期刊, 1936, 1 (20).
② 尹韵公. 范长江前的几位西北考察者 [J]. 新闻研究资料, 1986 (02)：154-159.

选学乡村行政系。"九一八"事变发生后，范在校宣传抗日救亡受到校方压制，他决定脱离学校，秘密潜逃至北平。1932 年夏秋之际进入北京大学哲学系学习。1933 年先后给北平《晨报》《世界日报》和天津《益世报》投稿，加入"辽吉黑抗日义勇军后援会"，参加长城抗日慰问团等抗日救亡活动。1935 年范长江萌生西北旅行采访、探究西北的愿望，遂分别向成舍我、胡政之请求资助。成舍我拒绝，胡政之应允。

1935 年 5 月，范长江开始西北旅行采访，历时 13 个月，经过 48 个县市，总行程 1.2 万里以上，1936 年 6 月结束。① 塘沽到川南是序幕，成都到包头是正戏，序幕和正戏是一个连续的过程。② 同年 5 月 10 日起，《大公报》在第 10 版刊登"长江"的旅行通讯。5 月至 7 月，范长江从天津到成都进行旅行采访，《大公报》共刊发 21 篇通讯，主要反映了"正沉沦于破落与痛苦的阶段"、到处充满"无限的痛苦与辛酸"的"现实的中国"。在西康，范获知有一个由成都经松潘北上兰州的旅行机会，遂改变环四川旅行的原有想法。7 月 14 日至 9 月 2 日，范长江完成了他的成兰之行，此行从成都出发，经江油、平武、松潘、南坪、西固、岷县、洮州、拉卜楞（夏河），临夏各地，历时 50 天到兰州。《大公报》随之刊发了《岷山南北剿匪军事之现势》和《成兰纪行》两篇通讯，其中，《成兰纪行》为 18 篇文章组成的一组通讯。前者首次较客观地记叙和推断了红军长征的过程和今后动向；后者记叙了他从成都到兰州的沿途见闻，描述了当地人民的苦难生活和悲惨遭遇。9 月下旬到 12 月中旬，范长江从兰州到西安，或经平凉、庆阳，或经天水，往来穿梭 2 个来回，写了 11 篇通讯，共 3 万字，其中直接描述红军的有 2.2 万字，专门直接写红军的文章有 6 篇。③ 如《红军之分裂》（11 月 5 日）、《毛泽东过甘入陕之经过》（11 月 6 日）、《陕北共魁刘志丹的生平》（11 月 8 日）、《徐海东果为萧克第二乎》（9 月 30 日）等。1935 年 12 月 17 日至 1936 年 3 月 11 日为其翻越祁连山阶段。12 月 17 日，范长江从兰州出发到西宁，越祁连，走酒泉，出嘉峪，至敦煌，又过张掖，走武威，于 3 月 11 日回兰州，历时 3 个月。写了《伟大的青海路，是中华民族的一个支

---

① 方汉奇. 中国新闻事业通史（第 2 卷）［M］. 北京：中国人民大学出版社，1996：427.

② 方汉奇.《大公报》百年史［M］. 北京：中国人民大学出版社，2004：203.

③ 方汉奇.《大公报》百年史［M］. 北京：中国人民大学出版社，2004：204.

撑点》《弱水三千之"河西"》《祁连山的旅行》。范长江到包头,将搜集的材料写成长篇通讯《祁连山北的旅行》。1936 年 4 月 20 日至 6 月 19 日为其西北采访的最后阶段。4 月 20 日范离开兰州,纵横兰山,5 月 31 日回到包头。他于 6 月初到归绥,随即回天津到上海。6 月 19 日完成西北采访的最后一篇报道《贺兰山的四边》,记述了他从兰州到包头的见闻。《大公报》于 7 月 31 日连载完毕。

范长江西北旅行的采访结束,《大公报》即将刊出的《成兰纪行》《祁连山南北的旅行》《贺兰山的四边》等通讯结集,附上地图、照片,以《中国的西北角》为名出版发行。《中国的西北角》多次重印,十分畅销,范长江一举成为闻名全国的新闻记者。1936 年春,范长江被《大公报》任命为特派员,6 月回上海正式进入大公报馆,升为通信科主任。8 月前往内蒙古的额济纳旗和阿拉善旗,深入了解内蒙古西部实情,当时恰值绥远抗战,范长江直奔百灵庙等抗日前线,写下了许多鼓舞士气的战地通讯。西安事变爆发后,范长江绕过层层阻力,从宁夏飞往兰州,由兰州进入西安,并经周恩来介绍前往延安采访。1937 年 2 月 9 日晚,毛泽东与范长江彻夜长谈,介绍了抗日民族统一战线的方针政策,解释了中国革命的性质、任务、两个阶段及抗日民族统一战线的方针政策,这次谈话建立了范长江的共产主义信仰。范把西北采访的见闻,写成《动荡中之西北局》在《大公报》上发表,轰动上海。《动荡中之西北局》"十年来第一次打破了国民党的新闻封锁局面",披露了西安事变的真相,宣传了中共抗日民族统一战线的主张,使蒋大为不满,并下令特务机关检查范长江的信件。1938 年 10 月,范长江离开《大公报》。

范长江西北通讯引起全国轰动,其因主要有三:一是华北危机,国难日重,西北抗战大后方的战略意义更为凸显。大众对西北能否担起抗战大后方的重任,长征途中的中共和工农红军是否"赤匪"、他们是否被国民党剿灭、其抗日态度如何等信息的需要更为强烈,而"开发西北"的浪潮促进了读者对西北的信息渴望。二是《大公报》的公信力和影响力大大提升了范长江西北旅行通讯的信誉度和传播范围。三是《中国的西北角》披露了被国民党刻意钳制的中共和工农红军的真实信息,向国统区民众揭示了中共和工农红军长征的部分本来面目,宣传了中共抗日民族统一战线。尤其是《动荡中之西北局》一文,揭露了西安事变的真相，打破了国民党的新闻封锁，为抗日民族统一战线的建立在国统区确立一个关键的事实根基。

三、向世界披露中共真相的斯诺、史沫特莱、斯特朗

日本侵占东北，损害了美英在华利益，华美英媒体和新闻人对中国表示同情、支持中国抗战。其中，斯诺、史沫特莱、斯特朗三人对抗日民族统一战线的形成贡献较大。三人英文名字第一个字母均有 S，三人故称为"3S"。安娜·路易斯·斯特朗（Anna Louise Strong, 1885—1970）生于美国内布拉斯加州费伦德城。从 1925 年起，斯特朗 6 次访问中国，撰写了大量有关中国的报道。在斯诺夫妇的影响下，1937 年斯特郎第三次访华决定步斯诺的后尘去中共苏区进行采访。[①] 1938 年 1 月，斯特朗从汉口乘火车北上，转乘坐汽车到达八路军总部所在地临汾，在八路军总部，斯特朗共停留 10 天，她同指挥员和一般工作人员一起进餐、交谈，她住在一户农民家，和所有人一样吃青菜和米饭。多次访问朱德、任弼时，观看了丁玲等人组织的"前线服务演出队"的表演等。访问结束后，斯特朗回到了美国。她于第二年在美国摩登时代公司出版了她此行的新书《人类的五分之一》，很好地塑造了八路军的真实形象。

史沫特莱是美国贫苦阶层的女儿，1892 年生于美国密苏里州奥斯古德附近的一个农场。1917 年初前往纽约发展，曾被捕入狱 6 个月。1925 年完成了自传体小说《大地的女儿》。1928 年，她以《法兰克福日报》记者的身份前往中国。12 月下旬到达沈阳，为该报撰写了首篇报道《沈阳的五位妇女》，后去天津、北平、南京等地进行采访，1929 年 5 月到达上海，并在上海居住到 1936 年 9 月。在上海，她与鲁迅会面，与左翼人士联系密切。1931 年，她将鲁迅《黑暗中国的文艺界现状》和呼吁书译成外文，托人带到纽约、柏林、莫斯科等地，其中，《中国作家致全世界呼吁书》于 1931 年 6 月在美国的《新群众》上发表，将柔石等左翼作家被害的消息传播到世界，引起国际文艺界的不满，他们给国民党当局发了几百封抗议信和电报。1932 年 1 月，史沫特莱和伊罗生共同创办《中国论坛》（China Forum）。同年夏，她前往赣东北的牯岭苏区采访红军，后

---

① ［美］斯特朗. 心向中国 ［M］. 王松涛，译. 北京：解放军出版社，1986：43.

完成《中国红军在前进》一书于 1934 年出版。11 月，《大地的女儿》中译本由上海湖风书局出版。这一年，史沫特莱将自己的作品结集成册，起名为《中国人的命运》。1933 年 1 月，《法兰克福日报》被德国法西斯控制，史沫特莱被解雇。2 月，萧伯纳访问中国，史沫特莱同蔡元培、鲁迅、胡适、林语堂等人一同接待，并在宋庆龄上海的宅邸合影。5 月，史沫特莱前往苏联，一边写作，一边疗养。史沫特莱在苏联共住了 10 个月，1934 年 4 月，经欧洲回到美国，10 月份返回上海。

1936 年 9 月，史沫特莱应张学良参谋、中共地下党员刘鼎信函邀请，前往西安访问。在西安，她见到了斯诺，还与张学良、周恩来秘密会面，亲历了西安事变。1937 年 1 月 12 日，渴望进入延安的史沫特莱花了 3 个星期到达延安进行访问。在延安，她访问了毛泽东、朱德、周恩来等中共领导人，并拟定了一个长期计划，其中之一是为朱德写传记。朱德传记《伟大的道路》在史沫特莱去世的 6 年后，即 1956 年出版。此外，史沫特莱还向世界呼吁延安需要药物和医生，增加新建的鲁迅图书馆的外文书籍，帮助外国记者突破国民党的封锁来到边区，其中包括《纽约先驱论坛报》的维克托·希恩、合众国际社的厄尔·利夫以及斯诺的夫人海伦·斯诺。

埃德加·斯诺（Edgar Snow）于 1905 年 7 月 19 日生于美国密苏里州堪萨斯城，1925 年秋季进入密苏里大学新闻学院学习，担任《堪萨斯星报》校内通讯员。1928 年 2 月，斯诺开始了访华旅程。7 月 6 日到达上海后，带着密苏里新闻学院院长威廉的推荐信见了《密勒氏评论报》的主编鲍威尔，初次见面斯诺便被鲍威尔吸引了。鲍威尔得知斯诺只打算在中国逗留 6 周后，便劝说他留下协助自己编辑即将出版的《新中国》特刊。斯诺和鲍威尔等人花了 3 个月的时间制作了 198 页的《新中国》特刊。后在孙科建议下，斯诺开始了长达四个月的旅行，他乘坐火车，到了许多重要的城市，比如宁波、汉口、北平、哈尔滨等地，甚至还去了当时日本统治下的朝鲜。他在《密勒氏评论报》上发表了许多旅行文章。1928 年 12 月 30 日，斯诺在山东报道了"五三"惨案，尖锐地批评了日本侵华政策。1929 年 8 月，斯诺报道西北地区的饥荒问题，呼吁中外社会救援中国西北地区。他称这次采访是"一生中的一个觉醒点，并且是我所有经历中最令我毛骨悚然的"①。同月，《芝加哥论坛报》命令鲍威尔前往东北采访，《密勒氏评论报》主编一职暂由斯诺代理。1930 年 9 月，斯诺又开始了新的旅行，他用 1 年的时间，从台湾、福建、广东、广西和云南等地转入缅甸、印度进行采访，在从新加坡回到中国后又乘船由镇江沿长江北上，报道了长江大洪灾。1931 年 9 月，在史沫特莱的推荐下，斯诺两次访问了宋庆龄。1932 年 1 月 28 日斯诺亲历了日军向上海闸北一带发起进攻之事，并用很短时间完成报道，刊登在美国和英国一些报纸的头版。随后，斯诺根据东北和上海战况的实地采访，写出了他的第一本书《远东前线》。

1933 年 3 月，斯诺移居北京后同时为多份外国报纸撰稿，其中包括《星期六晚邮报》《纽约太阳报》《每日先驱报》。1934 年 3 月，斯诺受聘于燕京大学新闻系担任讲师，主讲"新闻特写""旅游通讯"课程。同年 10 月，斯诺采访了蒋介石，蒋亲口告诉他，红军已经被消灭。12 月，应司徒雷登邀请，斯诺向全校师生做关于法西斯主义的讲座。1935 年 12 月 9 日，北平爆发"一二·九"运动，作为这场运动的亲身经历者，斯诺受到了很大的触动。

1936 年 4 月，斯诺在上海拜会宋庆龄，请其帮助他前往陕北苏区进行采访。在陕北苏区，中共中央收到斯诺的采访问题单后，以"对外邦如何态度——外国新闻记者之答复"为议题，就斯诺提出的 11 个问题展开讨论。② 斯诺于 6 月启程，先从北平到达西安，拜会杨虎城和邵力子，7 月初进入陕北，周恩来、叶剑英、李克农等人到安塞白家坪迎接。7 月 13 日，斯诺到达中共中央所在地安塞县保安。

7 月 15 日，斯诺首次对毛泽东正式进行采访，毛泽东回答了其关于苏维埃政府对外政策的问题。7 月 16 日，毛泽东同斯诺谈了中国抗日战争形势、方针的问题。7 月 18 日至 7 月 19 日，毛泽东同斯诺谈了苏维埃政府对内政策的问题。7 月 23 日，毛泽东同斯诺谈了中国共产党与共产国际、苏联的关系问题，并回答了斯诺关于红军为何能够胜利以及抗日战争结束后国内革命的主要任务问题。③ 随后，斯诺去了甘肃、宁夏等地，到了红军前线，并采访了萧劲光、杨

①　孙华，王芳. 埃德加·斯诺研究 [M]. 长沙：湖南师范大学出版社，2012：220.

②　孙华，王芳. 埃德加·斯诺研究 [M]. 长沙：湖南师范大学出版社，2012：224.

③　孙华，王芳. 埃德加·斯诺研究 [M]. 长沙：湖南师范大学出版社，2012：225.

尚昆、邓小平、彭德怀等红军将领。9 月 20 日回到保安。23 日，毛泽东对他做了关于党的统一战线政策问题的谈话。10 月初，毛泽东向斯诺又谈了自己的成长过程。12 日，斯诺离开保安，于 10 月底回到北平。①

1936 年 11 月 14 日至 11 月 21 日，斯诺以《毛泽东访问记》为题在《密勒氏评论报》上发表了毛泽东关于个人经历的谈话，并配上了毛泽东头戴红军帽的大幅照片。文章一经发布，引起了国内外的轰动。1937 年 1 月，斯诺夫妇与燕京大学的一些教授创办了英文杂志《民主》（Democracy），刊登了斯诺关于陕北苏区的部分报道与照片。斯诺还将自己在陕北苏区的所见所闻写成报告，并制作了大量的幻灯片，到各地进行演讲，让更多的人了解苏区和红军。斯诺的行为惹怒了南京当局，南京政府外交部情报司司长写信威胁斯诺，如果再发此类电讯，政府方面将采取措施。南京当局给西安行营主任顾祝同发去一个禁令，严禁新闻记者进入苏区采访，并附上以斯诺为首的 8 个新闻记者的姓名。当局还吊销了斯诺的记者证达数月之久。②

斯诺从苏区回到北平就开始撰写《红星照耀中国》一书，在单行本出版之前，该书的许多内容就以单篇的形式同读者见面了。1937 年 3 月，为了让中国读者了解苏区情况，斯诺将自己写的一组报道、照片和正在写作的《红星照耀中国》的书稿交给北平爱国知识分子王福时等人翻译成中文，编辑出版了《外国记者西北印象记》，书中有毛泽东和斯诺的谈话、斯诺的演讲稿，以及 30 多幅照片和 10 首红军歌曲，并附有毛泽东手书的《七律·长征》。该书秘密印刷了 5000 册，在北平各图书馆、大学、进步团体中散发。4 月份，他的妻子海伦·斯诺只身前往苏区采访，斯诺留在北平继续写书。

1937 年 10 月，英国维多克·戈兰茨公司正式出版《红星照耀中国》（Red Star Over China），出版当月就印刷 3 次，至 12 月已印刷至第五版。11 月，美国兰登公司决定出版此书，次年 1 月正式出版，3 周之内便销售 1.2 万册。1938 年 2 月，胡愈之等人以复社名义出版中文版，并将书名改成《西行漫记》，以便发行。之后，该书陆续被译成法、德、俄、意、西、葡、日、蒙、瑞典等近 20 种

①　张注洪. 中美文化关系的历史轨迹 [M]. 天津：南开大学出版社，2001：160.

②　孙华，王芳. 埃德加·斯诺研究 [M]. 长沙：湖南师范大学出版社，2012：227.

文字，流传全球，为世界了解真实的中共和苏区奠定了舆论基础，对英美转向同情、支持中国抗战起到了正面效应。之后的几年，许多外国记者沿着斯诺开拓的采访道路进入苏区进行采访，海伦·斯诺的《续西行漫记》（1939年）、埃文斯·卡尔逊的《中国的双星》（1940）、詹姆斯·贝特兰的《华北前线》（1941）、伊斯雷尔·爱泼斯坦的《中国未完成的革命》（1944）、福尔曼的《中国边区的报告》（1945）等书先后出版，这些介绍抗日根据地、报道中国革命真相的书籍，为中国抗日国际宣传作出了重要贡献。

主要参考文献

著作类

［1］白寿彝. 中国通史（第 21 册）［M］. 上海：上海人民出版社，1999.

［2］蔡斐. 重庆近代新闻传播史稿（1897—1949）［M］. 重庆：重庆出版社，2017.

［3］蔡铭泽. 中国国民党党报历史研究（1927—1949）［M］. 北京：团结出版社，1998.

［4］长沙市志编纂委员会. 长沙市志（第十三卷）［M］. 长沙：湖南出版社，1996.

［5］陈果夫. 陈果夫先生全集［M］. 台北：近代中国出版社，1991.

［6］陈信凌. 江西苏区报刊研究［M］. 北京：中国社会科学出版社，2012.

［7］陈志让. 军绅社会：近代中国的军阀时期［M］. 桂林：广西师范大学出版社，2008.

［8］成舍我. 报学杂著［M］. 台北："中央文物供应社"，1957.

［9］程其恒. 记者经验谈［M］. 桂林：铭真出版社，1943.

［10］程沄. 江西苏区新闻史［M］. 南昌：江西人民出版社，1994.

［11］崔之清. 国民党政治与社会结构之演变（1905—1949）［M］. 北京：社会科学文献出版社，2007.

［12］［美］恩·杨格. 一九二七年至一九三七年中国财政经济情况［M］. 北京：中国社会科学出版社，1981.

［13］方汉奇.《大公报》百年史［M］. 北京：中国人民大学出版社，2004.

［14］方汉奇. 中国新闻事业通史（第二卷）［M］. 北京：中国人民大学出版社，1996.

［15］方汉奇. 中国新闻事业编年史［M］. 福州：福建人民出版社，2000.

［16］方克. 中共中央党刊史稿［M］. 北京：红旗出版社，1999.

［17］［美］费约翰. 唤醒中国：国民革命中的政治文化与阶级［M］. 李恭忠，李雪风，李霞，译. 北京：生活·读书·新知三联书店，2004.

［18］冯志翔. 萧同兹传［M］. 台北：传记文学出版社，1975.

［19］何扬鸣. 民国杭州新闻史稿［M］. 杭州：杭州出版社，2013.

［20］贺圣鼐，赖彦于. 近代印刷术［M］. 上海：商务印书馆，1947.

［21］黑龙江日报社新闻志编辑室. 东北新闻史（1899—1949）［M］. 哈尔滨：黑龙江人民出版社，2001.

［22］胡道静. 上海的日报［M］. 上海：上海通志馆，1935.

［23］黄天鹏. 报学月刊［M］. 上海：光华书局，1929.

［24］黄自进，潘光哲. 困勉记［M］. 台北："国史馆"世界大同出版有限公司，2011.

［25］赖光临. 七十年中国报业史［M］. 台北：中央日报出版社，1981.

［26］赖光临. 中国新闻传播史［M］. 台北：三民书局，1978.

［27］李诚毅. 三十年来家国［M］. 香港：振华出版社，1962.

［28］李剑农. 最近三十年中国政治史［M］. 上海：上海太平洋书局，1931.

［29］李杰琼. 半殖民主义语境中的"断裂"报格：北方小型报先驱《实报》与报人管翼贤［M］. 北京：中国社会科学出版社，2015.

［30］李时新. 上海《立报》研究（1935—1937）［M］. 广州：暨南大学出版社，2012.

［31］李玉琦. 中国共青团史话［M］. 沈阳：辽宁人民出版社，1992.

［32］李瞻. 中国新闻史［M］. 台北：台湾学生书局，1979.

［33］刘继忠. 新闻与训政：国统区新闻事业研究（1927—1937）（上、下册）［M］. 台北：花木兰文化出版社，2014.

［34］刘少文. 大众媒体打造的神话：论张恨水的报人生活与报纸化文本

［M］. 北京：中国社会科学出版社，2006.

［35］刘永生. 申报的对日舆论研究［M］. 北京：中国言实出版社，2012.

［36］卢立菊，付启元. 南京新闻出版小史［M］. 南京：南京出版社，2013.

［37］罗文达. 在华天主教报刊［M］. 王海，译. 广州：暨南大学出版社，2013.

［38］马光仁. 马光仁文集［M］. 上海：上海社会科学院出版社，2013.

［39］马光仁. 上海新闻史（1850—1949）修订版［M］. 上海：复旦大学出版社，2014.

［40］马艺. 天津新闻史［M］. 天津：天津人民出版社，2015.

［41］马艺. 天津新闻传播史纲要［M］. 北京：新华出版社，2005.

［42］马运增，陈申，胡志川，等. 中国摄影史（1840—1937）［M］. 北京：中国摄影出版社，1987.

［43］马之骕. 新闻界三老兵［M］. 台北：经世书局，1986.

［44］毛泽东新闻工作文选［M］. 北京：新华出版社，1983.

［45］荣孟源. 中国国民党历次代表大会及中央全会资料［M］. 北京：光明日报出版社，1985.

［46］内政部年鉴编纂委员会. 内政年鉴［M］. 上海：商务印书馆，1936.

［47］倪延年，刘继忠，曹爱民. 民国新闻史研究2014［M］. 南京：南京师范大学出版社.

［48］宁树藩. 中国地区比较新闻史（全三卷）［M］. 上海：复旦大学出版社，2018.

［49］彭继良. 广西新闻事业史（1879—1949）［M］. 南宁：广西人民出版社，1998.

［50］钱承军. 建国前中国共产党报刊研究［M］. 北京：中国文联出版社，2009.

［51］任白涛. 综合新闻学［M］. 上海：商务印书馆，1941.

［52］中华文化基金会. 扫荡二十年［M］. 台北：台湾中华文化基金会，1978.

[53] 上海档案馆. 旧中国的上海广播事业 ［M］. 北京：中国广播电视出版社, 1985.

[54] 邵元冲. 邵元冲日记 ［M］. 北京：人民出版社, 1990.

[55] ［美］斯特朗. 心向中国 ［M］. 王松涛, 译. 北京：解放军出版社, 1986.

[56] 宋原放. 中国出版史料（现代部分）［M］. 济南：山东教育出版社, 2000.

[57] 孙华, 王芳. 埃德加·斯诺研究 ［M］. 长沙：湖南师范大学出版社, 2012.

[58] 孙健. 中国经济史——近代部分 ［M］. 北京：中国人民大学出版社, 1989.

[59] 广东省社会科学院历史研究. 孙中山全集 ［M］. 北京：中华书局, 1985.

[60] 唐纵. 在蒋介石身边八年——侍从室高级幕僚唐纵日记 ［M］. 北京：群众出版社, 1991.

[61] 田湘波. 中国国民党党政体系剖析 ［M］. 长沙：湖南人民出版社, 2006.

[62] 王传寿. 安徽新闻传播史 ［M］. 合肥：合肥工业大学出版社, 2014.

[63] 王澹如. 新闻学集 ［M］. 天津：天津大公报西安分馆, 1931.

[64] 王桧林, 朱汉国. 中国报刊辞典（1815—1949）［M］. 太原：书海出版社, 1992.

[65] 王瑾, 胡玫. 胡政之文集 ［M］. 天津：天津人民出版社, 2007.

[66] 王健英. 中共中央机关历史演变考实（1921—1949）［M］. 北京：中共党史出版社, 2005.

[67] 王凌霄. 中国国民党新闻政策之研究（1928—1945）［M］. 中国国民党中央委员会党史委员会, 1996.

[68] 王绿萍. 四川报刊五十年集成（1897—1949）［M］. 成都：四川大学出版社, 2011.

[69] 王其森. 苏区散论 ［M］. 厦门：鹭江出版社, 1993.

[70] 王文彬. 新闻工作六十年 [M]. 重庆：重庆出版社, 1990.

[71] 王文彬. 中国现代报史资料汇辑 [M]. 重庆：重庆出版社, 1996.

[72] 王兆刚. 国民党训政体制研究 [M]. 北京：中国社会科学出版社, 2004.

[73] 温世光. 中国广播电视发展史 [M]. 台北：三民书局, 1983.

[74] 吴道一. 中广四十年 [M]. 台北：中国广播公司, 1968.

[75] 武汉新闻史料（第5辑）[M]. 武汉：长江日报新闻研究室, 1985.

[76] 吴廷俊. 新记《大公报》史稿（第2版）[M]. 武汉：武汉出版社, 2002.

[77] 夏衍. 懒寻旧梦录 [M]. 北京：生活·读书·新知三联书店, 1985.

[78] 项士元. 浙江新闻史 [M]. 杭州：之江日报社, 1930.

[79] 谢振民. 中华民国立法史 [M]. 北京：中国政法大学出版社, 1999.

[80] 新华通讯社史编写组. 新华通讯社史（第1卷）[M]. 北京：新华出版社, 2010.

[81] 新华社新闻研究所. 新华社回忆录 [M]. 北京：新华出版社, 1986.

[82] 徐铸成. 报人张季鸾先生传：修订版 [M]. 上海：上海三联书店, 2009.

[83] 徐铸成. 民国记事：徐铸成回忆录 [M]. 南宁：广西人民出版社, 2015.

[84] 许涤新, 吴承明. 中国资本主义发展史 [M]. 北京：社会科学文献出版社, 2007.

[85] 许晚成. 全国报馆刊社调查录 [M]. 上海：上海龙文书店, 1936.

[86] 杨大金. 近代中国实业通志 [M]. 南京：中国日报印刷所, 1933.

[87] 杨幼炯. 近代中国立法史：民国丛书（第一编）[M]. 上海：上海书店, 1989.

[88] 叶再生. 中国近现代出版通史 [M]. 北京：华文出版社, 2002.

[89] 邮电史编辑室. 中国近代邮电史 [M]. 北京：人民邮电出版社, 1984.

[90] 喻雪轮. 绮情楼杂记——一位辛亥报人的民国记忆 [M]. 北京：中国

长安出版社，2010.

[91] 张静庐. 中国的新闻纸 [M]. 上海：光华书局，1928.

[92] 张静庐. 中国现代出版史料（丙编）[M]. 北京：中华书局，1957.

[93] 张梦新. 杭州新闻史 [M]. 北京：中国社会科学出版社，2011.

[94] 张珊珍. 陈立夫生平与思想评传 [M]. 北京：中共中央党校出版社，2006.

[95] 张友鸾. 世界日报兴衰史 [M]. 重庆：重庆出版社，1982.

[96] 张玉法. 中国现代史 [M]. 台北：东华书局，1979.

[97] 张注洪. 中美文化关系的历史轨迹 [M]. 天津：南开大学出版社，2001.

[98] 赵玉明. 中国广播电视通史 [M]. 北京：中国传媒大学出版社，2006.

[99] 赵玉明. 中国广播电视通史 [M]. 北京：中国广播影视出版社，2014.

[100] 赵云泽. 作为政治的传播——中国新闻传播解释史 [M]. 北京：中国人民大学出版社，2017.

[101] 浙江出版史编委会. 浙江出版史料（第15辑）[M]. 杭州：浙江出版史编委会，1994.

[102] 郑逸梅. 书报话旧 [M]. 上海：学林出版社，1983.

[103] 中国报业协会. 中国集报精品 [M]. 北京：人民日报出版社，2013.

[104] 中国共产党江西出版史编写组. 中国共产党江西出版史 [M]. 南昌：江西人民出版社，1994.

[105] 中国近代报刊史参考资料：上 [M]. 北京：中国人民大学出版社，1980.

[106] 中国文化建设协会. 十年来的中国 [M]. 上海：商务印书馆，1937.

[107] 中国国民党中央委员会党史委员会：《叶楚伧文集》[M]. 台北：中国国民党"中央委员会"党史委员会，1983.

[108] 中共上海市委党史资料征集委员会. 中共上海党史大事记 [M]. 北京：知识出版社，1988.

[109] 中共浙江省委党史研究室. 中共浙江党史 [M]. 北京：中共党史出版社，2002.

[110] 中共中央党史研究室. 中国共产党历史 [M]. 北京：中共党史出版社，2002.

[111] 周雨. 大公报史（1902—1949）[M]. 南京：江苏古籍出版社，1993.

[112] 周雨. 王芸生 [M]. 北京：人民出版社，1996.

[113] 周雨. 大公人报忆旧 [M]. 北京：中国文史出版社，1991.

[114] 曾天度，郑泽民，齐福霖，等. 中华民国史·第八卷（1932—1937）[M]. 北京：中华书局，2011.

[115] 邹韬奋. 韬奋文集 [M]. 上海：上海三联书店，1955.

[116] 邹鲁. 中国国民党史稿 [M]. 北京：中华书局（内部发行），1960.

[117] 卓遵宏，等. 中华民国专题史（第六卷：南京国民政府十年经济建设）[M]. 南京：南京大学出版社，2015.

档案汇编类

[1] 国民党中央宣传部. 中国国民党中央执行委员会宣传部十七年度部务一览 [C]. 1928-04.

[2]"国史馆". 蒋中正总统档案·事略稿本 [M]. 台北："国史馆"，2006.

[3] 李杞龙. 杭州英烈（第5辑）[C]. 杭州：杭州市民政局，1990.

[4] 刘哲民. 近现代出版新闻法规汇编 [G]. 上海：学林出版社，1992.

[5] 马良春，张大明. 三十年代左翼文艺资料选编 [G]. 成都：四川人民出版社，1980.

[6] 上海文史资料选辑（第73辑）[G]. 上海：上海人民出版社，1993.

[7] 文吴. 他们是怎样办报的 [G]. 北京：中国文史出版社，2005.

[8] 赵玉明. 中国现代广播史料选编 [G]. 汕头：汕头大学出版社，2007.

[9] 中国第二历史档案馆. 中国国民党中央执行委员会常务委员会会议录（全44册）[C]. 桂林：广西师范大学出版社，2000.

[10] 中国第二历史档案馆. 中华民国史档案资料汇编 [G]. 南京：江苏古

籍出版社，1998.

[11] 中国共产党工作文件汇编（上册）[G]．北京：新华出版社，1980.

[12] 中国国民党党史委员会．革命文献第 79 辑——中国国民党历届历次中全会重要议决案汇编 [G]．台北：党史委员会，1979.

[13] 中国人民大学新闻学院藏稀见民国新闻史料汇编 [G]．北京：国家图书馆出版社，2012.

[14] 中国人民政治协商会议全国委员会文史和学习委员会．文史资料选辑 [G]．北京：中国文史出版社，2011.

[15] 中国社会科学院新闻研究所．中国共产党新闻工作文件汇编（1921—1949）[G]．北京：新华出版社，1980.

[16] 中央档案馆．中共中央文件选集（1934—1935）[G]．北京：中共中央党校出版社，1991.

[17] 中央统战部，中央档案馆．中共中央抗日民族统一战线文件选编（上）[G]．北京：档案出版社，1984.

期刊论文类

[1] 巴人.《东南日报》小史 [J]．民国春秋，1998（1）.

[2] 毕耕，谭圣洁．红军长征中的报刊宣传 [J]．中国出版，2016（19）.

[3] 蔡登山．一代报人——程沧波其人其文 [J]．全国新书资讯月刊（台湾），1999（1）.

[4] 蔡铭泽．论中国国民党地方党报的建立和发展 [J]．广州师院学报（社会科学版），1995（1）.

[5] 陈昌凤．从《民生报》停刊看国民党民国南京政府控制下的民营报业 [J]．新闻研究资料，1993（1）.

[6] 陈承铮．国民党统治下的河南新闻事业 [J]．新闻大学，1994（4）.

[7] 陈灵犀．社会日报杂忆 [J]．新闻研究资料，1981（4）.

[8] 陈龙．承上启下：《布尔塞维克》在中国共产党发展史上的重要作用与意义 [J]．新闻春秋，2019（4）.

[9] 樊亚平，郝小书．"九一八"事变后《中央日报》对不抵抗主义的宣

传［J］．新闻记者，2019（4）．

［10］傅宁．中国近代儿童报刊的历史考察［J］．新闻与传播研究，2006（1）．

［11］郭恩强．"反动"、淫秽与生意：南京政府时期违禁书刊的产制、流通与管理［J］．新闻与传播研究，2019（6）．

［12］郭镇之．民营广播电台的商业性质［J］．现代传播，1982（4）．

［13］韩同友，横朝阳．瞿秋白与《红旗周报》述论［J］．党史研究与教学，2017（1）．

［14］何扬鸣，冯章国．简析 1927—1937 年的浙江新闻事业［J］．浙江传媒学院学报，2016（3）．

［15］贺逸文，左笑鸿，夏方雅．采纳意见，改进版面——一九三一至一九三七年七月的世界日报［J］．新闻研究资料，1981（1）．

［16］黄少群．邓小平在中央苏区（下）［J］．百年潮，2004（7）．

［17］黄卓明，俞振基．关于时事新报的所见所闻［J］．新闻研究资料，1983（3）．

［18］江沛．南京政府时期舆论管理评析［J］．近代史研究，1995（3）．

［19］金耀云．《红星》报伴随红军长征到延安［J］．新闻与写作，2005（10）．

［20］金耀云．永恒的鼓舞，无限的怀念——忆小平同志关于《红星》报史研究的回信［J］．新闻战线，1997（4）．

［21］赖芬．《红色中华》涉日报道研究（1931—1934）［D］．南昌：江西师范大学，2014．

［22］赖景瑚．办党、办报、办学［J］．传记文学（台北），1973，23（1）．

［23］蓝鸿文．《中国的西北角》到底出了多少版？［J］．新闻战线，2006（8）．

［24］李扬．毛泽东出任国民党中宣部代理部长原因探析［J］．中共贵州省委党校学报，2014（1）．

［25］刘继忠，张京京．促成抗日统一战线：巴黎《全民月刊》抗战话语研究［J］．现代传播，2020（5）．

［26］刘继忠.1932年《申报》禁邮事件直接诱因与解禁考［J］.新闻大学，2019（9）.

［27］刘继忠.南京《民生报》停刊事件再审视［J］.国际新闻界，2010（1）.

［28］刘书峰.从无线电爱好者到爱国广播人——苏祖国与亚美电台［J］.新闻春秋，2013（1）.

［29］刘志靖.《布尔塞维克》编纂群体研究［J］.求索，2012（8）.

［30］卢毅.20世纪30年代左翼文化的宣传策略［J］.理论学刊，2014（8）.

［31］茅盾."左联"前期［J］.新文学史料，1981（3）.

［32］闵大洪.曾虚白与上海《大晚报》［J］.新闻记者，1987（9）.

［33］倪延年.论抗战前后共产党新闻宣传口径的历史性转折与启示［J］.现代传播，2017（12）.

［34］秦绍德.近代上海文化和报刊［J］.学术月刊，2014（4）.

［35］孙岩.南京国民政府时期地方党政关系研究——以江苏省为例（1927—1937）［D］.南京：南京大学，2011.

［36］唐正芒.《红旗周报》的封面伪装［J］.新闻研究资料，1990（2）.

［37］陶希圣.遨游于公卿之间的张季鸾先生［J］.传记文学（台北），1977（6）.

［38］田雷.东北抗联报刊述略（1932—1940）　［J］.哈尔滨学院学报，2012（9）.

［39］万京华.从红中社到新华社［J］.百年潮，2011（8）.

［40］汪英.上海广播与社会生活互动机制研究（1927—1937）［D］.上海：华东师范大学，2007.

［41］汪仲韦，徐耻痕.我与《新闻报》的关系［J］.新闻研究资料，1982（2）.

［42］王健英.中革军委的由来与演变［J］.党史文苑，1995（4）.

［43］王丽娜.南京《民生报》及其政治主张研究［D］.南京：南京师范大学，2008.

[44] 王润泽, 王鲁亚. 第一家中共中央机关日报——《红旗日报》 [J]. 新闻前哨, 2017 (10).

[45] 王芸生, 曹谷冰. 一九二六——一九四九年的旧大公报 [J]. 新闻业务, 1962 (9).

[46] 吴麟. 1934 年《益世报》停邮事件考察 [J]. 新闻与传播研究, 2020 (4).

[47] 夏洪艳.《救国时报》与抗日民族统一战线的形成 [J]. 新闻大学, 2000 (2).

[48] 夏清. "词汇竞争" 与 "抗日民族统一战线" 规范表述的生成 [J]. 中共党史研究, 2020 (2).

[49] 谢荫明. 冲破文化 "围剿" 的北平左翼文化运动 [J]. 新文化史料, 1992 (6).

[50] 邢谷宜. 琼崖早期革命报刊 [J]. 海南大学学报 (社会科学版), 1986 (2).

[51] 邢永福, 赵云云.《中央政治通讯》简介 [J]. 党的文献, 1989 (6).

[52] 徐基中, 吴廷俊. 城市与媒介: 1936 年《大公报》南迁的文化解读 [J]. 新闻与传播研究, 2017 (11).

[53] 杨奎松. 一九二七年南京国民党 "清党" 运动研究 [J]. 历史研究, 2005 (6).

[54] 杨勇. 民国江西造纸社业述论 [J]. 江西师范大学学报 (哲学社会科学版), 2001 (3).

[55] 姚福申, 叶翠娣, 辛曙民. 汪伪新闻界大事记 (下) [J]. 新闻研究资料, 1990 (1).

[56] 尹骐. 袁殊谍海风雨 16 年 [J]. 炎黄春秋, 2002 (12).

[57] 尹韵公. 范长江前的几位西北考察者 [J]. 新闻研究资料, 1986 (2).

[58] 俞凡. "九一八" 事变后新记《大公报》"名耻教战" 论考辨——以台北 "国史馆" 藏 "蒋介石档案" 为中心的考察 [J]. 国际新闻界, 2013 (4).

[59] 袁武振, 梁月兰. 国民党第五次代表大会是其政策转变的起点 [J]. 史学月刊, 1987 (3).

［60］张化冰. 1935《出版法》修订始末之探讨［J］. 新闻与传播研究，2007（1）.

［61］张克明. 第二次国内革命战争时期国民党政府查禁书刊编目［J］. 出版史料，1984（3）.

［62］张蓬舟. 大公报大事记（1902—1966）［J］. 新闻研究资料，1981（2）.

［63］张岩，曲晓范. 论哈尔滨近代民营报纸《滨江时报》的特点及其作用［J］. 黑龙江社会科学，2010（3）.

［64］张政. 国民政府与民国电信业（1927—1949）［D］. 桂林：广西师范大学，2006.

［65］章清."学术社会"的建构与知识分子的"权势网络"——《独立评论》群体及其角色与身份［J］. 历史研究，2002（4）.

［66］赵纯继. 抗日战争前的新民报［J］. 新闻研究资料，1981（1）.

［67］郑大华. 理性民族主义之一例：九一八事变后的天津《大公报》［J］. 浙江学刊，2009（4）.

［68］朱华，韩芹. 红军长征中的抗日宣传［J］. 中国国家博物馆馆刊，2018（12）.

［69］左文，毕艳. 论左联期刊的非常态表征［J］. 文学评论，2006（3）.

报纸文章类
［1］本报六十周年纪念宣言［N］. 申报·时评，1931-09-01.

［2］本报续刊二周年之感想［N］. 大公报，1928-09-01.

［3］本报宣言［N］. 红旗日报，1930-09-09.

［4］本刊编辑部特别启事［N］. 红旗报，1930-08-02.

［5］本社同仁启事［N］. 中央日报，1928-10-31.

［6］伯珍. 温故友——永久难忘的心冷［N］. 大公报·小公园，1933-11-12.

［7］沧波. 敬告读者［N］. 中央日报，1932-05-08.

［8］陈绍禹（王明）. 时事论：抗日救国与全民统一战线［N］. 全民月

刊，1936.

[9] 程沧波. 廿四年中的一段 [N]. 台湾中央日报，1952-02-01.

[10] 出版法立法院通过之原文 [N]. 中央日报，1930-11-30.

[11] 出版法施行细则 [N]. 江苏月报·江苏新闻事业号，1934-01-12.

[12] 出版条例草案起草报告 [N]. 立法院公报，1930.

[13] 大晚报正式出版公告 [N]. 申报，1932-04-23.

[14] 电探. 征收播音机税改进播音节目 [N]. 电声，1935-05-24.

[15] 跌霸 [N]. 大公报，1926-12-04.

[16] 读者通讯四个月间之统计 [N]. 申报·读者通讯，1931-12-31.

[17] 读者作者与编者 [N]. 东方杂志，1934.

[18] 发行革命报纸是一种群众性的政治斗争 [N]. 红旗三日刊，1930-05-27.

[19] 法规：宣传：宣传品审查标准 [N]. 中央党务月刊，1932 (45, 46).

[20] 法令：（乙）命令：国民政府令（二十四年六月十日）：敦睦邦交令 [N]. 法令周刊，1935 (259)

[21] 甘心破坏远东和平，日军占领沈阳长春营口 [N]. 中央日报，1931-09-20.

[22] 国际宣传之效力 [N]. 大公报，1931-10-05.

[23] 国民政府立法院第 41 次会议议事录 [N]. 立法院公报，1929.

[24] 国民政府指令第 2249 号 [N]. 《立法院公报》，1931.

[25] 国人乎夙猛醒奋起 [N]. 申报，1932-09-23.

[26] 国人勿徒依赖国联 [N]. 申报，1931-09-28.

[27] 何应钦. 本报的责任 [N]. 中央日报，1928-02-10.

[28] 和平解决满洲问题方法已穷 [N]. 申报，1931-11-03.

[29] 胡适. 惨痛的回忆与反省 [N]. 独立评论，1932.

[30] 胡政之. 作报与看报 [N]. 国闻周报，1935-01-01.

[31] 黄乐民. 江苏新闻事业的现在与将来 [N]. 江苏月报·江苏新闻事业专号，1934-01-23.

[32] 晦. 国联调解热河垂危 [N]. 申报，1933-01-22.

［33］蒋介石之人生观［N］. 大公报，1927-12-02.

［34］蒋天竞. 社会新闻与社会［N］. 实报增刊（再版），1929-11.

［35］蒋中正. 敬告全体党员诸同志书［N］. 国闻周报，1929-03-24.

［36］金康侯. 中国播音协会之兴替［N］. 无线电问答汇刊·广播特刊，1932-10-10.

［37］来函：崔唯吾来函［N］. 申报，1929-08-22.

［38］求实. 本报编辑工作之过去与未来［N］. 上海报周年纪念册. 1930-04.

［39］立法院法制委员会第 66 次会议议事录［N］. 立法院公报，1930.

［40］立法院法制委员会第 94 次会议议事录［N］. 立法院公报，1930.

［41］立法院秘书处. 出版条例原则［N］. 立法专刊，1931.

［42］鲁学瀛. 论党政关系［N］. 行政研究，1937.

［43］鲁迅与小报［N］. 光化日报，1945-05-22.

［44］露轩.《立报》人才集中出世［N］. 晶报，1935-06-20.

［45］马元放. 江苏新闻事业鸟瞰［N］. 江苏月报·江苏新闻事业专号，1934-01-23.

［46］明耻教战［N］. 大公报，1931-10-07.

［47］迫害世界之日军暴行［N］. 申报，1931-09-21.

［48］秦晓鹰. 时刻准备着［N］. 新民晚报，2010-06-02.

［49］屈服矣［N］. 时事新报，1932-05-06.

［50］日军大举侵略东省［N］. 申报，1931-09-20.

［51］日军突然占据沈阳［N］. 申报，1931-09-20.

［52］日政府拟定出版法新出版社草案一斑［N］. 中央日报，1928-04-01.

［53］萨空了. 北平小报之研究［N］. 实报增刊（再版），1929.

［54］上海等七市通讯社调查［N］. 报业季刊：创刊号，1934.

［55］上海停战协定签字［N］. 大公报，1932-05-06.

［56］世界列国其注意日人之暴行［N］. 申报，1931-09-22.

［57］思圣. 中央社创立史证［N］. 中央日报，1963.

［58］苏雨田，夏铁汉. 实报之一年［N］. 实报增刊（再版），1929.

[59] 岁首之辞 [N]. 大公报, 1928-01-01.

[60] 特别市党部消息汇志 [N]. 申报, 1927-06-21.

[61] 第二次国共合作有可能吗？ [N]. 救国报, 1936-01-04.

[62] 王振先. 苏报之过去与现在 [N]. 江苏月报·江苏新闻事业专号, 1934-01-23.

[63] 王正廷表示年底引退, 在外部纪念周报告 [N]. 申报, 1929-12-04.

[64] 文艺新闻最初之出版 [N]. 文艺新闻, 1931-03-16.

[65] 问友. 过去一百期的红旗 [N]. 红旗, 1930-05-10.

[66] 我国造纸业统计 [N]. 银行周刊, 1934.

[67] 我们最近的思想和态度 [N]. 生活周刊, 1932-01-09.

[68] 呜呼领袖欲之罪恶 [N]. 大公报, 1927-11-04.

[69] 呜呼上海日军之暴动 [N]. 中央日报, 1932-01-30.

[70] 萧同兹. 我怎样办中央通讯社 [N]. 新闻战线, 1941.

[71] 销数 [N]. 生活星期刊, 1936-10-18.

[72] 新民报七周年纪念词 [N]. 南京新民报, 1936-09-09.

[73] 新闻报苏州读者注意 [N]. 新闻报, 1936-03-21.

[74] 新闻检查标准 [N]. 江苏月报·江苏新闻事业号, 1934.

[75] 新闻史料述评——论南京检查所之"缓登办法无法的根基" [N]. 世界日报·新闻学周刊, 1934-06-28.

[76] 宣传品审查标准 [N]. 江苏月报·江苏新闻事业号, 1934.

[77] 雪坡. 从五三济南惨案想到无线电 [N]. 再造, 1928.

[78] 一年来之上海新闻事业 [N]. 时事大观, 1936-03-21.

[79] 迎民国二十二年元旦 [N]. 大公报, 1933-01-01.

[80] 幼雄. 广播无线电应有之改进 [N]. 申报月刊, 1935.

[81] 与国人共信共守 [N]. 实报, 1932-10-04.

[82] 愿全体国人清夜自问 [N]. 大公报, 1932-05-07.

[83] 政府示最后决心之时至矣 [N]. 大公报, 1933-01-06.

[84] 中国国民党中央执行委员会宣传部组织条例 [N]. 中央党务月刊, 1931.

［85］中央广播大电台明日举行开幕典礼［N］. 中央日报，1932-11-11.

［86］中央宣传部工作经过（七月份）［N］. 中央党务月刊，1929.

［87］中央宣传部工作经过（八月份）［N］. 中央党务月刊，1929.

［88］中央宣传部工作经过［N］. 中央党务月刊，1929.

［89］中央宣传部宣传工作指导员视察规则［N］. 中央党务月刊，1936.

［90］中政校等新闻学系联呈请改善检查制度［N］. 申报，1935-12-27.

［91］重与读者相见后之言［N］. 社会日报，1930-10-27.

［92］邹韬奋. 我们的立场［N］. 生活周刊，1930-12-13.

［93］昨日之苏州——为追悼阵亡将士告全国国民［N］. 中央日报，1933-05-29.

后　记

　　中华人民共和国成立前的新闻事业在全面抗战前10年达到了历史顶峰。那是一个"乱花渐欲迷人眼"的过渡时代，上接五四新文化运动、后续抗日战争。至今仍有"南京国民政府前期""土地革命时期""黄金十年""后五四时代"等多种命名。新闻传播业更是多元杂处、彼此竞合，并在时代大潮的推动下全面转向了抗日救亡。当年，在导师方汉奇先生的书房，他手捧一杯清茶娓娓道来，把笔者引入了这段新闻史的研究领域。不知不觉间，笔者已在写作这一亩八分地耕作了10余年，不敢说有什么突出贡献，也陆续出版了3本书、写了几篇论文。呈现在大家面前的《全面抗战前新闻事业研究——以江浙、平津地区为中心》，是笔者其中的一个秋后收获而已。承蒙不弃，继《国民党新闻事业研究（1927—1937）》在光明日报出版社出版后，本书也将由该社于2021年出版发行。

　　如何呈现、看待这10年的新闻业始终萦绕在我脑际。以往，笔者着眼于多元新闻业与过渡政治之间的关系，致力探索国民党南京政权败退大陆的新闻传播学的实践逻辑。但这仅是这十年新闻业的一个历史面向，是"南京国民政府前期"或所谓的"黄金十年"历史逻辑在新闻传播领域中延伸，对"全面抗战前十年"的历史逻辑在新闻传播领域的映照自然重视不够，着墨不多。不论是国共两党的政党业，还是民营新闻业，在国难危亡面前都逐渐转向了全面抗战，这也是本时期新闻事业的一个显著特征。这个问题是笔者学术耕作的一个空白点，在脑中萦绕有年却无力给自己、给读者一个较满意的答案。2013年起，笔者有幸受邀加入以倪延年教授为首席专家的国家社科基金重大项目的"中华民国新闻史"团队中，并承担研究"南京民国政府前期新闻业"的子课题的重任。

这为笔者在完成任务之余解决这个问题创造了条件。本书是笔者在这一研究领域的一个重要拓展，也受益于"中华民国新闻史"团队。书中有许多地方吸纳了首席专家倪延年、团队顾问吴廷俊、团队成员白润生、王润泽、韩丛耀、刘亚、方晓红、邓绍根、艾红红、李建新、万京华、徐新平、张晓锋、李秀云、张立勤等教授的真知灼见。本书得以成型面世，离不开学院的大力支持，离不开书中引用的专家学者、青年才俊的学术成果的前期支持，离不开笔者的家人的支持，离不开光明日报出版社的不弃，笔者的一些硕士研究生，如李欣欣、向尧等人也为此书做了许多贡献。在此一并感谢，祝福你们！

刘继忠谨记

南京师范大学新闻与传播学院 504 办公室

2021 年 9 月 10 日夜